Razão de Estado e Outros Estados da Razão

Coleção Debates
Dirigida por J. Guinsburg

Equipe de realização – Edição de texto: Carolina Gama; Revisão: Iracema A. de Oliveira; Produção: Ricardo W. Neves, Sergio Kon, Raquel Fernandes Abranches, Luiz Henrique Soares e Elen Durando.

roberto romano
RAZÃO DE ESTADO E OUTROS ESTADOS DA RAZÃO

CIP-Brasil. Catalogação na Publicação
Sindicato Nacional dos Editores de Livros, RJ

R667r

Romano, Roberto
Razão de Estado e outros Estados da razão / Roberto Romano. - 1. ed. - São Paulo : Perspectiva, 2014.
296 p. ; 21 cm. (Debates ; 335)

ISBN 978-85-273-1015-4

1. Filosofia. 2. Razão. 3. Ética. I. Título. II. Série.

14-16268   CDD: 100
                                                                         CDU: 1

24/09/2014   6/09/2014

Direitos reservados à

EDITORA PERSPECTIVA S.A.

Av. Brigadeiro Luís Antônio, 3025
01401-000 São Paulo SP Brasil
Telefax: (11) 3885-8388
www.editoraperspectiva.com.br

2014

SUMÁRIO

Nota de Edição 9

Sobre o Conceito de "Ditadura" 17
Maquiavel e Maquiavelismos 27
Golpes e Razão de Estado 47
A Razão de Estado 67
Reflexões Sobre Impostos e *Raison D'Etat* 147
Mentira e Razão de Estado 169
Notas Para uma Filosofia do Segredo 181
Hobbes Contra os Trapaceiros do Jogo Político 203
Técnica, Guerra, Ética 227
Ética e Decoro Parlamentar 237
Os Laços do Orgulho: Reflexões Sobre a Política
    e o Mal 249

Para Maria Sylvia, com amor.

NOTA DE EDIÇÃO

Este livro tem origem em pesquisas sobre o Estado e a cultura política moderna, desenvolvidas na Universidade Estadual de Campinas (Unicamp). Alguns textos foram publicados em revistas especializadas, outros em periódicos que visam o grande público. Quase todos os escritos foram expostos (em forma ampliada e com detalhes técnicos) aos estudantes que seguiram meus cursos no Programa de Pós-Graduação em Filosofia, na mesma Unicamp.

O núcleo dos textos trata da razão de Estado. A máquina estatal, idealizada no século XVI e posta em movimento no século XVII, sob o absolutismo, atravessou dois centenários submetida a reformulações, tanto para o melhor quanto para o pior. As revoluções inglesa (século XVII), norte-americana e francesa a refinaram rumo a uma democracia desconhecida na Grécia antiga, em Roma e na Idade Média. Elas adequaram o poder político para que controlasse a vida igualitária onde os privilégios seriam atenuados ou abolidos. Não por acaso os paladinos da Revolução inglesa foram os *levellers*, os niveladores. Nos inícios da república norte-americana tal aplainamento definiu o próprio sentido da vida comunitária. Alexis de Tocqueville[1] identifica na América do Norte uma força de igualização inédita na história, algo a ser visto como a forma ideal do país nascente. A Revolução francesa, sobretudo em seus momentos radicais, levou a sério a igualdade, colocando-a, não raro, acima da fraternidade e da liberdade. O sentimento de justiça trazido pela igualização dos indivíduos, podemos dizer, integra o acervo da moderna democracia.

Mas o mesmo desejo de igualização ajudou a montar aparelhos de intolerância e repressão na máquina política. Igualdade da raça no interior de um povo: os fascismos, nazismos, e ditaduras racistas do século xx ergueram instrumentos de exclusão e genocídios, sempre com a tese (cara a doutrinários como Carl Schmitt) de que a verdadeira democracia se fundamenta na igualdade racial. Os desiguais seriam inimigos a serem vencidos de todos os modos. Outra vertente do igualitarismo tirânico é a ideológica. Não mais (e apenas) as identidades de raça deveriam ser levadas em conta pelo aparato de imposição estatal, mas a identidade ideológica. Apenas os que se guiassem pelas doutrinas do marxismo-leninismo poderiam usufruir as benesses democráticas. Aqueles que não aceitassem as regras do materialismo histórico e dialético, *eo ipso* foram declarados inimigos do povo e votados aos campos de concentração, ao exílio, às mortes física e moral infamantes.

O Estado, assim, serviu como instrumento de igualização abstrata, baseado na raça ou na ideologia. Com a privatização universal trazida no bojo da suposta globalização planetária, ele perdeu, em parte, algumas prerrogativas das

---

[1]. Fernando Novelli Bianchini, *A Democracia Parlamentar na Crítica de Carl Schmitt*, Dissertação de mestrado, Instituto de Filosofia e Ciências Humanas, Campinas, Unicamp, 2011. Disponível em: <http://www.bibliotecadigital.unicamp.br/document/?code=000837916>. Acesso em: 17 fev. 2014. A versão desse trabalho em livro está em vias de ser publicada.

quais usufruía desde o século XVI. Refiro-me aos monopólios da força física, da norma jurídica e da arrecadação de impostos. Hoje, a própria guerra começa a ser "terceirizada" (no Iraque, ou no Afeganistão, por exemplo, os norte-americanos usam verdadeiras tropas de empresas especializadas em segurança que, pouco a pouco, se tornam mais ativas do que os batalhões oficiais). A norma jurídica internacional, como sempre, é desobedecida e não merece maior respeito das potências hegemônicas. A ONU ainda está longe de ser um organismo normativo acatado sem dissimulações pelos países que a ela pertencem mais nominal do que realmente. No interior das nações, o poder do narcotráfico e de outras potências delinquentes se mostra a cada hora mais eficaz, relatizando a soberania sobre o território. Quadrilhas chegam a decretar a parada de inteiros setores urbanos, sem que os mandatários possam fazer algo em proteção da cidadania. No campo dos impostos, os dados mostram que a atividade que consiste na lavagem de dinheiro e no contrabando (inclusive de armas e drogas) está melhor munida do que os aparelhos do tesouro estatal, sobretudo suas secretarias de finanças. Se mesmo o Vaticano apenas agora com o Papa Francisco começa a se distanciar das práticas ilegais no manejo de dinheiro ilícito, imaginemos os Estados que se distanciam da santidade, mais acostumados à perda do controle moral sobre seus dirigidos…

Assim, é evidente uma fratura nas máquinas estatais, no mundo inteiro. Trata-se de uma crise inédita da qual é impossível prever a saída. No Brasil, enfrentamos uma situação paradoxal em termos simbólicos. Comemoramos a Constituição de 1988, mas entramos no tempo em que se proclama a ruína definitiva dos Estados. Sem os últimos, Constituições são menos do que letra morta. Vivemos uma era na qual se proclama "o fim da política". Como as economias dos países passaram a ser movidas por centros de estratégia financeira, quase nada sobra aos governos eleitos quando se trata da última decisão sobre a vida pública, emprego, aproveitamento da natureza e mesmo guerras.

Apesar de todos os ensaios, alguns terríveis, para encontrar uma outra forma de união coletiva, o Estado ainda é o mecanismo que oferece alguma proteção aos povos e indivíduos.

No século xx, o poder executivo se descolou dos outros setores estatais, sobre eles exercendo hegemonia inédita, mesmo se a compararmos ao absolutismo monárquico. Com o nazismo, o fascismo, os regimes fortes da França de Vichy, na Espanha de Franco, no Portugal de Salazar, nas várias ditaduras africanas, asiáticas, sul-americanas, a figura do Chefe adquiriu proeminência inconteste. As massas populares, movidas pelo terror policial e militar ou pela propaganda (na verdade, tangidas pelas sínteses dos três fatores) apoiaram os poderes totalitários[2]. Postos como líderes naturais e incontestáveis de seu povo, arvorando ideologias baseadas em distorções de ordem biológica (fascismo e nazismo), ou históricas (estalinismo), os dirigentes do Estado usaram impiedosas burocracias civis ou militares, ao mesmo tempo em que davam ao judiciário ordens genocidas, recebendo obediência sem hesitações de magistrados em todas as instâncias[3]. Finalmente se efetivou a profecia de Tocqueville, sobre o poder mentiroso, orientado pelo terror e pela propaganda[4], na qual o líder tudo decide e ordena, o governante "reduz enfim cada nação a nada mais ser do que um rebanho de animais tímidos e industriosos, do qual o governo é o pastor"[5]. A experiência totalitária reforçou

---

2. Cf. Claude Nicolet (ed.), Dictature, absolutisme et totalitarisme, Colloque des 15 et 16 mai 1997, Fondation Singer-Polignac, *Revue francaise d'Histoire des idées politiques*, n. 6, 1997.

3. Chr. Boutin; Fred Rouvillois, *Le coup d'État, reccours à la force ou dernier mot du politique?* Paris: F.X. de Guibert, 2007; M. L. Basilien Gainche: *État de droit et états d'exception, une conception de l'État*, Paris: PUF, 2013.

4. S. Tchakhotine: *Le viol des foules para la propagande politique*, Paris: Gallimard, 1952. Também clássico, Jean Marie Domenach, *La propagande politique*, Paris, PUF, 1973. Luís Mauro Sá Martino, A estética da propaganda política em Goebbels, um estudo sobre a produção da publicidade a partir de seus Diários, *Comunicação & Política*, v. 25, n 2, pp 35-53.

5. *De la democratie en Amerique*, Quarta Parte, Capítulo VI, Paris: Laffont, 1986, p. ??. Tradução nossa.

o Estado em plano mundial, atenuou ao máximo a prática das democracias e a figura do povo soberano. Com semelhante passo se enfraqueceu a *accountability*, ocasionando os piores abusos dos Executivos, dentro e fora das fronteiras nacionais.

Após a Segunda Guerra Mundial, em vez de encaminhar o plano internacional para formas democráticas, as potências hegemônicas na Guerra Fria, EUA e URSS, irmão gêmeos na política imperial moderna[6], instalaram ditadores e negaram aos povos submetidos pelos exércitos ou agências de espionagem (CIA ou KGB)[7] o mínimo equilíbrio dos poderes, fortaleceram o Executivo contra os outros setores do Estado.

Para garantir o segredo de Estado, tática essencial na luta pela imposição planetária de seu domínio, a potência soviética escondeu nos porões das torturas ou no Gulag, as mais comezinhas informações aos habitantes. A imprensa foi garroteada, sendo uma ironia purulenta o nome de um dos mais importantes jornais da terra, *A Verdade* (Pravda). A dissolução da sociedade soviética, somadas às corrupções do caráter e da economia, conduziu ao enfraquecimento do Estado oficialmente socialista. Nas potências ocidentais o segredo e a propaganda também foram acentuados, do macarthismo à Lei Patriótica[8], a qual restringiu drasticamente os direitos individuais e coletivos no território norte-americano e nas terras aliadas ou submetidas.

Gradativamente, foram produzidos dispositivos jurídicos que descolaram a máquina do Estado, com sua poderosa burocracia, dos povos reduzidos ao estatuto de rebanho. A

---

6. Cf. Paul Dukes, *The USA in the making of the URSS, The Washington Conference, 1921-1922, and "Univinted Russia"*, New York, Routledge, 2004.
7. Cf. Alexander V. Avakov, *Plato's dream realized, surveillance and citizen rights from KGB to FBI*, New York: Algora, 2006.
8 Cf. Geraldo Alves Teixeira Júnior, *Razão de Estado e Política Antiterrorismo nos Estados Unidos*, Tese de Doutorado, Instituto de Filosofia e Ciências Humanas, Campinas, Unicamp, 2011. Disponível em: < http://www.bibliotecadigital.unicamp.br/document/?code=000835637>. Acesso em: 17 fev. 2014.

URSS, após décadas de tirania sobre povos imensos, caiu de maneira espetacular dando origem a uma federação poderosa, mas infestada de grupos marginais à lei, e a pequenos Estados carentes dos mínimos recursos para manter a soberania. Os EUA, na idealização de seu papel no teatro mundial, acreditaram-se com a tarefa de impor ao planeta a democracia nos moldes definidos pelos que o governam em sentido autoritário[9].

Em toda essa crônica, ressalta sempre o reforço do Executivo em detrimento dos outros poderes. Como resultado do enfraquecimento estatal, surgem na Europa e no mundo movimentos que retomam a inspiração fascista, com a chamada extrema direita[10]. Mesmo não chegando a tal extremo, governos que têm a mídia nas mãos, da qual não raro o mandatário possui a propriedade, reinstauram práticas discriminatórias contra imigrantes, sobretudo os de cor negra, os árabes etc. Os casos Sarkozy, Berlusconi e outros são conhecidos.

Seria possível imaginar, assim, que a democracia e a política podem ser garantidas? Desprovido de soberania popular, o Estado regride ao absolutismo, não mais sob a égide de ministros onipotentes, como Richelieu, ou de reis idem. Agora o poder absoluto se aninha nos escritórios de ordem financeira, numa ditadura anônima que, à semelhança do absolutismo, não presta contas a ninguém. Se Tiago I afirmava só dever contas a Deus, na hora da morte, os novos senhores desconhecem direitos humanos e divinos, são plenamente *unaccountables*. Com semelhante *status*, a política como expressão das contraditórias vontades populares, desaparece. E segue-se de imediato o

---

9. Mesmo os que se dedicaram à tarefa de espionar outros Estados e os próprios cidadãos norte-americanos, criticam os EUA. Cf. Michael Scheuer, *Imperial Hubris, Why the West is losing the war on terror*, Washington: Brassey's, 2004. Scheuer é ex-dirigente da CIA. Para uma análise dos projetos de hegemonia imperial, cf. John J. Mearsheimer, *The tragedy of Great Power* Politics, New York: Norton, 2003.

10. Cf. Piero Ignazi, *L'estrema destra in Europa, da Le Pen a Haider*, Bologna: Il Mulino, 2000.

réquiem para a defesa dos direitos, a começar pelos direitos humanos[11].

Temos o ressurgimento de ditaduras ao mesmo tempo caricatas e trágicas. E precisamos refletir sobre a vida política, econômica e intelectual na atualidade. Como falar em direitos quando nos referimos aos cidadãos? Segundo Max Weber,

> é totalmente ridículo atribuir uma afinidade eletiva da democracia, ou mesmo da liberdade em qualquer sentido em que a tomemos, com o capitalismo avançado – esta inevitabilidade de nosso desenvolvimento econômico – tal como hoje ele é importado (em 1905) na Rússia e tal como existe nos Estados Unidos. A questão certa é a seguinte: como a democracia e a liberdade podem ser mantidas em longo prazo sob o domínio do capitalismo avançado?[12]

Em nosso tempo, vemos a colusão da burocracia e dos interesses que privilegiam a abstração do dinheiro puro, sem o controle do Estado, em procedimentos anônimos. Tal é a fonte dos espiões que vigiam governantes e governados. Como salvar os direitos humanos diante da hegemonia absoluta do econômico sobre o político? A política, no sentido mais largo de operação que visa ampliar a vida humana em regime democrático, tende a desaparecer com as novas forças hegemônicas da economia, do narcotráfico, da guerra terceirizada, da espionagem contra a cidadania. Vivemos hoje numa situação denominada por Norberto Bobbio como o "labirinto do anti-Estado". Nela, os direitos são negados porque sem política responsável e, por enquanto, sem Estados responsáveis, não existem direitos humanos, ou melhor, direitos.

Neste livro não se encontram receitas ou doutrinas salvadoras da política. Ele expressa uma série de aporias que

---

11. Pensamento contrário é sustentado por Henri Guaino. Cf. "La Mondialisation, nouvel alibi du renoncement politique". Disponível em: <*www.societe-de-strategie.asso.fr/pdf/agiro3txt3.pdf*>. Acesso em: 17 fev. 2014.

12. Max Weber, Zur Lage der bürgerlichen Demokratie in Russland, *Gesammelte politischen Schriften*, Tübingen: J.C. Mohr, 1971, p. 64. Tradução nossa.

não têm solução fácil. Mas nele lateja uma certeza: o remédio da razão de Estado, em vez de assegurar a máquina estatal, a levou ao paroxismo totalitário, quando foram banidos os direitos e a democracia. As reflexões que apresento têm como alvo suscitar dúvidas diante dos realismos costumeiros, defendendo a soberania do povo como elemento *sine qua non* da vida livre e civilizada. Se tal objetivo for atingido, pelo menos em parte, o autor sentirá que o esforço valeu a pena.

SOBRE O CONCEITO DE "DITADURA"

As formas de tirania moderna se apresentam nos regimes ditatoriais. O Antigo Regime foi a perene ditadura do rei e de seus ministros (Richelieu e Mazarino são casos exemplares). Com a Revolução Inglesa (cujo ápice encontra-se na ditadura de Cromwell) e a Revolução Francesa (marcada pelas ditaduras jacobina, de Napoleão I e de seu imperador sobrinho, Napoleão III), a modernidade política e jurídica se define, em boa parte, pelo regime ditatorial. Na coleção de tais regimes, um dos mais trágicos é aquele que atribui o poder absoluto "ao proletariado", na verdade, uma prerrogativa de setores dirigentes na ordem comunista. Impostos pelos golpes de Estado, os alvos ditatoriais marcam a razão de Estado em todos os seus momentos. Não por acaso, na URSS, a força ditatorial se ampliou com a doutrina do socialismo em um só país. Antes de examinar semelhante prisma da face política moderna, é preciso a inspeção do próprio conceito de "ditadura".

A ditadura é invenção romana, assim como o município. A palavra "município" teve duas acepções em Roma. De modo geral, o vocábulo foi usado para designar uma cidade de constituição romana na Itália e nas províncias em oposição a Roma. Mas ele também foi usado para intitular um direito público, categoria especial das cidades itálicas e provinciais.

"Município" é oriundo de *municipium* que deriva de *municeps*, como *principium* de *princeps*. *Municipium*, na Lei Júlia, designa exclusivamente as cidades itálicas; no Império, as cidades itálicas e as provinciais. Nos inícios do Estado romano, tal termo é empregado não no sentido comum de cidade, mas no de condição de direito público. Inicialmente, os munícipes não eram eleitores nem elegíveis, pois, mesmo sendo habitantes itálicos – não romanos – com direitos de gestão própria e incorporados aos romanos nas *munera publica*, pagando impostos nas mesmas condições que eles, não tinham o direito de votar e serem votados para os cargos mais importantes de Roma. Os munícipes teriam uma espécie de "naturalização incompleta": serviam nas legiões romanas e não como os *socii*, os *foederati* nos corpos auxiliares armados.

Considerada a desconfiança diante do estrangeiro, o estatuto de munícipe era uma deferência romana para com os habitantes sem cidadania. Dessa condição, muitos munícipes seguiam para adquirir a cidadania plena. Quanto à administração dos municípios, a condição de cada um era regulamentada pelo Senado ou pelo povo romano, sendo que a autonomia poderia ser concedida ou retirada, conforme o jogo político e militar. Municípios leais mantiveram essa condição. Quando sem autonomia, as cidades eram privadas de assembleia popular, de Senado, de magistrados, e passavam a ser gestacionadas pelos *praefecti*, delegados do povo romano, ou pelo pretor. Assim, elas tinham o nome de *praefecturae*. Os habitantes das *praefecturae* não perdiam sua qualidade de cidadãos de Roma, mas a coletividade deixava de ser, administrativamente, independente e com vida própria. Ela era sujeita ao Senado e ao povo de Roma. Em geral, os poderes públicos municipais se compunham de: 1.

Comícios, 2. Senado, 3. Magistrados. À diferença das *coloniae*, que de fato ou por ficção derivavam da própria Roma, os munícipes tinham ainda suas raízes em seu próprio passado longínquo. Esta dimensão dupla, pertencer a Roma e pertencer a si mesmo, ao seu próprio pretérito, é única no mundo antigo. Só Roma a conheceu. Na Grécia, ela foi ignorada. Roma antecipou a noção de um Estado não confundido com uma cidade, congregando múltiplas cidades controladas pelo poder romano. A hegemonia de Roma administra um agregado de comunidades urbanas subordinadas, mas com vida própria e valores idem. Assim, existiram municípios em toda a Europa romana até a queda do Império.

Roma usava dois métodos para com as cidades italianas. O primeiro é a extinção pura e simples delas enquanto entidades autônomas, a anexação. O segundo é a federalização. O *foedus* que liga as urbes a Roma se diferencia em várias categorias. As mais favorecidas eram as cidades tratadas em pé de igualdade e que, com Roma, concluíram um *foedus aequum* (Nápoles, entre outras) e, na Grécia Heracleia mencionada por Cícero, o *foedus aequissimum* ou *singulare*. Essas coletividades guardam seus direitos, incluindo a cunhagem de moeda, as instituições, as magistraturas, os tribunais etc. Quando instalados em Roma, os seus cidadãos podem pedir cidadania. Depois dessas cidades, estão as coletividades que tiveram um *foedus non aequuum*, são aquelas que não guardam autonomia devido ao artigo da lei romana segundo o qual o povo romano conserva a majestade[1]. Posteriormente, estão as cidades nas quais o pacto federativo era mais de clientela, protetorado; a maioria das coletividades entra nesse caso. Em todos eles, no entanto, a federação é bastante falha, visto que se impunha a superioridade militar de Roma nos quesitos de ordem externa ou interna. Essa marca do Estado romano está presente na ditadura e no Império e perdura até a sua queda, tanto no Ocidente quanto no Oriente[2].

1. Cf. Cícero, *Pro Balbo*.
2. Cf. Léon Homo, *L'Italie primitive et les débuts de l'imperialisme romain*, Paris: Albin Michel, 1925, p. 272s.

A mesma ausência de "município", na Grécia, ocorre para a ditadura. A palavra é ignorada em grego, salvo como tradução literal do termo romano. É preciso notar que desde a época mais recuada são bem conhecidas as formas de poder pessoal, uma das notas da ditadura. O termo "tirano", não presente na *Ilíada*, enuncia um poder com as marcas de pessoalidade. "Ter muitos chefes nada vale; que um só seja o chefe, que um só seja o rei." Como os gregos são conhecidos pelo paradoxo, na mesma *Ilíada* é dito que, em situações críticas, vale mais que sejam dois e não um só a assumir o comando[3]. Na Grécia arcaica (até o final do século VI a.C.), existiram chefes nomeados vitaliciamente ou por tempo limitado para resolver crises. Tais líderes eram chamados de *aisymnetas* (comandantes) e dispunham de poderes excepcionais, espécies de tiranos eleitos e acusados de agir com arbítrio e injustiça. O nome de *basileus* era dado ao rei, o qual detinha maior ou menor força, de acordo com as cidades.

O tirano de início é um *basileus*, que possui amplos poderes, mas nem por isso é visto como usurpador ou bandido. A evolução desse sentido ao de péssimo governante é feita em pouco tempo. Os primeiros usos do título de tirano com conotação negativa (algo debatido até hoje, se de forma negativa ou não) vêm de Arquíloco, datado como do século VII em vez do século VIII, em um poema mal conservado[4]. Os séculos VI e VII a.C são férteis em governos tirânicos e populares, contrários ao poder nobre.[5] Por volta de 430,

---

3. Homero, *Ilíada*, II, 204-205, e X, 224. "Dois que marcham juntos, um provê ao outro como seja melhor", (*Iliade di Homero*, Torino: Einaudi, 1950). Para toda a análise que segue, cf. Raymond Weil, De la tyrannie dans la pensée grecque, em M. Duverger, *Dictatures et légitimités*, Paris: PUF, 1982, p. 29s.

4. Cf. Arquiloco, *Fragments*, Lasserre-Bonnard (ed.), Paris: Les Belles Lettres, 2002. (Há tradução: *Fragmentos Poéticos*, por Carlos A. Martins de Jesus, Lisboa: Imprensa Nacional-Casa da Moeda, 2008.)

5. "Não desejo a riqueza de Giges, nem emulei ou me arrependi diante dos decretos divinos, nem desejei seguir os grandes tiranos, diante dos quais os meus olhos permanecem fechados" ("Die älteste erhaltene Verwendungen des Tyrannis-Begriffes findet in den literarischen Zeugnisse der archaischen Zeit bei Archilocos von Paros, der die Mitte des 7. Jarhunderstes

na peça *Édipo Tirano*, Sófocles não emprega ainda o termo no sentido totalmente pejorativo. Em Heródoto, na segunda metade do século v a.C., temos a questão da tirania. O historiador relata um debate sobre o poder efetivado na corte persa. Com a morte de Cambises, sete nobres discutem o regime a estabelecer. Com a vitória da monarquia, ela é entregue a Darius. Mas são discutidas a monarquia, a aristocracia e o regime popular, com seus prós e contras[6]. O adversário da monarquia diz que a pessoa nela investida não precisa prestar contas a ninguém e se torna próspera e orgulhosa, abusa do poder e ordena execuções sem julgamento, usa as propriedades dos governados segundo seu capricho, viola as leis e a moral. O poder absoluto leva à tirania, máxima injustiça. O regime adequado seria a democracia, na qual os integrantes políticos recebem tratamento isonômico. Contra semelhante requisitório, o defensor do poder absoluto afirma que se o titular é bom, tal governo é o mais adequado[7]. Ele é mais eficaz porque nele o segredo de Estado tem mais garantias (o seu titular é um só). Sólon recusa a tirania que lhe foi ofertada, considera-a ausência da lei, injustiça. A tirania, no seu entender, é como uma praça forte que protege, mas aprisiona quem a comanda. Sólon aceitou ser árbitro por tempo limitado[8].

Em Ésquilo, a tirania se identifica parcialmente à barbárie dos persas vencidos em Salamina, em *Os Persas*, ou dos egípcios, em *As Suplicantes*. Prometeu encadeado é o campeão da humanidade por lutar contra Zeus, tirano

---

v.Chr. gelebt haben dürfte. Der Iambograph lässt in einem Vielzeiler einem Handwerker namens Charon sagen." Ver Loretana de Libero, *Die archaische Tyrannis*, Stuttgart: Franz Steiner, 1995, p. 24.). Cf. Pedro Barceló, *Basileia, Monarchia, Tyrannis: Untersuchungen zu Entwicklung und Beurteilung von Alleinherrschaft im vorhellenistischen Griechenland*, Stuttgart: Franz Steiner, 1993, e também V. Parker, Tyrannos: The Semantics of a Political Concept from Archilochus to Aristotle, *Hermes*, Stuttgart, v. 126, n. 2, 1998, p. 145-172.

6. Cf. Heródoto, *III*, 80s.

7. Ibidem.

8. Cf. Herodotus, *Herodotus: The Persian Wars*, , v. II: livros III-IV, Cambridge: Harvard University Press, 1989, p. 107s. (Col. Loeb Classical Library.)

que impõe sua vontade arbitrária. Em *Sete Contra Tebas*, o rei é legítimo, mas ele, Eteócles, deseja guardar o poder por tempo maior do que o legal e não pretende ceder o comando ao seu irmão, conforme a alternância prevista em termos jurídicos. A imaginação teatral, ligada ao fato tirânico, radicaliza-se com Eurípides, em *As Fenícias*, que coloca na boca de Eteócles a confissão do ardor pelo poder exclusivo: "Subiria aos astros, o lugar onde eles se elevam ao céu, desceria à terra, se fosse capaz, para manter em minhas mãos o poder soberano, a maior divindade". E adiante: "Se é preciso ser criminoso, que seja pelo poder soberano, o mais belo motivo dos crimes."[9]

Se não existe ditadura na Grécia, é possível enunciar que a noção e a prática da tirania se aproximam daquele conceito. A questão do tempo de mandato e a substituição da realeza pela magistratura, que, como o rei, não presta contas, são impostas por um golpe de força ou astúcia, diminuindo a sua legitimidade. Um exemplo modelar da tirania ilegítima, desenhado por Platão na *República*, tornou-se o grande paradigma da tirania até os nossos dias. Trata-se do anel de Giges, o pastor lídio. É bom recordar que a primeira notação sobre tirania, como foi enunciado acima, é de Arquíloco, e tal notação é referida a Giges:

Um dia, durante violenta tempestade acompanhada de abalo sísmico o solo fendeu-se e formou-se um precipício perto do local onde apascentava o seu rebanho. Cheio de assombro, Giges desceu ao fundo do abismo e, entre outras maravilhas que a fábula enumera, surgiu um cavalo de bronze, oco, perfurado com pequenas aberturas; tendo-se debruçado sobre uma, percebeu dentro um cadáver de estatura maior, parece, que a de um homem, e que trazia na mão um anel de ouro, do qual ele se apoderou [...] Ora à reunião habitual dos pastores que se realizava cada mês para informar o rei do estado de seus rebanhos, ele compareceu com o anel no dedo. Tendo tomado assento no meio dos outros, voltou por acaso o engaste do anel para o

---

9. *As Fenícias*, 504, 524. Para uma análise antiga, mas cheia de informações sobre a tirania, cf. Percy Neville Ure, *The Origin of Tyranny*, Cambridge: Cambridge University Press, 1922.

interior da mão; imediatamente tornou-se invisível aos seus vizinhos, que começaram a falar dele como se tivesse partido. Espantado, ele manejou de novo o anel com hesitação, voltou o engaste para fora e, assim fazendo, tornou a ficar visível. Dando-se conta do fato, repetiu a experiência para verificar se o anel possuía realmente semelhante poder, o mesmo prodígio reproduziu-se: virando o engaste para dentro, ficava invisível; para fora, visível. Desde que se certificou disso, agiu de modo a figurar entre os mensageiros que se dirigiam para junto do rei. Chegando ao palácio, seduziu a rainha, tramou com ela a morte do rei, matou-o e obteve assim o poder.[10]

A história narrada no interior da *República* marca os lados da visibilidade e da invisibilidade do poder e da justiça. Na divisão dos campos opostos, ocorre a maravilha, o espanto. Todos os elementos narrados por Platão na personagem Giges encontram-se na história dos golpes de Estado e das ditaduras, após o final da República romana e o nascimento do Império. Até os nossos dias, os mais importantes pensadores políticos se aplicam a captar os sentidos da história de Giges, entre eles, o republicano Jean-Jacques Rousseau[11]. Entre a modernidade e os tempos antigos, o cristianismo apurou a noção de tirania[12].

Na experiência grega, além da história de Giges, o tirano é chamado de "lobo sanguinário" por Platão, que prevê a sua morte nas mãos dos adversários[13]. Aristóteles

---

10. Trata-se de um espanto diante da maravilha diametralmente oposto ao da natureza filosófica, tal como pensada por Platão, no *Teeteto*, por Hesíodo, na *Teogonia 750*, e na *República* v, 475c.

11. Jean-Jacques Rousseau, *Revêries du promeneur solitaire*, VI, Gallica (Col. Bibliopolis). Disponível em: <http://www.bibliopolis.fr>.

12. Em toda a sequência, até aviso em contrário, as considerações redigidas aqui são oriundas do clássico livro de Roland Mousnier, *L'Assassinat d'Henri IV: Le Problème du tyrannicide et l'affermissement de la monarchie absolue*, Paris: Gallimard, 1964. As fontes históricas são tratadas nesse escrito com mão de mestre, bem como a leitura do mundo europeu, em especial da França no século XVII. Ampliei a citação de fontes não incluídas por Mousnier para deixar mais evidente o problema do tiranicídio nos exercícios filosóficos.

13. "Agora, não tem o povo o hábito invariável de pôr à sua testa um homem cujo poder ele nutre e torna maior?" "É de seu hábito, concordou." "É, portanto, evidente que, onde quer que o tirano medre, é na raiz

define o tirano como pernicioso ao coletivo[14]. Cícero discute a tirania e afirma que o tirano gera ódio e sempre acaba morto de maneira violenta. O escritor questiona o peso do tiranicídio em relação aos valores éticos: "Com frequência as circunstâncias tornam o que se costuma considerar torpe, como não torpe. Existe crime maior do que matar um homem, ou um amigo? No entanto, seria mesmo um criminoso quem matou um tirano, mesmo sendo ele amigo? Tal não é a opinião do povo romano. Entre as belas ações, ele considera aquele ato como o mais belo."[15]

desse protetor e não alhures que ele se entronca." "É absolutamente evidente." "Mas onde começa a transformação do protetor em tirano? Não é, evidentemente, quando se põe a fazer o que é relatado na fábula do templo de Zeus Liceu, na Arcádia?" "O que diz a fábula? indagou." "Que aquele que provou entranhas humanas, cortadas em postas junto com as de outras vítimas, é inevitavelmente transmudado em lobo. Não ouviste contá-la?" "Sim." "Do mesmo modo, quando o chefe do povo, seguro da obediência absoluta da multidão, não sabe abster-se do sangue dos homens de sua própria tribo, mas, acusando-os injustamente, conforme o processo favorito dos de sua igualha, e arrastando-os perante os tribunais, se mancha de crimes mandando tirar-lhes a vida, quando, com língua e boca ímpias, prova o sangue de sua raça, exila e mata, acenando com a supressão das dívidas e uma nova partilha das terras, então, não deverá um tal homem necessariamente, e como que por uma lei do destino, perecer pela mão de seus inimigos, ou tornar-se tirano, e de homem transformar-se em lobo?" (Platão, *A República*, VIII, 565c-566a. Cito na tradução de J. Guinsburg, São Paulo: Perspectiva, 2006, p. 332-333.)

14. "A corrupção da realeza é a tirania. Ambas são governos monárquicos, mas diferem profundamente. O tirano visa apenas seu interesse pessoal e o rei se preocupa com o de seus dirigidos [...] O tirano só busca o seu próprio bem. Sem dúvida, a tirania é o pior dentre os governos. Da monarquia se desliza para tirania, corrupção da monarquia, e um rei péssimo se transforma em tirano." (Aristóteles, *Ética a Nicômaco*, 8, 10). A realeza se fundamenta no consentimento dos governados e na lei. A tirania é um desvio dessa prática. "A tirania é monarquia absoluta que, sem responsabilidade e só no interesse do tirano, governa homens que valem tanto ou mais do que ele, esta monarquia nunca se ocupa com os interesses particulares dos governados. Assim, ela existe apesar deles, pois não existe um só homem livre que suporte voluntariamente tal poder." (Aristóteles, *Política*, 6,3-6,2). Cf. *Aristotle: Politics*, v. XXI, Cambridge: Harvard University Press, 1990, p. 324s. (Col. Loeb Classical Library.)

15. "Omnium autem rerum nec aptius est quicquam ad opes tuendas ac tenendas quam diligi nec alienius quam timeri. Praeclare enim Ennius 'Quem metuunt oderunt; quem quisque odit, perisse expetit'. Multorum

Pode ser encontrada em Sêneca uma atitude próxima: "Se a cura (do tirano) é desesperada, com um só gesto farei um ato benemérito para todos e de restituição, para ele. Para naturezas como a sua, deixar a vida é o único remédio, a melhor escolha é ir embora, quando não é mais possível voltar a si mesmo."[16]

A ditadura, como se vê, tem origens remotas e polimorfas. Quando, no século XX e XXI, falamos de semelhante regime, devemos descer aos tempos mais primitivos da sociedade e do Estado. Atenas e Roma ensinaram o caminho tanto para os democratas quanto para os senhores do arbítrio. Passemos ao pensamento moderno. A tirania – é lugar-comum – se irmana à ditadura para aplicar uma doutrina ampla e incerta quanto aos fundamentos, chamada "maquiavelismo". Discutamos um pouco o tema antes de chegar à ditadura dita do proletariado, que enterrou os sonhos dos que se decidiram pelo socialismo no século XX e jogou milhões de seres humanos no inferno dos campos de concentração "progressistas".

---

autem odiis nullas opes posse obsistere, si antea fuit ignotum, nuper est cognitum. Nec vero huius tyranni solum, quem armis oppressa pertulit civitas ac paret cum maxime mortuo interitus declarat, quantum odium hominum valeat ad pestem, sed reliquorum similes exitus tyrannorum, quorum haud fere quisquam talem interitum effugit. Malus enim est custos diuturnitatis metus contraque benivolentia fidelis vel ad perpetuitatem. Sed iis, qui vi oppressos imperio coercent, sit sane adhibenda saevitia, ut eris in famulos, si aliter teneri non possunt; qui vero in libera civitate ita se instruunt, ut metuantur, iis nihil potest esse dementius." (Cícero, *De officiis*, II, 7, 23-26.)

16. Sêneca *De beneficiis*, 7, 19 (ed. Carl Hosius, Lipsiae: Teubner, 1900). Cautela, no entanto, com tais linhas. Elas não correspondem ao pensamento do estoico Sêneca. Leia-se a meditação seguinte: "Esta é uma questão usual levantada sobre Marcos Brutus : deveria ele aceitar ter sua vida poupada pelo divino Júlio quando Brutus desejou matar César ? […] Considero que se em outras ocasiões Brutus agiu como grande homem, errou neste caso particular e não agiu segundo os princípios estoicos". Para uma análise do trecho, ver Manfredi Piccolomini, *The Brutus Revival: Parricide and Tyrannicide During the Renaissance*, Carbondale: Southern Illinois University Press, 1991, p. 27s. Para outro comentário do problema, ver M. T. Griffin: *Seneca, a philosopher in Politics*, Oxford: Clarendon, 1992, p. 189s.

MAQUIAVEL E MAQUIAVELISMOS

Certos comentadores indicam que o livro intitulado *O Príncipe* não é novo na sua forma, ele nada mais seria do que o reaproveitamento dos antigos *Espelhos do Príncipe*. Os conteúdos também parecem extraídos daqueles manuais com conselhos sobre as novas conquistas, o modo de administrá-las, os auxiliares a ser ouvidos, a diplomacia etc. O escrito rompe, no entanto, com a tradição medieval, porque nele a metafísica e a teologia são postas em segundo plano e substituídas pela tentativa de expor fatos humanos, em especial sob o ângulo histórico. Segundo Max Lerner, "Maquiavel escreveu uma gramática do poder, não apenas para o século XVI, mas para as épocas seguintes".[1] No conjunto de páginas de Maquiavel estão contidos imperativos do governo, todos com a marca realista do poder. O elogio

---

1. Machiavelli the Realist, em De Lamar Jensen (ed.), *Machiavelli: Cynic, Patriot, or Political Scientist?*, Boston: Heath, 1960, p. 9-13.

de Spinoza aos "políticos" cabe à forma e ao conteúdo de *O Príncipe*[2].

Além de *O Príncipe*, que mais serve como instrumento de parolagem e é pouco lido ou examinado a fundo, *Os Discursos Sobre a Primeira Década*, de Tito Lívio, definem o campo no qual é possível captar o pensamento de Maquiavel. Em tal obra fica bem claro o apreço desse autor pela república, o respeito pela massa popular na comunidade política, a necessária unidade dos vários elementos que compõem o poder político, condição de sua permanência estável no tempo. Maquiavel ainda salienta a relevância dos legisladores, que conduzem o coletivo e lhe garantem coesão mínima e alguma estabilidade, e também o uso da força militar com mobilização cidadã para intensificar a firmeza interna da comunidade. *Last but not least*, a importância da religião como elo de indivíduos, grupos, massas no interior de um país.

Maquiavel sintetiza a experiência política contemporânea, que não difere essencialmente das ocorridas no pretérito. As realidades por ele descritas mostram que os homens

na política, nos negócios ou na vida privada, não agem segundo suas proclamações de virtude; os líderes buscam rudemente o poder e o agarram tenazmente; as massas que devem ser coagidas na ditadura são expostas à adulação ou trapaça na democracia; engodo e

2. "Os Políticos, ao contrário, estima-se que estão mais ocupados em estender armadilhas aos homens do que a velar por seus interesses, e julga-se que são hábeis mais do que sábios. A experiência, com efeito, ensinou-lhes que haverá vícios enquanto houver homens; eles se esforçam, portanto, em prevenir a malícia humana, e isso por meios cuja eficácia uma longa experiência deu a conhecer, e que homens movidos pelo temor mais do que guiados pela razão costumam aplicar; agindo nisso de uma maneira que parece contrária à religião, sobretudo aos teólogos: segundo estes últimos, com efeito, os soberanos deveriam conduzir os negócios públicos em conformidade com as regras morais que o particular deve manter. Não é duvidoso, entretanto, que os Políticos tratem, em seus escritos, da Política com muito mais felicidade do que os filósofos: tendo a experiência por mestra, eles nada ensinaram, com efeito, que fosse distante da prática." *Tratado Político*, Capítulo 1, §2, *Spinoza: Obra Completa 1*, São Paulo: Perspectiva, 2014, p. 370.

rudeza existem em todo Estado; enquanto a arte de ser dirigido sempre foi relativamente fácil, a de governar a nós mesmos é monstruosamente difícil.

Lerner resume os dilemas da "ética na política" de modo saboroso: ideais são importantes na vida pública se forem tidos apenas como normas. Mas, considerados sob o aspecto de técnicas para conseguir e conservar o poder, eles são pouco eficientes. O líder bem sucedido opera com matizes do humor coletivo, suspeitas contra as táticas dos adversários, compromissos e concessões. Os profetas da religião aproximam a moral pública dos preceitos éticos. Savonarola, Cromwell, puritanos na Inglaterra ou América, "quando chegam ao poder, aprendem o jogo político". Tal aprendizado dos religiosos não os conduz à democracia: "os imperialismos mais destruidores do mundo elevaram suas preferências ao pináculo dos imperativos morais e trabalham com plena confiança para impor tais imperativos aos outros"[3].

Sempre que se fala no Florentino surge a *vexata quaestio* dos meios e dos fins. "O pressuposto transcendental de toda ciência da cultura", disse um dia Max Weber, "é que somos seres culturais". O mesmo pode ser afirmado em relação aos valores políticos. Nenhum ser humano vive e pensa de modo puramente objetivo, sem emitir juízos axiológicos. Todos agem e avaliam, no mesmo ato em que pensam com maior ou menor objetividade, se recorrem ou não aos esforços científicos. Um traço da prática política é a disciplina. Essa só pode ser efetivada com base em valores partilhados. Para que vitórias sejam obtidas, no entanto, instrumentos técnicos e saberes devem ser adquiridos, o que requer procedimentos reiteráveis. Separar valores de sua objetivação impede perceber o núcleo dos atos políticos. O poder moderno exige, em vez da absolutização irracional do carisma, o trabalho disciplinado dos que obedecem como se fossem máquinas. O Príncipe é inteligível sem a plebe, ambos se instalam em polos contrários da política moderna. Desde os *condottieri* italianos, o domínio do

3. M. Lerner, op. cit.

tempo e do espaço sociais cabe aos que sabem controlar a fortuna e a necessidade.

Maquiavel distingue o reino do que deve ser do que é, rejeita o primeiro pelo segundo. "Mas existe um terceiro: o do que pode ser […] a medida de um homem é sua habilidade para expandir a esfera da sociabilidade possível."[4] A busca incessante nos *Dircorsi* é o modo de manter o coletivo coeso, com o máximo de liberdade possível para os indivíduos e grupos. É preciso, no entanto, notar em que sentido os dois elementos podem ser mantidos ao mesmo tempo.

Um autor que marca a interpretação de Maquiavel, no trato entre os integrantes do corpo estatal e a segurança desse último, é Friedrich Meinecke. No seu entender, o politeísmo e uma visão secularizada dos valores definiam a política na Antiguidade. A *polis* seria o elemento de valor mais elevado para todos os indivíduos e grupos. Coincidindo a ética dos átomos sociais e a do todo, não existiriam conflitos entre a política e a norma ética. Não existiria religião universal para restringir o exercício do Estado, pois a religião da cidade tenderia a favorecer o mando, com a glorificação do heroísmo. Com o declínio da *polis*, a competição sem peias entre individualidades a dissolve. O retrato de semelhante corrosão pode ser visto no Cálicles ou no Górgias platônicos. No caso da *raison d'État*, o seu exercício só poderia ser percebido em indivíduos poderosos no interior da sociedade, jamais como algo acima dela, como essencial à persona do Estado. A razão pertence ao vencedor da luta política, não é algo que planaria acima de todos, vitoriosos ou derrotados.

Segundo Meinecke, Santo Agostinho fornece a chave derradeira da antiga forma de razão estatal quando afirma: "Remota justitia quid sunt regna nisi magna latrocinia". O cristianismo edifica uma percepção da moralidade universal a ser obedecida inclusive pelo Estado, o que dissolve os valores seculares, como o heroísmo. Na Idade Média, a

---

4. Ibidem.

jurisprudência germânica somada à ética cristã rebaixa o Estado. Esse último existe na época, mas não tem a supremacia. A política e a razão de Estado foram ignoradas na Idade Média.

No outono da Idade Média, o Estado retoma forças e passa, com muitas dificuldades, à supremacia. A luta entre Igreja e papado acentua o poder de grandes governantes. Nomes como Frederico II e Filipe IV abrem a lista dos poderosos contrários ao poder do Sumo Pontífice. O imperador Carlos IV, na Alemanha, e o rei Luís XI, na França, dão exemplos de uma arte racional e inescrupulosa de governar, cuja base era a sua pessoa. A própria Igreja, com a concentração do mando nas mãos do Papa, as suas formas administrativas e finanças, serve de modelo para o Estado nacional. Mas se aprofunda o conflito entre razão de Estado: em um plano, a lei, em outro, a ética. A razão estatal é vista como pecado contra a lei e inimiga dos antigos costumes. Maquiavel rompe com essa atitude e assume o plano secular. Existem críticos, adianta Meinecke, que notam o Florentino não expressar opiniões sobre o real fim do Estado. Erradamente, eles deduzem que ele não refletiu sobre o assunto. Entretanto, ele não fez outra coisa em toda a sua existência, que surge na confluência entre o colapso da política com o Renascimento.

A Itália de sua época, segundo ele mesmo diz no capítulo 8 de *O Príncipe*, vivia uma realidade de certo modo *bilanciata*, definida por cinco Estados, cada um deles contido em seus limites pelos demais: Nápoles, Estados pontifícios, Florença, Milão e Veneza. Para manter o equilíbrio da balança, o princípio é o *divide et impera*. As invasões espanhola e francesa após 1494, o declínio de Milão e Nápoles e as mudanças no governo de Florença permitem a visão da política assumida por Maquiavel. Secretário da república até 1512, ele aprende as técnicas usadas pelas cidades-Estado e recolhe as pedras essenciais para a edificação do seu pensamento. Mas é depois de 1512, com a derrota de seu partido e a subida dos Médicis, que ele precisa buscar favores com os vitoriosos e deve refletir mais acuradamente sobre a diferença entre república e monarquia e a missão nova dessa. Após 1513, ele escreve os *Discorsi* e *O Príncipe*.

O primeiro elemento importante em suas reflexões é a sua atitude diante da religião[5]. O cristianismo transforma os italianos em pessoas humildes, efeminadas, fracas. Esse juízo contrasta com a sua percepção da Antiguidade, na qual domina o glorioso heroísmo, síntese de *grandezza dell'animo* e *fortezza del corpo*. Ele rompe com a visão dualista do cristianismo, que deprecia os sentidos e impulsos mundanos. Os valores se concentram, para Maquiavel, na palavra *virtù*, conceito polifacetado que reúne aspectos éticos e naturais, coragem para efetivar atos heroicos, entre eles o de manter unido um Estado, preservar a sua existência, principalmente quando se trata de repúblicas. Porque na Roma republicana, ele pensa, reside o grande seminário da virtude, a qual se divide em duas: a natural e a política, sendo que ambas concorrem para manter o Estado. A virtude pode vir de baixo, do povo, nas repúblicas; ou de cima, da nobreza, na monarquia. Existe uma ligação entre as duas virtudes e, portanto, entre monarquia e república. É assim que Meinecke explica a suposta inconsistência de Maquiavel em Florença. Ele escreve *O Príncipe*, é verdade, mas logo a seguir redige os *Discorsi*, os dois lados não são antitéticos para ele.

O pensador mantém as distinções entre bem e mal. Quando defende ações consideradas más pela moral cristã, nunca deixa de negar que elas recebem tal qualificativo na ética dominante. No capítulo 8 de *O Príncipe*, ele escreve, ao comentar a personagem Agátocles, que matar outro cidadão, trair amigos, ser desleal ou impiedoso constituem ações que não merecem o título de virtuosas, trazem domínio, não glória. No entanto, Agátocles, que age de tal modo, é indicado como alguém que possui *grandezza dell'animo*, grande virtude de um governante.

Virtù é a fonte vital do Estado, do *vivere politico*. O maior choque sofrido pelos que analisam os escritos de

---

5. *Discorsi*, II, 2.

Maquiavel ocorre na contradição entre *virtù* e moral cristã. Essa contradição ele nunca eliminou. *Virtù* é ferocidade (ferócia), força natural desregrada, que deve ser conduzida ao plano de *virtù ordinata*, submetida à razão que favorece governantes e cidadãos. A *virtù ordinata* compreende a religião como instrumento que ajuda a manter o Estado[6]. Religião, leis, assuntos militares são os fundamentos do Estado. Daí o ceticismo irreligioso que ele recomenda aos dirigentes, por saber que mesmo crenças baseadas em erros devem ser apoiadas para a manutenção do Estado.

Os termos complementares, *Fortuna* e *Virtù*, presentes no capítulo 25 de *O Príncipe*, devem ser captados pelos que desejam garantir a vida política. Deixar-se conduzir por uma suposta ação secreta da Fortuna (e quantas "mãos invisíveis" conhece o mundo político e social desde Maquiavel…) é falta de *virtù*. É possível edificar canais e barreiras contra a Fortuna, assegurar limites ao seu desenvolvimento. Só a metade de nossos atos é governada por ela, o resto depende de nós.

> Onde os homens têm pouca virtude, a fortuna mostra o bastante a sua potência; e, porque ela é mutável, mudam as repúblicas e os próprios Estados; e mudam sempre, até que surja um amador da

---

6. Ver *Discorsi*, I, 11 e 12. "trovando uno popolo ferocissimo, e volendolo ridurre nelle obedienze civili con le arti della pace, si volse alla religione, come cosa al tutto necessaria a volere mantenere una civiltà, e la constituì in modo, che per più secoli non fu mai tanto timore di Dio quanto in quella republica, il che facilitò qualunque impresa che il Senato o quelli grandi uomini romani disegnassero fare […] la religione introdotta da Numa fu intra le prime cagioni della felicità di quella città: perché quella causò buoni ordini; i buoni ordini fanno buona fortuna, e dalla buona fortuna nacquero i felici successi delle imprese. E come la osservanza del culto divino è cagione della grandezza delle republiche, così il dispregio di quello è cagione della rovina d'esse. Perché, dove manca il timore di Dio, conviene o che quel regno rovini, o che sia sostenuto dal timore d'uno principe che sopperisca a' difetti della religione. E perché i principi sono di corta vita, conviene che quel regno manchi presto, secondo che manca la virtù d'esso". (Niccolò Machiavelli, Discorsi, I, 11, *Opere a cura di Corrado Vivanti*, Torino: Einaudi/Gallimard, 1997, v. I, p. 229s.)

Antiguidade que regule a Fortuna de tal modo que não seja preciso mostrar, a todo giro do Sol, o quanto ela é poderosa.[7]

A Fortuna deve ser vencida com muita dissimulação e cálculo, pois cada ocasião na vida exige um método para tratar com os obstáculos. Os homens integram a natureza e age segundo os ditames naturais. O termo *Fortuna* ocasiona muitas análises, no mínimo estranhas, sobre o pensamento do escritor. Fortuna personifica o caprichoso e fluido, não raro funesto, mas também favorável, na vida individual e coletiva. Sem regra aparente, ela concede sucesso ou fracasso[8].

Fortuna se diferencia de *Fatum*, pois esse exprime uma lei diante da qual a mente se dobra. Quase sempre a Fortuna é uma derrogação do *Fatum*, o que desafia a razão e pode causar revolta moral. A palavra latina traduz a grega *Tiché*, não existente em Homero e que surge em *Hino a Deméter* e *Teogonia*. Em Tucídides, autor conhecido por Maquiavel, *Tiché* personifica a sorte de uma cidade ou povo[9]. "Depois de percorrer todo o mundo, *Tiché* corta suas asas e fixa residência no Capitólio", diz Plutarco no tratado sobre *A Fortuna dos Romanos*, o que testemunha a boa sorte daquele povo. Importa para o pensamento político o fato de que Fortuna, personificação mesma do instável, reúne-se a divindades outras como a Esperança (*Spes*) e encontra apoio em *Fides*, a que nunca varia.

Não é com outro fim que Maquiavel, como boa parte de seus contemporâneos, aponta para a Fortuna como um

---

7. "Perché, dove gli uomini hanno poca virtù, la fortuna mostra assai la potenza sua; e, perché la è varia, variano le republiche e gli stati spesso; e varieranno sempre, infino che non surga qualcuno che sia della antichità tanto amatore, che la regoli in modo, che la non abbia cagione di mostrare, a ogni girare di sole, quanto ella puote". (Idem, Discorsi, II, 30, p. 410.)

8. Cf. Charles Victor Daremberg; Edmond Saglio, *Dictionnaire des Antiquités Grecques et Romaines*, Université de Toulouse Le Mirail. Disponível em: <http://dagr.univ-tlse2.fr/sdx/dagr/index.xsp>.

9. Cf. Tucídides, *Guerra do Peloponeso*, IV, 18. Sigo a tradução de Thomas Hobbes, *The Peloponnesian War*, Chicago: University Chicago Press, 1989, p. 239.

eixo da ordem política, juntamente a *Virtù*. A fluência dos eventos políticos deve ser controlada ao máximo para que exista alguma estabilidade na ordem pública. Nessa última (e agora volto a Meinecke), cada inimigo aprende a usar as armas que se voltam contra eles. A *Virtù* deve fazer com que a Fortuna, maliciosa, opere em favor desse ou daquele dentre os contendores. Os métodos usados pelo inimigo, mesmo que eles sejam sujos, caso mostrem eficácia, não podem ser ignorados. Toda arma pode ser dirigida, com maior ou menor maestria, pelos contendores políticos.

A Fortuna se diferencia do *Fatum*, a necessidade. Como a *virtù* pode ser *ordinata*, também a necessidade pode ser *ordinata dalle leggi*[10]. Mas para isso é preciso seguir a verdade das coisas, em vez da pintura que dela as pessoas fazem. O indivíduo que deseja fazer apenas o bem cai uma hora ou outra sob o domínio dos perversos. É preciso conhecer, portanto, o que não é bom e o que não é o bem. Essa é a lei da *necessità*. A mesma força que impele os príncipes de refrear o bem, em determinadas circunstâncias, também os leva a usar o que é bom. A necessidade salva e arruína. A pátria deve ser salva, mesmo com ignomínia: "quando se trata de salvar a pátria, não se deve deter um só átimo para considerar se algo é legal ou ilegal, gentil ou cruel, elogiável ou vergonhoso; mas afastando toda outra consideração, deve-se ir até o fim, se alguém resolve salvar a vida do Estado e preservar sua liberdade".

Maquiavelismo. A palavra significa, grosseiramente, o realismo esperto e de má fé na ordem política, social, religiosa. Ela indica exatamente o que acabamos de ler em Maquiavel: para conseguir a salvação do povo, nada envergonha, a força decide a razão e o bem. Friedrich Meinecke[11] indica o diálogo entre os habitantes da ilha de Melos e os atenienses que os cercavam como um dos marcos da razão de Estado e, como tal, do maquiavelismo. Pouco importa

---

10. Cf. Maquiavel, *Discorsi*, I, 1.
11. F. Meinecke, *Machiavellism: The Doctrine of Raison d'État and Its Place in Modern History*, New Haven: Yale University Press, 1957.

se o debate, encenado no livro v, capítulo 85 e seguintes, da *Guerra do Peloponeso*, existiu de fato ou se é invenção do magnífico escritor Tucídides; importa a figura espiritual da política que ali se vislumbra e também pode ser percebida com a máscara de Trasímaco, na sublime peça teatral intitulada *A República*, redigida por Platão. Fiquemos no episódio de Melos.

O encontro entre os invasores e os líderes da ilha é feito, por receio de alarmar os habitantes de Melos, em segredo. Os governantes cercados tinham receio da brutalidade ateniense e de sua língua persuasiva. A democracia de Atenas não existiria sem retórica, demagogia, enganos, maquiavelismo, diríamos. Os sitiados dizem claramente que, ao saberem da superioridade bélica do seu adversário, observam que ele vem para a conferência não como parte, mas como juiz implacável, justamente porque detém a força. Os atenienses replicam que os governantes de Melos deveriam, pelo conhecimento de sua fraqueza, tudo fazer para salvar a cidade da destruição. Recordemos o dito de Maquiavel: "para salvar a pátria, nada é vergonhoso". Os governantes ameaçados, no entanto, tentam usar palavras contra a força. Os atenienses não aceitam a tese de que Melos está com a justiça e a legalidade por ser apenas uma colônia de Esparta. E os arautos da democracia ateniense dizem que o debate sobre a justiça só existe quando a necessidade é igual para as duas partes.

O termo usado por Tucídides, *ananké*, significa força, constrangimento, necessidade, inclusive as determinadas pelas forças naturais, como Xenofonte[12], e as no sentido de necessidade lógica, como em Aristóteles[13]. Trata-se de uma palavra que, ao lado de Fortuna, é das mais usadas por Maquiavel ao longo de seus escritos. Volto a Melos.

---

12. "tisin anankais hekasta gignetai tôn ouraniôn" (*Mem.* 1.1.11). O trecho refere-se a Sócrates, que evitava conversar sobre a natureza do suposto cosmos e as leis que governam necessariamente os fenômenos celestes.

13. Cf. *Metafísica de Aristóteles*, 1064b33.

Os atenienses aconselham os sitiados a se renderem, pois desse modo conseguiriam lucros e os submissos salvariam sua terra. Eles arrematam após uma aguçada troca de palavras, nas quais os vocábulos operam como armas afiadíssimas, e dizem que vencem devido à necessidade imposta pela natureza (*dia pantos hupo phuseôs anankaias*); os deuses dão a vitória sempre ao mais forte, e sempre (*es aiei*) será assim[14].

Leis morais nada podem contra a necessidade que se impõe quando se trata de salvar o povo. O lema é seguido por Cícero[15] e por Tácito[16]. Micheline Triomphe adianta uma hipótese de trabalho muito sugestiva ao analisar os vínculos entre interesse privado e público, em Hobbes, com as relativas apropriações da lei. A liberdade, diz ela ao tomar o capítulo 21 de *O Leviatã* como ponto de partida exegético, entra em uma tensão dialética com o conceito essencial em Hobbes, o de *salus populi*, e o enunciado no qual se afirma que *necessitas legem habet*. As duas fórmulas supõem que no estado de natureza multiplicam-se os direitos, mas inexiste o direito. Entre o vazio do primeiro e a plenitude do segundo, ocorre o poder soberano, *legibus solutus*. A *salus populi* é a lei maior, a suprema *lex* da cadeia jurídica, não em ruptura com os elos anteriores, mas como sua condição

---

14. Cf. a tradução de Thomas Hobbes, op. cit, p. 364s.

15. Cf. *De officiis*, III, 2: "Panaetius igitur, qui sine controversia de officiis accuratissime disputavit quemque nos correctione quadam adhibita potissimum secuti sumus, tribus generibus propositis, in quibus deliberare homines et consultare de officio solerent, uno cum dubitarent, honestumne id esset, de quo ageretur, an turpe, altero utilene esset an inutile, tertio, si id, quod speciem haberet honesti, pugnaret cum eo, quod utile videretur, quomodo ea discerni oporteret, de duobus generibus primis tribus libris explicavit, de tertio autem genere deinceps se scripsit dicturum nec exsolvit id, quod promiserat." ("Panécio apresenta a mais profunda discussão sobre os deveres morais. Ele classifica em três itens os problemas éticos que as pessoas costumam considerar e pesar: 1º se a questão analisada é moralmente certa ou errônea; 2º se é expediente ou não; 3º como uma decisão deve ser assumida, nos casos em que ela parece ser moralmente certa, mas que se choca com o que parece expediente.")

16. *Anais*, XIV, 44.

de possibilidade. Ela valida, legitima, legaliza as condutas que sem ela seriam indesculpáveis.

Aqui, a autora entra no exame de um termo muito usado em Hobbes, a "desculpa", nela notando o seu forte odor de razão de Estado. Trata-se de transgressão, mas sem culpa, não condenável em direito. A desculpa opera no plano dos particulares, no seu nexo com o mundo da inimizade. E Triomphe se pergunta se ela não vale também para o mundo dos governantes. No capítulo 27 do *Leviatã*, "Of Crimes, Excuses, and Extenuations", é posto por duas vezes o fato de uma forte transgressão:

> Se um homem, por terror da morte presente, é compelido a fazer algo contra a Lei, ele é totalmente desculpado; porque nenhuma Lei pode obrigar um homem a abandonar sua própria preservação. E supondo-se que tal lei fosse obrigatória; mesmo assim um homem teria razão, pois, se não faço, eu morro agora; se faço, morro depois; logo ao fazer isto, há um termo de vida ganho; a natureza compele, portanto, a fazer.

E, logo após, ele reforça o argumento:

> Se um homem está destituído de alimento, ou outra coisa necessária à sua vida, e não pode preservar a si mesmo de outro modo, mas apenas cometendo algo contra a lei; como numa grande fome na qual ele arranca o alimento pela força, ou rouba, o que não pode obter por dinheiro ou caridade; se, em defesa de sua vida, joga longe a espada de um outro homem, ele é totalmente desculpado.

Nos dois casos, uma situação extrema de perigo ou necessidade leva à desculpa, em nome de certo tipo de *salus*, não de *populi*, mas de *hominis*.

Em que consiste a "desculpa"? Na extrema necessidade, que não é vista como algo que abole a lei. Essa permanece intocada e intacta, apenas é suspenso no tempo o seu caráter obrigatório; a desculpa opera como algo provisório. Trata-se de uma infração desprovida de falta. Isso não valeria para o soberano e para a sua razão? Se ele tivesse a necessidade imperiosa de agir para salvar o povo, não seria também desculpável? A mesma necessidade que criou a obrigação (para sair da guerra de todos contra todos) também cria o direito de suspender os direitos. O interesse dos particulares é o interesse público e vice-versa.

Essa possibilidade não é nova no pensamento filosófico que se dedica à lei. Em Aristóteles[17], lido por Tomás de Aquino, existe o instituto da *epikéia*:

> uma parte da justiça tomada em sentido geral, porque é um tipo de justiça, como diz o Filósofo. É evidente que *epikéia* é uma parte subjetiva da justiça: e a justiça é predicada da justiça legal, desde que a justiça legal é sujeita à direção da *epikéia*. Assim, ela é o caminho para uma regulação mais elevada das ações humanas. A *epikéia* corresponde propriamente à justiça legal que, de um modo, é nela contida e, de outro, a excede. Porque se a justiça legal denota que ela cumpre a lei, tanto no relativo à letra da lei, ou no relativo à intenção do legislador, que deve ser mais considerada, então a *epikéia* é a parte mais importante da justiça legal. Mas se a justiça legal denota meramente o que cumpre a lei com respeito à letra, então a *epikéia* é uma parte, não da justiça legal, mas da justiça em sua acepção mais ampla, e é dividida com a justiça legal, excedendo-a […] Cabe à *epikéia* moderar algo, ou seja, a observância da letra da lei. Mas a modéstia, reconhecida como parte da temperança, modera a vida exterior do homem – por exemplo, no seu porte, roupa ou algo assim. Possivelmente o termo *epikéia* é aplicado no grego como similitude de todos os tipos de moderação.[18]

17. Aristóteles, *Ética*, v, 10.
18. "Ad primum ergo dicendum quod epieikeia correspondet proprie iustitiae legali, et quodammodo continetur sub ea, et quodammodo excedit eam. Si enim iustitia legalis dicatur quae obtemperat legi sive quantum ad verba legis sive quantum ad intentionem legislatoris, quae potior est, sic epieikeia est pars potior legalis iustitiae. Si vero iustitia legalis dicatur solum quae obtemperat legi secundum verba legis, sic epieikeia non est pars legalis iustitiae, sed est pars iustitiae communiter dictae, contra iustitiam legalem divisa sicut excedens ipsam […] Ad tertium dicendum quod ad epieikeiam pertinet aliquid moderari, scilicet observantiam verborum legis. Sed modestia quae ponitur pars temperantiae, moderatur exteriorem hominis vitam, puta in incessu vel habitu, vel aliis huiusmodi. Potest tamen esse quod nomen epieikeiae, apud Graecos, per quandam similitudinem transfertur ad omnes moderationes". (Tomás de Aquino, *Suma Teológica*, IIª IIae, q. 2 e 3. Disponível em: <http://www.corpusthomisticum.org/sth3109.html>.)

Não digo que Hobbes siga Aquino e, muito menos, Aristóteles. Mas o que ele pensa entra muito bem no campo da *epikéia*, ato de justiça efetuado para o interesse coletivo e particular, no qual se reconhece a intenção da lei como norma elevada, mais do que sua letra[19]. A *epikéia* liga-se à salvação da coisa pública, algo que segue com rapidez para a *salus populi*, como lei suprema do Estado, nas teorias da *raison d´État*. *Salus populi suprema lex esto*[20]. Decidir sobre o que salva o povo é discriminar o que pode ser útil à coletividade. Tal é a tarefa da justiça, alvo constante de Platão, de Aristóteles e dos escritores do helenismo, sejam eles estoicos ou epicuristas, gregos ou romanos. Segundo Cícero, certamente conhecido pelos autores do Renascimento, a justiça não se mede pela utilidade nem mesmo por sua "conformidade com leis escritas e costumes nacionais"[21], pois ninguém que pensa que eles são proveitosos poderia negligenciar as leis. No entanto, nada é mais louco do que a crença de que tudo é justo presente nos costumes ou leis dos povos. Seria verdade tal crença, mesmo se elas fossem criadas e postas em prática por tiranos?[22]

Para bem decidir, na salvação do povo, é preciso que os dirigentes e o próprio povo possuam virtude. No *De Legibus*, Cícero adianta que "virtude", a excelência própria de qualquer um ou de qualquer coisa, "é a razão completamente desenvolvida, e isto é certamente natural; pois tudo o que é honroso também é natural"[23]. Cícero desconfia da

---

19. Cf. Aristóteles, *Ética a Nicômaco*, v, 10s. Cf. as edições: *Aristotle*, XIX, Cambridge: Cambridge University Press, 1990, p. 312s. (Col. Loeb Classical Library); W. D. Ross (ed.), *Aristoteles: Retorica*, Oxford: Clarendon, 1959. O *Liddell & Scott Greek Lexicon* designa *epikéia* como "reasonableness", "fairness", "equity".
20. Cícero, *De Legibus*, 3.3.8.
21. "obtemperatio scriptis legibus institutisque populorum"
22. "Iam vero illud stultissimum, existimare omnia iusta esse, quae sita sint in populorum institutis aut legibus, etiamne si que leges sint tyrannorum?"
23. De Legibus, 1.16.44: "est enim virtus perfecta ratio, quod certe in natura est; igitur omnis honestas eodem modo", em Cicero, *De Re Publica, De Legibus*, tradução de Clinton Walker Keyes (Harvard University Press, 1928, 1952,

razão dos que depositam fé nos costumes e nas leis dos povos. E se um tirano ditasse tais leis? Precisamos discutir um tanto o conceito de lei na Grécia. A significação da palavra νόμος, a lei, tem sido debatida. Ela é outro nome para costume. Heródoto opera com os termos νόμος e νομίζειν.

O rei Dario durante seu governo perguntou aos gregos presentes em sua corte por qual soma de dinheiro eles concordariam em comer seus pais na morte. Eles replicaram que não fariam aquilo por nada. Dario interroga os membros de uma tribo indiana e lhes pergunta, na frente dos gregos, o quanto eles aceitariam para consumir seus pais no fogo. Eles gritaram horrorizados com a simples menção da coisa. As duas práticas são estabelecidas por *nomos* (νενόμισται) julgo que Píndaro estava certo quando no seu poema disse que o *Nomos* é rei de tudo.

A noção de lei era muito próxima à de costume. Em Hesíodo, δίκη é o jeito pelo qual as coisas ocorrem e, portanto, o modo correto de fazê-las. *Nomoi* são as coisas que são e foram feitas habitualmente (ενόμισται) e, assim, feitas corretamente. Mas Heródoto escreve em tempos difíceis, de confronto com os persas, nas guerras, o que se liga ao ceticismo diante da lei escrita. Os gregos da liberação saúdam o *Nomos* como sua Carta de alforria, que os torna livres do governo arbitrário de um déspota. A nova geração começa a enxergar que o *Nomos* pode, ele próprio, ser tirano – uma série de costumes e convenções impostos aos homens que nem sempre concordam com eles. A ideia do νόμος como força liberadora se atenua quando a liberação é conquistada, e o que era visto como salvaguarda de liberdade passa a ser

---

Col. Loeb Classical Library). Cf. C. S. Ross, Justifying Violence: Boiardo's Castle Cruel, *Philological Quarterly*, Iowa City, v. 73, 1994. O essencial é a referência aos textos platônicos e sua coerência doutrinal interna. No debate sobre o nexo entre a *República* e as *Leis*, Cícero afirma, no *De Legibus*, 2.6.14, que as *Leis* definem um código legal apropriado ao regime descrito na *República*. Tal debate é antigo, tendo relação com outro: saber se o soberano de carne e osso é cria da lei, a qual seria o verdadeiro soberano, ou o contrário. Cf. V. Bradley Lewis, Politeia kai Nomoi: On the Coherence of Plato's Political Philosophy, *Polity,* Basingstoke, v. 31, 1998, p. 331-349.

visto como o oposto da liberdade. Surge o problema grave da política e da filosofia: como conciliar liberdade e lei?[24]

Segundo Marcello Gigante[25], antes dos textos hipocráticos, a distinção entre natureza e *nomos* não se estabelecera. Os dois conceitos são autônomos. A *physis* liga-se à investigação natural (ser e devir), como em Parmênides ou Demócrito. *Nomos* pertence ao plano humano, definindo a ordem que deve imperar na sociedade, o costume. E *Nomos*, de Hesíodo a Píndaro, passando por Sólon (o legislador democrático), é uma norma divina de justiça. Há conexão entre *nomos* e *physis*. *Nomos basileus* é lei que preside homens e deuses. Gigante acentua uma ideia estratégica, segundo a qual o governante é a lei incorporada, *nomos empsuchos*. Para Ilaria Ramelli[26], Platão, ao recusar o relativismo sofístico na vida pública, funda a lei positiva na ética baseada na metafísica. Como o sensível imita o inteligível, a lei positiva imitaria a natural. Ramelli se fundamenta na *Carta Sétima* (354e) na qual pode ser lido que Deus é lei para o sábio. Como a lei é fundada na razão, o governante deve educar os dirigidos, não os forçar. Dois problemas: como falar em "lei natural" em Platão se antes do Demiurgo (leia-se o *Timeu*) não existe sequer natureza ordenada, sendo que essa recebe sua estrutura e ordem do trabalho técnico do referido demiurgo? Não forçar os governados é, de fato, uma tese platônica. Entretanto, para dirigi-los é preciso a mentira, o mito etc. Questões difíceis que não podem ser descartadas *a priori*. Mas como, retomemos, conciliar a liberdade e a lei?

Maquiavel enfrenta o problema sempre ao salientar o papel essencial das leis na ordem humana. Nos *Discorsi*, logo no início, ele afirma que "a lei civil é apenas a coleção das decisões, feitas por juristas antigos, as quais os

---

24. Cf. T. A. Sinclair, *A History of Greek Political Thought*, London: Routledge & Kegan Paul, 1952, p. 40s. Também H. E. Stier, Nomos Basileus, *Philologus*, Berlin, v. 83, 1928.

25. Marcelo Gigante, *Nomos Basileus*, Napoli: Glaux, 1956, p. 12s.

26. Ilaria Ramelli, *Il basileus come nomos empsychos tra diritto naturale e diritto divino: Spunti platonici del concetto e sviluppi di età imperiale e tardo-antica*, Napoli: Bibliopolis, 2006.

juristas de hoje tabularam de modo ordenado para nossa instrução"[27]. Em outra passagem ele afirma que

> todos os escritores da vida civil (*vivere civile*) indicaram que ao constituir e legislar para uma república é preciso supor que todos os homens são péssimos […] e que os homens só fazem ou bem quando a necessidade os dirige para ele. Fala-se também que a fome e a pobreza tornam os homens industriosos e as leis os tornam bons.[28]

Ele considera a vida civil, com base no governo das leis, o mais elevado bem. A correta política se baseia na igualdade diante da lei (*aequum ius*) e no acesso igual aos cargos com fundamento na virtude (*aequa libertas*)[29]. O governante deve respeitar a lei, o melhor meio para assegurar o poder. O pressuposto, no entanto, encontra-se na existência do Estado como domínio, uma estrutura política com a prerrogativa jurisdicional sobre um povo e seu território.

Maquiavel trata de Estado em sentido próprio? As interpretações divergem. Viroli cita Fredi Chiapelli, segundo o qual em O *Príncipe* a palavra *stato* denota a organização política de um povo sobre territórios, independente da forma de governo ou regime. Assim, Maquiavel seria um moderno em termos políticos[30]. Outros pensam que o príncipe não tem o conceito de Estado como corpo abstrato que transcende os indivíduos que o compõem ou dirigem[31].

---

27. Discorsi, I, proêmio, G. Procacci (a cura di), *Discorsi*, Milano: Feltrinelli, 1973, p. 124.

28. "Come dimostrano tutti coloro che ragionano del vivere civile, e come ne è piena di esempli ogni istoria, è necessario a chi dispone una republica ed ordina leggi in quella presupporre tutti gli uomini rei, e che li abbiano sempre a usare la malignità dello animo loro qualunque volta ne abbiano libera occasione […] Però si dice che la fame e la povertà fa gli uomini industriosi, e le leggi gli fanno buoni." (Discorsi, I, 3, apud M. Viroli, *Machiavelli*, Oxford: Oxford University Press, 1998, p. 47.)

29. Cícero, *De officiis*, I, 34; Tito Lívio, *Ab urbe condita* 2. 3, apud M. Viroli, op. cit.

30. Cf. *Studi sul linguaggio di Machiavelli*, Florença: Le Monier, 1952.

31. Cf. Jack H. Dexter, *The Vision of Politics on the Eve of the Reformation: More, Machiavelli and Seyssel*, New York: Basic Books, 1973, p. 150-178.

Força ou lei? A disjuntiva pode ser mantida sem danos para a manutenção do Estado?

> Deveis, portanto, saber como são os dois modos de combate: um com as leis[32], outro com a força. O primeiro é próprio do homem, o segundo, das feras. Mas porque não basta, em muitas vezes, o primeiro, convém recorrer ao segundo. Logo, a um príncipe é necessário saber bem usar a fera e o homem. Esta parte é ensinada veladamente pelos escritores antigos, os quais escrevem como Aquiles, e muitos outros dentre os príncipes antigos foram nutridos pelo centauro Quíron e sob a custódia de sua disciplina. Tal coisa nada mais quer dizer que eles tiveram como preceptor meia fera e meio homem, e que o príncipe deve saber usar uma natureza e outra; e sem uma delas seu poder não dura.[33]

Nas linhas citadas, pode-se constatar que Maquiavel recusa a antropologia política de Cícero. Este escreve que, para garantir a autoridade política, "de todos os motivos, nenhum é melhor adaptado para assegurar influência e mantê-la do que o amor; nada mais estranho ao fim referido que o medo". E recomenda: "seja assumida tal prática, que apela para o apoio de todos os corações e não só para a segurança, mas também para a influência e poder – banir o medo e inclinar ao amor. Assim conseguimos maior sucesso na vida privada e pública"[34].

Segundo Maquiavel, ao contrário do que afirma Cícero, os homens são

> ingratos, volúveis, simuladores e dissimuladores, fogem do perigo, ávidos de ganho. Enquanto conseguires benefícios em seu favor, são devotos à tua pessoa, verteriam sangue em teu favor; ofereceriam suas propriedades, vidas, filhos […] quando a necessidade os obriga. Mas quando estás em apuros, eles mudam.

Assim é mais prudente ao príncipe ser temido do que amado, se as duas coisas não podem existir ao mesmo tempo. "Os homens têm menor hesitação em ofender ou

---

32. Talvez referência ao *De officiis*, I, XI, 34.
33. N. Maquiavel, Capítulo 18, *O Príncipe*.
34. Cícero, *De officiis*, 2.7.24.

prejudicar um príncipe amável do quem um temível"[35]. Segundo Cícero, "nenhuma crueldade pode ser útil, pois a crueldade é o que mais repugna a natureza humana, cujo caminho devemos seguir". O contrário diz Maquiavel, no capítulo 8 de *O Príncipe*: "Bem usada [a crueldade], pode ser dita a que (se é lícito falar bem do mal) se comete numa só vez, porque necessária para se garantir o poder e depois nela não se insiste, mas transformada em medidas benéficas, tanto quanto possível, para os governados."

Autores como Leo Strauss denunciam em Maquiavel algo já muito debatido, do século XVI ao XVIII: a passagem pelo mal[36]. Outros analistas afirmam que o pensamento de Maquiavel é uma ilusão, porque está sob o poder do mal. Como ele, em termos metafísicos, não tem poder como causa do ser, não tem poder sobre ações decisivas.

> Como regra, maquiavelismo e injustiça política, se têm sucesso imediato, conduzem os estados e nações para a desgraça ou catástrofe em longo prazo [...] Se algum dia o maquiavelismo triunfar sobre a humanidade, só irá ocorrer porque todos os tipos de iniquidade, fraqueza moral e adesão ao mal, ao operar numa civilização que degenera, corromperam-na previamente, ao preparar escravos prontos para homens sem lei.[37]

Outros analistas tomam a via oposta. Luigi Russo afirma que "a descoberta científica mais importante de Maquiavel seria a necessidade do mal. Semelhante princípio passou para todo o pensamento posterior. Satanás é necessário à história deste mundo e o altar à divindade maléfica [...] tem sua razão de ser."

---

35. Capítulo 17, *O Príncipe*.
36. Leo Strauss, Machiavelli's Intention: The Prince, *American Political Science Review*, Washington, v. 51, 1957, reimpresso em L. Strauss, *Thoughts on Machiavelli*, Glencoe/Illinois: The Free Press, 1958. Cf. Ernst Cassirer, *The Myth of State*, New Haven/London: Yale University Press, 1966, p. 153.
37. Jacques Maritain, The End of Machiavelianism, em De Lamar Jensen (ed.), op. cit., p. 91s.

GOLPES E RAZÃO DE ESTADO

Minha geração recebeu o impacto da Ditadura Vargas, incluindo a morte do ex-ditador, presidente constitucional em 1954. Apenas dez anos passados, o Brasil sofre novo golpe após várias façanhas golpistas. Lembro o veto à posse de Juscelino Kubitschek e João Goulart, o contragolpe do Marechal Lott, o levante de militares em Aragarças, a muito provável tentativa de golpe por Jânio Quadros, o golpe militar e civil contra a posse de João Goulart que levou ao parlamentarismo. Finalmente, o golpe civil e militar que se apresentou de 1964.

Golpes e razão de Estado são faces de um só bloco prático e teórico. Os primeiros ocorrem desde a origem do mundo moderno. Suas formas variam, mas os frutos favorecem poderes hegemônicos. Estudo a razão de Estado desde 1975, quando fazia o doutoramento na Escola de Altos Estudos, em Paris. No livro que resultou dessa pesquisa, *Brasil: Igreja Contra Estado*, o núcleo é o regime civil e militar produzido por sucessivos golpes nos embates com a Igreja Católica e a vida brasileira. Os atos institucionais, do AI-1 ao AI-5, foram golpes de Estado sob a égide de setores que incluem as finanças, a indústria, as corporações jurídicas, as oligarquias regionais e, *last but not least*, a CNBB, que apoiou a ditadura também nos passos seguintes, inclusive o AI-5. A Marcha da Família com Deus pela Liberdade, a Cruzada do Rosário e outros movimentos de massa, somados aos documentos oficiais da CNBB, deram suporte aos golpistas[1]. Analisei, no livro, a soberania sobre corpos e mentes que define o Estado moderno nos seus três monopólios essenciais: da norma jurídica, da força física, dos impostos. Os trabalhos que publiquei buscam entender as forças que justificam o Estado em suas diversas faces. Assim foi com *Conservadorismo Romântico*, em que estudo as bases da lógica totalitária e demais.

A Igreja, afastada do poder secular após sérias controvérsias, não abre mão da "soberania espiritual" tematizada pelo cardeal e santo Roberto Bellarmino na era do Concílio de Trento (1545-1463). Bellarmino fala em "soberania indireta" do poder eclesiástico, mas é rebatido por filósofos como Hobbes e outros. No mesmo período, uma vertente teológica e política próxima a Bellarmino publica, em réplica às doutrinas laicas sobre o Estado, sobretudo contra Maquiavel, o primeiro livro que assume o título *Razão de Estado*[2], em 1589. A razão de Estado, portanto, nasce na Igreja para depois se voltar contra ela, em defesa do poder laico.

Razão de Estado

O termo nasce no Renascimento e significa o uso da força ou meio de exceção a serviço do poder, que se busca

---

1. Cf. Declaração dos Membros da Comissão Central da CNBB. São Paulo, 18 de fevereiro de 1969. Texto reproduzido integralmente em Comissão Central da CNBB, *Igreja e Governo: Os documentos da CNBB*, São Paulo: Símbolo, 1977, p. 32-33. Cf. R. Romano, *Brasil: Igreja Contra Estado*, São Paulo: Kayrós, 1979, p. 182.

2. Giovanni Botero, *La ragione di stato* (a cura di Chiara Continisio), Roma: Donzelli, 1977.

conservar para garantir a ordem social. De Giovanni Botero[3] a Scipione Chiaramonti, ele adquire polissemia, mantendo a ideia de conservação do poder e disciplina contra os governados. O máximo prestígio da fórmula está no poder absoluto, posto acima e fora das instituições comuns da sociedade e dos procedimentos jurídicos habituais, no direito romano modificado pela Igreja ou no direito natural antigo e moderno. Como a expressão indica, o governo absoluto não possui amarras que o prendam aos ritos religiosos e jurídicos anteriores ao seu surgimento.

No *Del reggimento di Firenze*, Francesco Guicciardini, por volta de 1523, fala em uma *ragione degli Stati*, designando a razão "pouco cristã e pouco humana" da política. Impossível governar com preceitos evangélicos, o "Sermão da Montanha". Outro escritor, Della Casa, distingue a *ragion di Stato* da razão civil e argumenta que não podem existir duas práticas opostas, o útil distinto do honesto, a moral separada da política. Duas razões diversas são alegadas, mas a primeira, a razão de Estado "opera com a fraude e a violência". Nesses autores, a razão de Estado suscita horror diante da soberania laica.

A razão de Estado, após o século XVI, fortalece o tema da conservação política. O primeiro autor relevante, como afirmei, é Giovanni Botero. O livro *Della ragione di stato* (1589) foi a primeira forma teórica do projeto de conservação estatal.

Estado é um domínio firme sobre os povos; e razão de Estado é notícia dos meios aptos a fundar, conservar e ampliar aquele domínio. Embora absolutamente falando, a razão de Estado ligue-se às três partes mencionadas, parece, no entanto, que abrace mais estreitamente a conservação do que as outras.

A razão de Estado surge como conservadora em sentido estrito. Cito a mim mesmo em artigo sobre o conservadorismo:

O que é "conservador"? O medo de que a população estrague a festa do poder, destruindo a segurança, a propriedade, os vínculos da tradição […] Trata-se de conservar o social e o Estado […] sempre no

---

3. Cf. *Della ragione di stato*, Fiorenza: Stamperia di P. Nesti, 1635.

horizonte do pavor e do medo, da guerra, do soldado, da polícia, do carrasco. Por isso a imagem do dilaceramento, junto com o medo da subversão da ordem, é onipresente nas falas conservadoras. Nelas acentua-se a harmonia como fim político, não importa o preço.[4]

Ragion di Stato, diz Botero, é a busca dos meios para *conservar* as potências adquiridas, "as manter firmemente, quando crescerem, sustentá-las de tal modo que não se degradem"[5]. A prudência política é o centro da reflexão em Botero. Trata-se da capacidade de usar o conhecimento dos fatos e dos saberes diversos para fins políticos. O governo deve contar com notícias aprofundadas das coisas e dos atos. Com tais notícias acumuladas, são estabelecidos códigos de comportamento. O governante identifica problemas que exigem a sua intervenção para fins técnicos e para disciplinar os governados. Com as notícias e os comportamentos, o governo ganha tempo na ação, garante o controle do coletivo. O domínio do tempo regula-se segundo a prudência na fórmula de Botero: *non fare novità*. O governo deve reduzir as situações de excepcionalidade, definir padrões habituais de intervenção. As lições de Botero foram praticadas pelo poder absoluto dos soberanos que mantinham o vínculo entre a religião e o governo.

O modelo perfeito de soberano teológico político foi ideado por Tiago I, para quem o governante não deve satisfações aos parlamentos, juízes, súditos. Escreve Tiago:

Um bom rei enquadra todas as suas ações segundo a lei; mas prende-se a ela só pela boa vontade e para dar exemplo aos súditos. Ele é o senhor sobre todas as pessoas, tem poder de vida e morte. Embora um príncipe justo não tire a vida de nenhum súdito sem uma lei clara, a mesma lei com a qual ele tira a vida é feita por ele mesmo ou por seus predecessores[6].

---

4. R. Romano, O Pensamento Conservador, *Revista de Sociologia e Política,* Curitiba: Universidade Federal do Paraná, n. 3, nov., 1994, p. 21-31. Publicado posteriormente em *O Caldeirão de Medéia*, São Paulo: Perspectiva, 2001, p. 247-263

5. Op. cit.

6. Uma análise recente da política conduzida por Tiago I é feita por Bernard Boudin, *The Theological-Political Origins of the Modern State: The*

Não é o que ocorre com outros soberanos e teóricos do poder absoluto, quando se armam com a razão de Estado. Ela neutraliza os conceitos teológico-políticos ao assumir o interesse estatal. Texto nuclear tem como autor o duque de Rohan, *De l'intérêt des princes et des États de la chrétienté* (Do Interesse dos Príncipes e dos Estados da Cristandade), que analisa como frio estrategista militar e diplomático as riquezas e as forças geopolíticas dos Estados, não pondo a religião como algo mais estratégico do que os demais itens necessários à conservação do poder[7]. E surgem juristas e mesmo teólogos que, em resposta aos desafios de Maquiavel, definem o uso legítimo dos poderes para manter e expandir os bens públicos.

A razão de Estado visa controlar a religião, usando-a como instrumento de governo, e incorpora o segredo para garantir o gabinete do rei, lugar onde não são admitidos os homens comuns. "Mesmo os ateus", diz Jean Bodin, teórico do absolutismo, "concordam: não existe coisa que mais conserve os Estados e Repúblicas do que a religião, principal fundamento da potência monárquica, da execução das leis, da obediência dos súditos"[8].

Ocorre, portanto, na razão de Estado, uma imposição técnica do mando político. Se deseja se manter, o governante deve enfrentar o desafio maquiavélico: o poder está sempre sob ameaça e seu tempo é breve. Justo por isso, a necessária vigilância e o segredo entram na razão de Estado. Quando não se confia no povo ou nos Estados concorrentes é preciso deles esconder e deles arrancar o máximo. Quanto

---

Controversy between James I of England & Cardinal Bellarmine, Washington: The Catholic University of America Press, 2010.

7. Cf. Henri de Rohan, *De l'intérêt des princes et des États de la chrétienté*, Ed. établie, introduite et annotée par Christian Lazzeri, Paris: PUF, 1995. Lazzeri apresenta aí uma excelente análise do conceito de "interesse" para a política estatal da época. Analisei com maior minúcia o tema em meu artigo sobre a Paz de Westphalia, em Demétrio Magnoli (org.), *História da Paz*, São Paulo: Contexto, 2008.

8. J. Bodin, *Seis Livros da República*, IV, 7.

mais imediato o perigo, mais o aparelho estatal engendra novas técnicas de escuta, controle e ocultação.

Com a democracia produzida nas três grandes Revoluções Modernas – a Inglesa no século XVII, a Norte-americana e a Francesa no século XVIII –, o segredo foi atenuado pela *accountability* e pela transparência. Na forma anterior à democracia, o soberano não deve satisfações aos parlamentos, aos juízes, aos governados.

Inaceitáveis para um absolutista a soberania do povo e a noção de que os dirigentes devem prestar contas, sem manter segredo, à massa não qualificada. Os príncipes aprendiam na literatura grega e romana a plena desconfiança no povo. Esse, para os latinos, era apenas o *populo exturbato ex profugo*, o *improbante populo*, o *vulgus credulum*, *vulgus imprudens vel impudens*, *vulgus stolidum* etc. Gabriel Naudé, diz ser preciso cautela contra o povo, animal de muitas cabeças, "vagabundo, errante, louco, embriagado, sem conduta, sem espírito nem julgamento… a turba e laia popular joguete dos agitadores: oradores, pregadores, falsos profetas, impostores, políticos astutos, sediciosos, rebeldes, despeitados, supersticiosos".[9]

Gradativamente surgem outras percepções do povo como em Althusius. No final da Idade Média, a doutrina do Estado definira que o fundamento do governo residia na submissão voluntária e contratual das comunidades governadas. Para Althusius, ao contrário, o *summus magistratus* é o povo. Na Inglaterra, os conflitos da vida capitalista triunfante após a Reforma de Henrique VIII ergueram facções, dos Levellers aos Diggers, mesclando religião e imperativos democráticos. Nasce a ideia da *accountability*, o rei não presta contas apenas ao ser divino, mas ao povo: *Vox populi, vox dei*. John Milton expressa os dois princípios: "Se o rei ou o magistrado são infiéis aos seus compromissos, o povo é liberto de sua palavra", frases que definem o princípio da nova legitimidade política. O *summus magistratus* popular

---

9. *Considérations politiques sur le coups d'état* [Roma: 1639], Hildesheim: Georg Olms, 1993. O texto também está disponível em: <http://gallica.bnf.fr/ark:/12148/bpt6k83388d.r=gabriel+naud%C3%A9+.langPT>.

exige responsabilidade dos que agem em seu nome. As teses democráticas inglesas repercutem pela Europa inteira e integram o *corpus* doutrinário que molda novas formas de Estado como a própria Inglaterra, a França, os EUA. A democracia integra o subsolo das Luzes contra o mando absoluto, seja ele religioso ou laico.

Na mais relevante obra sobre a razão de Estado do século XX, Friedrich Meinecke afirma que aquelas doutrinas e práticas estão entre os "principais fatores que abriram a via para o movimento das Luzes". Mas adianta: "as próprias Luzes combateram mais tarde apaixonadamente a razão de Estado devido ao seu individualismo, fruto do direito natural ou de seus princípios humanitários"[10]. Na verdade, não vem do individualismo iluminista a sua critica à doutrina, um esteio do poder absoluto na Europa. Ela vem dos movimentos contra o arbítrio real, sobretudo na Inglaterra.

Calaram fundo nos iluministas os princípios democráticos ingleses. Enuncia Diderot nas *Observações Sobre o Projeto de Constituição de Catarina II*:

Não existe verdadeiro soberano a não ser a nação; não pode existir verdadeiro legislador a não ser o povo; é raro que o povo se submeta sinceramente a leis que lhes são impostas; ele as amará, as respeitará, obedecerá, as defenderá como sua obra própria se for delas o autor [...] A primeira linha de um código benfeito deve ligar o soberano; ele deve começar assim: "Nós, o povo [e lembremos que este será o início da Constituição norte-americana: *We the People*...] e nós, soberano desse povo, juramos conjuntamente essas leis pelas quais seremos igualmente julgados; e se ocorrer a nós, soberano, a intenção de mudá-las ou infringi-las, como inimigo de nosso povo é justo que ele seja o nosso, que ele seja desligado do juramento de fidelidade, que ele nos processe, nos deponha e mesmo nos condene à morte se o caso exige; esta é a primeira lei de nosso código".

As Luzes têm sua óptica política exposta na *Encyclopédie* (Enciclopédia) dirigida por Diderot. Nela, em verbetes

---

10. *Die Idee der Staatsräson in der Neueren Geschichte*, Berlin/München: Druck und Verlag von R. Oldenbourg, 1924, p. 255. Cf. tradução francesa de M. Chevalier: *L'Idée de la raison*, Genève: Droz, 1973, p. 187.

do coordenador ou auxiliares, existe uma séria crítica à razão de Estado e em seguida o remédio para o problema:

por mais especioso que seja o motivo [a felicidade e a segurança tranquila dos povos], importa para a felicidade do mundo encerrá-lo em justas barreiras: é certo que um soberano deve procurar o que conforta a sociedade por ele governada; mas não à custa dos outros povos. As nações e os particulares têm direitos recíprocos. Sem isto, todos os soberanos, com os mesmos direitos, estariam num estado de desconfiança e de guerra contínua.

Seguidas as Luzes, muitos imperialismos seriam evitados, como o assumido pelos nazistas à busca de *Lebensraum*. A Revolução Francesa tenta acabar com o segredo, as desigualdades entre governantes e dirigidos, a razão de Estado. E segue a soberania popular, a responsabilização dos que operam a máquina política, a transparência.

Passada a era das revoluções, para usar o termo de Eric Hobsbawn, o poder estatal apresenta agudos problemas. A maioria dos Estados enfrenta uma crise inédita de autoridade e disciplina sobre o mercado, as empresas multinacionais etc. Entretanto, afirma cada vez mais o controle policial e, mesmo, militar, sobre os cidadãos que recusam ser espoliados de suas poupanças, empregos, vida em prol de instituições financeiras golpistas. Dessa crise, a Europa da Grécia é apenas um sinal de alerta. Na dialética contraditória ocorrida no âmbito democrático – os demagogos prometem plena transparência ao povo, mas precisam assumir o segredo estatal, são eleitos pelo voto secreto e, nos palácios, usam esse segredo para domar as massas que os sufragaram –, o pêndulo vai da licença às tiranias. A resposta do poder ao segredo do voto foi o recrudescimento e a manipulação inaudita do segredo de Estado.

Após a Segunda Guerra, a Guerra Fria, o Macarthismo, as formas autoritárias, o segredo aumenta sua abrangência. Se os países socialistas, supostamente repúblicas populares, quebram a base da *accountability* e da fé pública em proveito dos governos, algo similar ocorre hoje na Europa e nos EUA. Nas formas imperiais dirigidas pela Otan, nas políticas que restringem as liberdades públicas nos EUA, como na Lei Patriótica, temos um avanço da razão de Estado. Consideremos a lição de Norberto Bobbio:

O governo democrático desenvolve sua atividade em público, sob os olhos de todos. E deve desenvolver a sua própria atividade sob os olhos de todos, porque os cidadãos devem formar uma opinião livre sobre as decisões tomadas em seu nome. De outro modo, qual razão que os levaria periodicamente às urnas e em quais bases poderiam expressar o seu voto de consentimento ou recusa? […] o poder oculto não transforma a democracia, a perverte. Não a golpeia com maior ou menor gravidade em um de seus órgãos essenciais, mas a assassina.

A democracia surge com a *accountability* a ser cobrada dos governos. A radicalidade dos democratas ingleses rendeu frutos na Europa e na América do Norte. Os seus postulados sustentam a "Declaração Universal dos Direitos Humanos". A recusa, durante a Guerra Fria, dos elementos jurídicos e políticos sobre a *accountability* levam os governos à quebra de padrões democráticos. Isso redunda em prejuízo dos povos em terras hegemônicas e calamidades para os dominados, do Vietnã ao Chile e dele ao Irã e Iraque. O segredo permite casos como o Irã-contras, a ajuda aos Talibãs, cuja ascensão ao poder é entendida como vitória sobre a URSS. O segredo permite que nas duas guerras do Iraque informações vitais sejam negadas ao público. A administração G. W. Bush conduz o segredo ao máximo possível, incluindo-se o engano, usado deliberadamente, como no caso das armas de destruição em massa. O segredo embaralha interesses de grupos privados e assuntos de governo, como nas licitações para a espoliação do Iraque ao redor do petróleo. O governo norte-americano de hoje, mesmo sob os democratas de Barack Obama, emprega meios secretos para atingir alvos internos e internacionais, não raro retrocedendo na política doméstica, quando se trata do mesmo segredo. Em abril de 1994 é editada a *Public Law*[11] estadunidense, criando certa Comissão

---

11. Cf. *Public Law,* n.103-236.

para reduzir o segredo governamental e tendo a frente Daniel Patrick Moyniham, do Partido Democrático, antigo membro dos gabinetes Kennedy, Johnson, Nixon e Ford. A comissão publica um relatório, em 03 de maio de 1997, cujas palavras iniciais proclamam: "É tempo de um novo caminho para pensar o segredo". Depois, o segredo retoma a iniciativa.

A tensa passagem da razão de Estado ao governo público define o destino da democracia. Assistimos, nos últimos tempos, a derrocada quase absoluta de governos diante de forças sacralizadas como o "mercado". Em nome da "confiança" desse, programas expostos em longos anos aos cidadãos seguem para o vazio. Com uso do segredo, "planos" econômicos são impostos, lesam os contribuintes em nome de interesses alheios aos seus países. Os referidos planos favorecem alvos financeiros hegemônicos, sobretudo os dos grandes bancos, impunes e repetitivos na arte de se apropriar de recursos públicos, como ocorreu em 2008. Hoje, eles geram a bancarrota de povos inteiros. Não se deve esquecer que há, nessas ações criminosas, além das técnicas de propaganda e de engano, a força da razão de Estado e do segredo[12].

O segredo é essencial para se refletir sobre a forma democrática. Governos autoritários exasperam a prática de esconder os pontos maiores das políticas no setor público. Entramos no paradoxo: o público é definido fora do público. A opacidade estatal atinge níveis inéditos. O aumento do segredo em Estados hegemônicos diminui, *ipso facto*, a possível força dos dependentes ou não hegemônicos.

Sendo fato social, o segredo se manifesta em todos os coletivos humanos, das igrejas às seitas, dos Estados aos partidos, dos advogados aos juízes, dos quartéis às guerrilhas, das corporações aos pequenos vendedores de rua, da imprensa às formas de censura, dos laboratórios e bibliotecas universitários às fábricas, dos bancos às

---

12. Cf. Peter Burke, *A Fabricação do Rei: A Construção da Imagem Pública de Luís XIV*, Rio de Janeiro: Jorge Zahar, 1992 e Roger-Gérard Schwartzenberg, *L'État Spectacle: Essai sur et contre le star system en politique*, Paris: Flammarion, 1977.

obras de caridade. Se descermos mais fundo, da sociologia à ordem antropológica, podemos dizer que o segredo é o lado oposto e necessário da linguagem comunicacional. A prudência define a passagem de uma prática ou experiência do segredo, antropológica e eticamente correta, para uma outra, em que o poder abusivo se manifesta. O segredo integra a vida como uma realidade não visível.

A imprensa atenua o segredo de Estado e os demais sigilos (da vida privada à religiosa, sem deixar de lado a economia). Ela, no entanto, insere-se em um complexo de interesses que a tornam constantemente atriz, cúmplice e vítima dos poderes naquelas várias esferas. Todos os setores percebem na imprensa uma aliada, quando não instrumento, se o alvo é propagar os seus intentos, procurando identificá-los ao "interesse geral". Ela é bem-vinda naquela circunstância. Empresas e indústrias, bancos e cúpulas eclesiásticas, gabinetes políticos ou militares, partidos e seitas, todos cortejam a mídia na busca de popularizar a sua "mensagem", obter lucros e favores de governos, ameaçar concorrentes. E todos a criticam acerbamente quando não conseguem efetivar, por seu intermédio, tais fins.

Na razão de Estado, existem pontos essenciais que enumero a seguir:

1. conservar o poder soberano contra comoções da sociedade civil e ataques de outros Estados. A polícia e os exércitos modernos têm vínculo direto com o poder secular e sua razão. No caso inglês e francês, mas também no alemão, italiano, holandês e outros, as divisões religiosas, de classe, econômicas e políticas ameaçavam inviabilizar o mando estatal, com um retorno à pulverização jurídica imperante do feudalismo na Idade Média.

2. instaurar uma divisão no corpo político e jurídico, permitindo aos que operam a máquina estatal um controle jurídico, político, econômico, bélico e policial sobre as sociedades submetidas à soberania. Visto o desprezo dos teóricos da razão de Estado pela massa do povo, eles se voltaram para a formação de elites intelectuais e dirigentes,

cuja tarefa seria conservar o poder contra a turba, o vulgo. A razão de Estado, assim, nasce e cresce como essencialmente contrária à soberania popular.

3. instrumentalizar técnicas do segredo, da dissimulação, da irresponsabilidade do soberano e absolutismo do governo. O poder se esconde e esconde suas iniciativas dos olhos e ouvidos cidadãos e das forças internacionais. Ao mesmo tempo, ele desvela tendencialmente os segredos da cidadania e dos soberanos inimigos ou concorrentes. Polícia e espionagem são instrumentos essenciais da razão de Estado.

4. o poder estatal não apenas esconde suas iniciativas. Ele parte para a conquista da opinião pública desde o século XVII com a propaganda, que aproveita os novos meios de influência como os jornais, os libelos etc., para afirmar o bem fundado das políticas conduzidas pelo governo e para pulverizar o mais possível as oposições internas ao governo e as propagandas de outras soberanias[13].

5. ampliar as prerrogativas do governante, permitindo uma leitura e interpretação das leis favoráveis as suas decisões políticas: segundo estudiosos da razão de Estado, nossos contemporâneos, Christian Lazzeri e Dominique Reynié, "O Estado é jogador que não aceita perder, e modifica as regras do jogo. O escândalo que encobre a razão de Estado trai nosso cansaço como governados e nosso ceticismo diante das leis constitucionais".

6. no mesmo passo em que recolhe os segredos dos dirigidos e dos países concorrentes ou inimigos, a razão de Estado os organiza em saberes, usando também profissionais nos mais diversos planos do conhecimento. A coleta de informações é dirigida, com auxílio estatístico, para a economia (principalmente os bens dos governados e o conhecimento das potencialidades do solo, dos rios, do mar, as atividades fabris, as corporações, os bens dos nobres e dos eclesiásticos etc.), para os costumes (as técnicas, produzidas

---

13. Cf. Etienne Thuau, *Raison d'État et pensée politique à l'époque de Richelieu*, Paris: Albin Michel, 2000.

por intelectuais da Igreja, como São Carlos Borromeu com o *Livro do Estado das Almas*)[14], para a guerra, para a diplomacia etc. São instituídos escritórios que selecionam e guardam documentos, dados e afins. Ao mesmo tempo, sob a égide de Gabriel Naudé, um dos principais autores da razão de Estado na Europa, são aprimoradas bibliotecas e instaurados arquivos para fornecer aos governantes o maior número e o mais exato possível de informações no campo dos saberes, tendo em vista o uso político[15].

7. para dominar as atividades sociais e políticas, a razão de Estado concentra no ápice do poder as prerrogativas antes usufruídas pela Igreja, pelos municípios (invenção romana que persistiu durante a Idade Média e começou a declinar de fato com o poder absoluto da razão de Estado, perdendo autonomia). Todas as funções do Estado passam a ser definidas pelo soberano, inclusive a justiça, apesar das resistências de tribunais e juristas. Quem se ergue contra o poder sabe que ele usa a lei com hermenêutica interessada. A razão de Estado é bem traduzida para o vernáculo com o dito "aos amigos, tudo, aos inimigos a lei".

8. Na velha busca de saber quem é soberano, a lei ou o poderoso, a resposta da razão de Estado é clara: o segundo é fonte de legítima interpretação à aplicação jurídica. Define-se a rapsódia, senão contínua, quebra da lei quando se trata dos governantes. A técnica tem nome: golpe de Estado. Esse, por sua vez, não se restringe às ações de exércitos que invadem palácios, fecham parlamentos e desobedecem à justiça. Nem todo golpe se resume à quartelada. Pelo contrário, os golpes de Estado mais bem sucedidos são inapercebidos pela maioria, consistem nas "leituras" enviesadas das Constituições em proveito de interesses governamentais ou de mercado.

Na essência da razão de Estado temos a prática habitual dos golpes, fruto direto da promoção elitista e da

---

14. Cf. R. Romano, Reflexões Sobre Impostos e Raison d'État, *Revista de Economia Mackenzie*, São Paulo, v. 2, n. 2, 2004, p. 75-96.
15. Um estudo muito útil: Robert Damien, *Bibliothèque et État: Naissance d'une raison politique dans la France du XVIIe siècle*, Paris: PUF, 1995.

hostilidade contra a democracia. Se o povo sempre erra, os golpes impedem que ele chegue ao poder e, caso ele tenha escolhido dirigentes, eles não corresponderiam aos mais altos interesses do Estado. Quando ocorre o golpe do Termidor, que marcou o fim da fase democrática na Revolução Francesa, Boissy d'Anglas disse com todas as letras que só podem escolher e votar no Estado os proprietários, ou seja, os "melhores e responsáveis". Daí para os golpes de Napoleão e da Contrarrevolução foi apenas um passo.

Golpes de Estado[16]

Sigamos a definição de golpe, unida à de razão de Estado, por Gabriel Naudé. O golpe, diz ele, surge de "ações ousadas e extraordinárias que os príncipes são constrangidos a executar em assuntos difíceis e como desesperados, contra o direito comum, sem respeitar mesmo nenhuma ordem nem forma de justiça, prejudicando o interesse do particular tendo em vista o bem do público".

Golpe e razão de Estado suspendem o direito e a justiça. Naudé louva o governo francês que fabricou o massacre da Noite de São Bartolomeu. A guerra religiosa precisava ser detida, degolar protestantes foi o modo de prevenir todos os religiosos que o Leviatã estatal não mais toleraria mortes de particulares por particulares. Decidir a morte entra na prerrogativa única do Estado.

O moderno poder político é movido por golpes canhestros ou eficazes. Basta consultar a crônica da Europa, crônica da razão de Estado, para verificar que todos os modos legítimos de mando foram agredidos por golpistas de várias tendências. Assim, afirmaram-se o poder de Luis II, de Catarina de Médicis e de Henrique IV, sem falar nos

---

16. Algumas boas pistas são dadas em: Maurice Agulhon, *Coup d'État et République*, Paris: Presses de Sciences Po, 1997; Christophe Boutin (ed.), *Le Coup d'État: Recours à la force ou dernier mot du politique?*, Paris: François-Xavier de Guibert, 2007.

mestres golpistas por excelência, Richelieu e Mazarino. O mesmo pode ser dito sobre Robespierre. As famílias Napoleão, Pétain e Laval também integram a fieira do golpismo. Na Inglaterra, a ditadura de Cromwell, com seus homens armados, fecha o Parlamento e afasta monarquistas e liberais (Levellers) da Revolução. Em Portugal, um golpe determina a luta de Pedro IV, o nosso Pedro I, contra seu irmão. O século XX português conhece golpes continuados. O fascismo italiano foi uma série de golpes, o mesmo na Espanha. Na Alemanha e na Rússia desse mesmo século, regimes virulentos dominam o Estado à força de golpes.

Os pensadores modernos buscam distinguir a força física (ao dispor do governante) e a legitimidade ostentada, não raro, sem fundamentos sólidos. Daí a separação – ainda hoje polêmica – entre a moral dos homens comuns e a moral dos dirigentes. Gabriel Naudé, com base na separação entre as duas formas da moralidade, distingue duas justiças. "Uma é natural, universal, nobre e filosófica". A outra é "artificial, particular, política, feita e destinada às necessidades dos governos e dos Estados"[17]. Na condução do Estado, a moral se inverte e desobedece aos parâmetros comuns. O governante hábil não se prende aos limites legais e à tradição de legitimidade dos títulos, usos e costumes.

Da nova licença atribuída ao governante surge a noção moderna de golpe de Estado. Segundo Naudé, nesses golpes tudo é invertido em relação à normalidade (do direito, da economia, dos valores). No golpe, o efeito precede a causa e o esperado não se produz. Cito o próprio escritor:

nos golpes de Estado, vemos a tempestade cair antes dos trovões; as matinas são ditas antes que o sino toque; a execução precede a sentença; […] um indivíduo recebe o golpe que imaginava dar, outro morre quando pensava estar em segurança, um terceiro recebe o golpe que não esperava; tudo ocorre à noite, no escuro e entre névoas e trevas[18].

17. Apud Jean-Pierre Chrétien-Goni, Institutio Arcanae: Théorie de l'instituion du secret et fondement de la politique, em Christian Lazzeri; Dominique Reynié (dirs.), *Le Pouvoir de la raison d´État*, Paris: PUF, 1992, p. 139.
18. *Consideratio politiques sur le coups d'État*.

Temos em tal imagem tudo o que define as lutas das Luzes contra o absolutismo e a razão de Estado. Os golpes espalham trevas e delas dependem para sua eficácia. As Luzes buscam a transparência, a suspensão do segredo.

No Brasil, temos os golpes do imperador ao fechar o parlamento; dos regentes; dos militares que derrubam a monarquia; de Getúlio que instala uma ditadura feroz; dos civis e militares erguidos contra a ordem estabelecida em 1961 e 1964. Depois, o golpe dentro do golpe no AI-5, o golpe de Abril etc. É preciso não banalizar a noção de golpe, cujo fim é impedir a força de adversários no Estado e nas sociedades. Eles buscam impor formas de pensamento (a Doutrina de Segurança Nacional) e suspendem os mecanismos jurídicos das anteriores formas de poder. Sem delegação das urnas, os seus atores se legitimam invocando a urgência ou a necessidade. Foi assim no AI-1: "A revolução vitoriosa se investe no exercício do Poder Constituinte. Este se manifesta pela eleição popular ou pela revolução. Esta é a forma mais expressiva e mais radical do Poder Constituinte. Assim, a revolução vitoriosa, como Poder Constituinte, se legitima por si mesma."

O golpe pode, se necessário, segundo os seus atores, aposentar o voto, cassar mandatos, fechar partidos.

Volto ao importante estudo de Gabriel Naudé, em que o autor situa o golpe no campo da prudência e alega que todas as prudências dependem de uma só, ilustrada por Luis XI, o "rei aranha", cuja máxima era "quem não sabe dissimular, não sabe governar". A regra dos governos reside na desconfiança universal e na dissimulação que consiste, ou em omitir (pretender que nada foi visto pelos poderosos), ou "na ação e na comissão, o ganho de alguma vantagem para atingir alvos por meios encobertos". Omissões e comissões nutrem os poderosos e fornecem "os diversos meios, razões e conselhos usados pelos príncipes para manter sua autoridade e a situação do público" sem "parecer transgredir o direito comum e causar suspeita de fraude e injustiça"[19].

---

19. Ibidem.

O rei absoluto precisava, além da intimidação geral, comprar apoios dos nobres, dos eclesiásticos etc. O modo conservador de governo depende muito da venalidade, das alocações de cargos em troca de mais poder, dentre outros. Até hoje, no mundo inteiro que se imagina democrático, muitos operadores do Estado vivem das omissões e comissões. É bom recordar que o governo da razão absoluta do Estado foi dos mais corruptos, em termos históricos.

Um golpista indicado por Naudé é Dionísio, tirano de Siracusa. Querendo impedir as reuniões dos opositores agendadas para a noite, ele afrouxa sem alarde as penas dos assaltantes… Rapidez, quebra de costumes e de jurisprudência integram os golpes. Truque jurídico golpista: "o processo é instruído após a execução"[20]. A nova ordem se livra das pequenas formalidades exigidas pela justiça. Naudé profetiza os regimes sangrentos do século xx. No golpe, o político precisa ser visto "como o pai que cauteriza um membro do filho para salvar a sua vida". Os golpes devem ser radicais como nos "cirurgiões competentes que, ao abrir uma veia, tiram o sangue para limpar os corpos de seus humores nocivos". Segundo Naudé, não existe ação eficaz se os planos golpistas são publicados. Jamais ocorreu golpe sem a purga dos "membros apodrecidos": o golpe é intolerante, ignora "as pequenas formalidades da justiça".

Mas o golpe, longe de sanar as guerras civis, as perpetua, levando ao plano internacional. Quem deseja o convívio político segue as "pequenas formalidades" jurídicas. Sem elas, ninguém está seguro, mesmo os golpistas, pois os regimes não são eternos e o golpista de hoje é a vítima do golpe, amanhã. A democracia exige simultaneidade das diferenças ideológicas, nela não existem inimigos, mas adversários que merecem respeito e jamais ataques fratricidas. Qual o terreno fértil dos golpes? A desconfiança, a dissimulação, os ódios espalhados pelos que empestam e sufocam a vida política. Tais são os primeiros e últimos obstáculos a serem vencidos.

---

20. Ibidem.

Termino. Como disse em meu livro *Brasil: Igreja Contra Estado* supracitado, analiso as relações tensas entre o catolicismo hierárquico e os dirigentes do Estado produzido por vários golpes, os de origem remota (como o que moldou o Estado Novo) e os movidos pela burguesia nacional e seus militares. Uma figura que une a razão de Estado varguista e a de 1964 é Francisco Campos. Sua mão ainda se apresenta nos Atos Institucionais, do primeiro ao último. Qual razão ensandecida impulsiona as ditaduras que moldaram o Brasil do século xx? A razão de Estado, aqui, teve alvos propagandísticos ou reais, como o programa econômico e ideológico que, para nossa felicidade, arrancaria-nos do subdesenvolvimento: Brasil, grande potência.

Os fins clássicos da razão de Estado foram defendidos clara ou hipocritamente por juristas, militares, banqueiros, industriais e mesmo setores do clero brasileiro: a quebra da lei em favor dos governantes, o segredo (mesmo Decreto secreto foi usado na ditadura), a fraude, a vigilância policial, as torturas, o desaparecimento de opositores, a censura à imprensa, o exílio, as cassações de mandatos e as destituição de juízes. Vivemos as duas ditaduras sob o império da razão de Estado, tendo o segredo como ética perversa, antidemocrática e assassina.

Hoje, a Constituição Federal de 1988 prevê remédios contra o golpe de Estado, mas que não garantiram o país do exercício reiterado da usurpação política. O artigo 49, incisos IV e XI, evidenciam o receio face aos possíveis golpes: cabe ao Congresso Nacional "aprovar o estado de defesa e a intervenção federal, autorizar o estado de sítio, ou suspender qualquer uma dessas medidas"[21] e "zelar pela preservação de sua competência legislativa em face da atribuição normativa de outros poderes"[22]. Excelente princípio, ineficaz na prática. Que outra coisa temos, senão reiterados golpes, com as Medidas Provisórias que deveriam atender a

---

21. Constituição da República Federativa do Brasil, Art. 49, Inciso IV.
22. Ibidem, Inciso XI.

necessidades urgentíssimas (e mesmo tais necessidades têm o sinete da razão de Estado) e se transformaram em meio para o Executivo legislar? Que outra coisa temos, nas reiteradas ingerências do Judiciário, legislando à luz do dia, sem reação à altura do Legislativo? Golpes não são cometidos apenas pelo Executivo, mas nos três poderes e na sociedade. É por tal motivo que Benjamin Constant imaginou o Poder Moderador, cujo papel seria neutro para evitar os golpes, viessem de onde viessem. Por um golpe, na Constituição de 1824, foi usada a ideia de Constant no Brasil, colocando-se o Poder Moderador não como neutro, mas como superior aos demais. Daí, uma das raízes absolutistas do Executivo brasileiro, com todas as mazelas do nosso presidencialismo, gigante com pé de barro.

Por semelhantes motivos, e agora termino de vez, é imperativo levar adiante a tese de uma Comissão da Verdade. Ao mesmo tempo, na frente ética, torna-se vital lutar contra a existência de documentos secretos, votações secretas no Parlamento e na Justiça. Cabe à Comissão da Verdade a tarefa histórica de nos colocar nas sendas democráticas dos séculos XVII e XVIII, proibidas aqui pela força portuguesa, pelos canhões imperiais, e atenuadas ou quase abolidas no plano mundial com o Termidor, o imperialismo napoleônico, o colonialismo europeu, a determinação imperial alemã, italiana, inglesa e norte-americana. Somos herdeiros do absolutismo e da razão de Estado. Quando Dom João para cá veio, trouxe em seus navios a recusa da *accountability*. Não por acaso, o primeiro fruto eficaz desse veto, a Constituição Imperial de 1824, proclama a irresponsabilidade do Chefe de Estado[23], afasta a transparência e a plena soberania popular. Somos um Estado que nasce

---

23. Titulo 5º "Do Imperador". Capítulo I. Do Poder Moderador. Art. 98. O Poder Moderador é a chave de toda a organização Política, e é delegado privativamente ao Imperador, como Chefe Supremo da Nação, e seu Primeiro Representante, para que incessantemente vele sobre a manutenção da Independência, equilíbrio, e harmonia dos mais Poderes Políticos. Art. 99. A Pessoa do Imperador é inviolável, e Sagrada: Ele não está sujeito a responsabilidade alguma. *Constituição Política do Império do Brazil: de 25*

contra as revoluções modernas, sob o molde absolutista. Entre nós, os programas democráticos de todos os matizes, dos liberais aos socialistas, foram dizimados pelos canhões barulhentos ou golpes silentes contra as leis. Aqui vigoram anomalias como a prerrogativa de foro para políticos, juízes, promotores de justiça, algo que só tem sentido em regimes de privilégio, nos quais o povo é regido por uma lei supostamente universal, modificada para quem integra o poder. Se a Comissão da Verdade abrir a via da transparência, da responsabilização dos agentes públicos, deixando patente que ninguém pode golpear a democracia, ninguém pode mentir ou esconder os atos governamentais, ninguém pode matar, torturar, cassar direitos dos oponentes, ela prestará serviço à cidadania, permitindo diminuir o alto grau de absolutismo que ainda nutre os que, no Estado e ainda hoje, sobretudo hoje, imaginam poder usar os recursos públicos como se fossem seus.

Embora defensor da forma absoluta de poder, Jean Bodin teve a honestidade intelectual de retomar a tese antiga sobre a tirania que afirma: "tirano é quem usa os bens dos governados como se fossem seus". A Comissão da Verdade pode ajudar na luta contra a razão de Estado, desculpa última dos que defendem tiranias que não prestam contas nem respeitam a transparência, mas exibem máscara democrática. Permitam que eu cite um trecho do último parágrafo de minha intervenção no Seminário Fronteiras do Pensamento, em 2007: "num país excessivamente centralizado, sem autonomia, não podem existir na sua plenitude a soberania popular, a *accountability*, a justiça e, *last but not least*, a verdade"[24].

---

de março de 1824, disponível em: <http://www.planalto.gov.br/ccivil_03/constituicao/constitui%C3%A7a024.htm>.
24. Democracia, Justiça e Eleições, *Fronteiras do Pensamento*, em Fernando Schüler; Gunter Axt; Juremir Machado da Silva (orgs.), *Fronteiras do Pensamento: Retratos de um Mundo Complexo,* São Leopoldo: Unisinos, 2008, p. 240.

A RAZÃO DE ESTADO

Ceticismo Político

No romance *O Leopardo*, filmado por Luchino Visconti, Lampedusa termina a narrativa com um diálogo de surdos entre o príncipe de Salina, aristocrata que não aceita a mediocridade humana, e um ministro do novo reino italiano. O político fora até o palácio principesco para oferecer ao poderoso siciliano um lugar no Senado. Ao expor as vantagens do cargo, ele diz que seria possível, através da política, melhorar a sorte dos pobres, a ausência de desenvolvimento econômico, fazendo os sicilianos se tornar melhores. A resposta inicial do príncipe é desconcertante: "os sicilianos não desejam ser melhores, porque julgam serem deuses". E ademais, após dominações múltiplas de todos os povos hegemônicos do Mediterrâneo, eles estavam cansados, mergulhados em um sono que não querem deixar. E todos os presentes magníficos do progresso, do bem estar, da ciência e das técnicas serão assumidos por eles como inconvenientes, porque lhes retirariam o sono, o sonho. Quando o político, na carruagem, se despede do aristocrata, este lhe diz em voz desolada: "Noi fummo i Gattopardi, i Leoni; quelli che ci sostituiranno saranno gli sciacalletti, le iene; e tutti quanti Gattopardi, sciacalli e pecore continueremo a crederci il sale della terra".

A desolação do homem superior não residia apenas em uma derrocada de sua gente rica e refinada. Ele tem plena consciência de que os dominantes têm hora e data para mandar e para desaparecer do cenário político e mundano. Quando seu confessor lhe reprova, e à aristocracia, não defender a Igreja, o que traria a sua ruína econômica e social, o príncipe responde com clareza meridiana: "Non siamo ciechi, caro Padre, siamo soltanto uomini. Viviamo in una realtà mobile alla quale cerchiamo di adattarci come le alghe si piegano sotto la spinta del Mare". À Igreja foi dada implicitamente a promessa da imortalidade, diz ele, modificando o dito evangélico de que as portas do inferno não prevalecerão sobre a Pedra na qual Pedro vigiará os céus e a terra. "Tu est Petrus et super hanc petram aedificabo Ecclesiam meam". Entre a imortalidade eclesiástica e a vida dos indivíduos e classes, brota um abismo.

Per noi un palliativo che promette cento anni equivale all'eternità. Potremo magari preoccuparci per i nostri figli, force per i nipotini; ma al di là di quanto possiamo sperare di accarezzare con queste mani non abbiamo obblighi; e io non posso preoccuparmi di ciò che saranno i miei evntuali discendenti nell'anno 1960. La Chiesa sì, se ne deve curare, perchè è destinata a non morire. Nella sua disperazione è implícito il conforto. E credete voi che se potesse adesso o se protrà in futuro salvare sé estessa con il nostro sacrificio non la farebbe? Certo che lo farebbe, e farebbe bene.[1]

As dimensões do tempo esmagam poder, riqueza, aristocracia. A Igreja não é Eterna, mas ela recebeu a promessa da imortalidade. Haverá um dia em que ela será chamada por Deus a prestar contas do seu rebanho e de si mesma.

---

1. Tomasi di Lampedusa, *Il Gattopardo*, Milano: Feltrinelli, 2005, manuscrito de 1957, p. 50.

Esse será o dia do Juízo Final, quando o tempo sumirá no abismo do Eterno, com todas as vaidades do mundo. É o que proclama o *Apocalipse*: "Ego sum alpha et omega, primus et novissimus, principium et finis". "ἐγὼ τὸ ἄλφα καὶ τὸ ὦ, ὁ πρῶτος καὶ ὁ ἔσχατος, ἡ ἀρχὴ καὶ τὸ τέλος)."[2]

Os termos não deixam dúvida: com o Eterno se revelam aos bem-aventurados o princípio (a base, o fundamento: ἀρχὴ, e o fim: τέλος). Não haverá mais tempo e espaço. Contudo, até aquele instante oportuno (*Kayrós*), a Igreja, por não ser Eterna, conhecerá o desespero, a tentação do nada, o mal. Na marcha rumo à salvação, ela passará por todos os príncipes, Estados, sociedades, classes, cujo tempo é finito, pura degradação do Eterno. Nada no tempo é estável, durável, sobretudo, os homens e seu poder.

O tema da transitoriedade cósmica vem de longa data. Já os chamados pré-socráticos, como Empédocles de Agrigento, narram a guerra dos elementos, a passagem do amor ao ódio, a impossível paz sonhada pelos entes, principalmente os pensantes. Como, se não for a Igreja (e mesmo ela, porque possui lado humano e pecador, transitório, a *Eclesia militans*), conseguir um Estado, ou seja, um poder estável, capaz de assegurar um mínimo de paz aos atormentados e atormentadores seres humanos?

Consultemos outro escritor italiano, Giacomo Leopardi. No livro *Zibaldone*, não por acaso traduzido para o francês com o título de *Le Massacre des illusions*[3], diz Leopardi:

> Acredita-se que o homem, por natureza, seja o mais social dos seres vivos. Entendo que ele seja bem menos do que qualquer outro: tendo mais vitalidade, ele possui mais amor de si, e, portanto, ele nutre necessariamente mais ódio dos outros indivíduos, quer eles pertençam ou não à sua espécie.

Esse trecho, de 1823, não deixa dúvida sobre o juízo antropológico e político do autor. Dos animais, não existe mais

2. *Apocalipse*, 22-13.
3. Paris: Allia, 1993.

a lista dos nobres e dos baixos, dos leopardos ou leões, das hienas ou porcos. Agora, o bicho chamado homem é perigoso e inimigo dos laços sociais. Se podemos chamar essa doutrina de pessimista, ela é consoante com outros pensadores como Goethe, no *Fausto*. Ao se referir ao "deusinho do mundo", o homem, o poeta diz que ele recebeu uma centelha divina, mas a chama Razão e a usa apenas para ser mais bestial dos que todas as feras: "Er nennt's Vernunft und braucht's allein, /Nur tierischer als jedes Tier zu sein."

Voltemos a Leopardi: diz ele na sequência

que os filósofos, políticos, todo tipo de gente se esforçara sem descanso por inventar uma sociedade perfeita. Mas após tantas pesquisas, tantas experiências, o problema permanece inteiro. Por mil razões, por mil circunstâncias diferentes, mil formas de sociedade viram a luz do dia entre os homens. Todas foram ruins, e todas as que hoje enxergam a luz são ruins também.

Segundo Leopardi, não existe possibilidade de se instalar uma associação humana perfeita ou pelo menos aceitável. Como diz Laura Tappan, em artigo que acompanho nessas considerações,

por perfeita ele entende uma forma social cujos membros não se prejudicam mutuamente e não buscam causar males uns aos outros (ou o fazem apenas de maneira acidental). [...] Nas sociedades humanas [...] Leopardi chega em seus discurso ainda mais longe, excluindo a possibilidade da existência de uma verdadeira associação humana[4].

A solidão seria, para ele, o lugar natural dos animais em sua maioria, em especial no caso do homem. Leopardi distingue duas sociedades, a ampla e a estreita. Por natureza, somos destinados à primeira, na qual seria quase inexistente a desigualdade entre os homens, porque nela os mais fortes não são empurrados a exercer sua superioridade.

---

4. Laura Toppan, "Leopardi et Montale": Deux cris dans le désert, em Gerard Brey; Marita Gilli (eds.), *Sceptiques et détracteurs face à la cité idéale: xviiie -xxe siècles*, Franche-Comté: Presses Universitaires de Franche-Comté, 2009, p.161s.

A causa da infelicidade humana é a sociedade estreita, em que os fracos são presa dos fortes. O autor critica todas as formas de poder, das feudais às modernas, e chega à conclusão de que "o homem é naturalmente odioso ao homem" e fundar uma sociedade perfeita é contra a natureza. Daí que nassociedades estreitas, os Estados, são contra a natureza. Tais enunciados tiveram forte peso no pensamento do século XIX, na virada para o século XX. Schopenhauer, Kierkegaard e Nitezsche (este último admirador de Leopardi) se preocupam não com a alteração do sistema social e político mas com a dos valores, para recuperar o que se perdeu nas experiências estatais.

A desconfiança diante do poder estatal, nos séculos XIX e XX, tem alguns antecedentes relevantes no século XVII. A antropologia por eles defendida, pode-se dizer, instiga plena desconfiança no ser humano, individual ou reunido em sociedade. Vamos analisar, com base no trabalho de Sophie Gouverneur, o pensamento cético da idade clássica, formas de reflexão que justificam o poder da razão de Estado contemporâneas de sua crítica.

Comecemos com Samuel Sorbière, tradutor de Hobbes para a língua francesa, que não segue a teoria do contrato e da natureza humana a ele anterior. Ele prefere o caminho da história, como em Maquiavel ou Pascal.

A antropologia que surge no escritor afirma que o homem é movido pelas paixões mutáveis. Trata-se, pois, de entender tamanha variabilidade. Desde o início, buscar fórmulas políticas que a dominem. As paixões são inconstantes, variáveis, sem lei, visto que mesmo a inconstância é inconstante. Nada, por enquanto, que não seja uma aquisição, um lugar comum do platonismo cristão, com a ideia de que o tempo é variação rumo ao pior, à corrupção. Como em Camões:

> Mudam-se os tempos, mudam-se as vontades,
> Muda-se o ser, muda-se a confiança;
> Todo o mundo é composto de mudança,
> Tomando sempre novas qualidades.
> Continuamente vemos novidades,

> Diferentes em tudo da esperança;
> Do mal ficam as mágoas na lembrança,
> E do bem, se algum houve, as saudades.
> O tempo cobre o chão de verde manto,
> Que já foi coberto de neve fria,
> E em mim converte em choro o doce canto.
> E, afora este mudar-se cada dia,
> Outra mudança faz de mor espanto:
> Que não se muda já como soía.

Basta ler Shakespeare ou Edmund Spenser para notar o quanto o tema era lugar comum no século XVI. Recomendo a leitura dos "Cantos of Mutabilitie", fragmento póstumo publicado em 1609, no contexto maior de *Faerie Queen* e o longo poema intitulado "The Ruine of Time".

A alma, escreve Sorbière, não comanda as paixões, mas lhes obedece, ela é balançada ao ensejo dos encontros com objetos que determinam as paixões pelas impressões que elas fazem nascer sobre a sensibilidade. Em Spinoza, algo dessa forma de ver se encontra na sua tese da flutuação da alma. As paixões sempre mudam e mudam sem outra lei, a não ser o acaso do encontro entre uma sensibilidade e um objeto. Aqui, naturalmente, há discrepância entre Sorbière e Spinoza, pois segundo este último o acaso nada explica quando se trata de entender a mutabilidade das paixões.

Outro pensador do tempo, Le Vayer, atribui a inconstância apaixonada a nossa fantasia ou imaginação:

> É tão verdade que somos constantes apenas em nossa inconstância, o que o nosso conhecimento de nós mesmos nos confirmará melhor do que qualquer outra coisa; sempre permanece constante que a alma é tal na sua inconstância, que basta o sonho de uma noite, diz o *Eclesiástico*, para mudar todas suas noções e toda sua ciência.

Um mesmo objeto pode tomar duas pessoas, ao mesmo tempo, de forma diferente "um ar alegre, que alegrará pessoas bem humoradas, trará desprazer às que mergulham numa profunda tristeza". Recordemos Camões. "Só pensamos o que queremos no instante em que o queremos e mudamos como aquele animal que toma a cor do lugar em que ele se deita". Tal é o juízo de Montaigne[5]. Assim, as amizades, um poderoso impulsionador da polis, são improváveis e inconstantes.

Para avaliar o quanto a fratura do conceito de amizade resulta em insegurança política, basta recordar o significado dessa prática na Grécia, cujos textos estavam sendo recuperados pelos ocidentais após a queda de Constantinopla, trazidos pelo cardeal Bessarion. Um Estado, segundo Platão, máquina que permite viver em conjunto, exige a justiça e a amizade entre os cidadãos. Nenhum povo consegue se defender quando os grupos e indivíduos não se prezam e deixam de colaborar sob os ordenamentos legais. Na *República*, Sócrates alerta Trasímaco – defensor da pura força como fonte do direito – sobre o fato de que "a injustiça engendra entre os homens dissensões, ódios e lutas, enquanto a justiça mantém a concórdia e a amizade"[6]. O respeito dos indivíduos leva ao equilíbrio social, o que exige a amizade (*philia*) entre os cidadãos. Todo Estado, ensina a *República*, enfrenta os problemas de sua defesa, o que requer a força militar especializada e a divisão do trabalho na sociedade[7], mantidas essas políticas por governantes prudentes. Os defensores do Estado precisam ser como os cães, diz Platão, mansos para com os de casa e ferozes contra os estranhos. O dirigente tirânico é lobo contra os cidadãos. A *philia* entre os que integram a máquina política define a força ou fraqueza do Estado. Um país será forte quando as dores e as alegrias dos indivíduos forem as dores e as alegrias do todo social e vice-versa. A ética exige um governo que amplie a amizade entre os cidadãos. Esta é a base da pátria. Sem ela, os indivíduos não se sentem "emcasa", experimentam-se como estrangeiros em seu próprio lugar de nascimento.

5. De l'inconstance de nos actions, *Essais*, livro II, cap. 1.
6. Platão, *República*, I, 351d. Cito na tradução de J. Guinsburg, São Paulo: Perspectiva, 2006, p. 56.
7. Ibidem, I, 373d-374c, op. cit., p.81.

O programa platônico da força interna e da amizade a ser promovida pelos dirigentes encerra um complicado conjunto de fatos empíricos. Na defesa das fronteiras e das lutas contra os inimigos, a história militar e política da Grécia confirma as exigências platônicas. Ao lado da educação civil ou militar, nota-se uma ardilosa prática dos dirigentes políticos e guerreiros na convocação dos combatentes. É preciso que os cidadãos em armas sejam amigos. Os governantes usaram as relações naturais e sociais dos indivíduos para garantir a coesão nas cidades e nas batalhas.

A dita coesão encontra elementos explicativos em técnicas bélicas e em ordenamentos sociais. Nas Guerras Médicas, por exemplo, os gregos reunidos expulsaram os invasores em quase todas as batalhas terrestres. Além do conhecimento técnico dos seus generais, o traço essencial daquelas vitórias foi "a confiança que vinha dos elos entre os hoplitas nas falanges"[8]. Elementos psicossociais foram importantes nas lutas, como a confiança no general e o fato de os combatentes sentirem-se responsáveis "pelos homens postos aos seus lados", com a vontade de protegê-los dos inimigos "pela vergonha que tinham de se conduzir como covardes diante deles"[9].

Os dirigentes formavam as falanges, de preferência, com pessoas unidas por laços de sangue e de amizade. Razões técnicas (como a referida por Tucídides sobre os escudos que obrigavam os combatentes à dependência do homem à sua direita para guardar o lado direito, formando os escudos uma cadeia de proteção comum) e de ordem social, estreitavam os nexos entre os indivíduos na falange. Como diz Hanson, "à diferença da maioria dos exércitos modernos, os vínculos entre os hoplitas não se originavam no serviço militar ou em semanas de treinamento partilhado num campo. Eles eram a extensão natural de amizades e de parentescos antigos dos

---

8. Cf. Victor Davis Hanson, *The Western Way of War: Infantry Battle in Classical Greece,* New York: Knopf, 1989. Uso a edição francesa: *Le Modèle occidental de la guerre*, Paris: Les Belles Lettres, 1990, p. 160s.
9. Ibidem.

tempos de paz". Na falange, pais seguiam junto aos filhos e irmãos, cunhados, amigos. E a cada vez que a falange marchava "os homens conheciam exatamente seu lugar assinalado na formação de seus parentes e amigos que serviam diante deles, atrás deles e ao seu lado".

A defesa da terra própria com o reforço da amizade entre os cidadãos é uma técnica de governo e de guerra fundamentada nos costumes. As quebras internas no plano social determinam a fraqueza na ordem bélica e os laços de respeito e *philia* aumentam a potência do Estado. O termo para a atitude ética respeitosa da justiça era *eusébeia*, palavra que envolve a justiça diante dos genitores, dos velhos, dos amigos. Como sequência, ele indica a obediência à lei e o amor pela própria terra, com risco de morte para defendê-la. *Eusébeia* também possui a gradação do decorum, controle da fala indiscreta evitando-se a maledicência. O imperativo é "falar bem de todos" e não procurar falhas nos demais, ser justo e amável com os amigos, não maldizer um ausente, não rir dos vencidos ou mortos. Pode-se verificar a origem do célebre mote spinoziano: "não rir, não chorar, compreender". Trata-se de chegar à sabedoria do logos[10].

Se a *philia* é inconstante, torna-se impossível estabelecer laços entre os indivíduos e grupos, o Estado permanece no ideal, a sociedade desaba. Os pensamentos de Sorbière e de Montaigne vão além: a razão é fonte de imaginações sem correlato objetivo. Como afirma Montaigne: "a razão sempre vai, torta e manca, desancada, e com a mentira e a verdade. Assim, é árduo descobrir seus erros e desregramento. Sempre chamo a razão como esta aparência de discurso que cada um de nós forja em si mesmo"[11]. Cada um forja seu modelo imaginário, ninguém entra em acordo sobre o que é e o que deve ser feito. A cada nova imaginação, acrescentamos outras, o que prova que somos desiguais em relação aos outros e a nós mesmos. Cada um aprova , segundo Le Vayer,

---

10. Cf. Douglas L. Cairns, *Aidós: The Psychology and Ethics of Honour and Shame in Ancient Greek Literature*, Oxford: Clarendon, 1993, p. 320s.
11. *Essais*, livro II, cap. 12.

"pela manhã o que condenará à tarde, e com frequência de maneira distinta se o seu temperamento o quer assim".

Piores são os remédios trazidos à inconstância em vários setores da vida, como no caso da religião. Para combater a mutabilidade do pensamento são produzidos mecanismos de permanente opinião a que se nomeia "fé". Monobloco de consciência, a "opinião própria" é desejo reativo de constância, como os protestantes apegados a sua crença mais por tal desejo que por anseio de verdade, não querendo tombar como os outros na infinita variação opinativa. O endurecimento da consciência também se deve ao amor próprio, que prefere o falso à confissão de ignorância. Segundo Le Vayer, o dogmatismo pode resultar do desejo de discórdia, a erística sendo o prazer de contradizer. A via da guerra universal segue da inconstância ao enrigecimento, das críticas sem freios ao dogma. Poucos se contentam com o provável, todos desejam afirmar infalíveis as suas razões. Se na Igreja Católica o papa é infalível, na consciência protestante todos são infalíveis e no mundo laico a infalibilidade seria posse de todos e de cada um. Resulta que todos os infalíveis guerreiam e a guerra civil impede, como a guerra contra outros povos, qualquer Estado seguro. Essa é a lição dos eventos na França nas guerras confessionais.

Com o belicismo, para espanto do clero e da aristocracia, os populares desobedecem aos príncipes. É conhecido o texto de Etienne de la Boétie sobre a servidão voluntária[12]. Pouco se analisa o escrito do mesmo autor, *Mémoires de nos troubles sur l'Édit de janvier 1562*[13]. Com as lutas religiosas na Guiana, a corte envia o autor aos locais para recolher sugestões jurídicas. É clara a cautela de La Boétie frente ao povo. Seria preciso impedir que o populacho tivesse ilusões

---

12. *Le Discours de la servitude volontaire*, Paris: Payot, 1976. Há uma edição em português, intitulada *Discurso da Servidão Voluntária*, publicada pela Brasiliense.
13. Cf. Paul Bonnefon (ed.), Une Oeuvre inconnue de La Boétie: "Les Mémoires sur l´Édit de janvier 1562", *Revue d´Histoire littéraire de la France*, Paris, ano 24, n. 2, 1917.

de poder. As guerras religiosas espalham "um ódio e maldade quase universais entre os súditos do rei", o pior é que:

> o povo se acostuma a uma irreverência para com o magistrado e com o tempo aprende a desobedecer voluntariamente, deixando-se conduzir pelas iscas da liberdade, ou licença, o mais doce e agradável veneno do mundo. Isto ocorre porque o elemento popular, tendo sabido que não é obrigado a obedecer ao príncipe natural na religião, faz péssimo uso dessa regra, a qual, por si mesma, não é má, e dela tira a falsa consequência de que só é preciso obedecer aos superiores nas coisas boas por si mesmas e se atribue o juízo sobre o bom e o ruim. Ele chega à ideia de que só existe a lei da sua consciência, ou seja, na maior parte, a persuasão de seu espírito e suas fantasias [...] nada é mais justo nem mais conforme às leis do que a consciência de um religioso temente a Deus, probo e prudente, nada é mais louco, mais tolo e monstruoso do que a consciência e a superstição da massa indiscreta.

Assim,

> o povo não tem meios de julgar, porque desprovido do que fornece ou confirma um bom julgamento, as letras, os discursos e a experiência. Como não pode julgar, ele acredita em outrem. A multidão acredita mais nas pessoas do que nas coisas, é seja mais persuadida pela autoridade do orador do que pelas razões enunciadas[14].

As batalhas entre os reformados e católicos, pensam os juristas do rei, ameaçam o Estado. É preciso dar um fim às rebeliões supostamente religiosas. Em janeiro de 1562, o dirigente L'Hospital[15] fala em nome do rei à Assembleia composta de Presidentes e Conselheiros dos Parlamentos da França, reunidos em Saint-Germain-en-Laye. A tentativa é de atenuar as querelas e as lutas físicas entre o partido católico e huguenote. Carlos IX (1550-1574) abre os Estados Gerais (13 jan. 1560) e participa do Colóquio de Poissy organizado por Catarina de Médicis e Michel de l'Hospital, tendo por alvo aproximar os inimigos. Único resultado: a lista dos

---

14. Ibidem, p. 12.
15. Michel de l'Hospital (1505-1573), chanceler da França.

desacordos. Em 31 de janeiro de 1561, um Ordenamento é assinado pelo rei em Orleans, proibindo as perseguições contra os protestantes, autorizadas por Henrique II. Mas as querelas aumentam. O católico duque de Guise tudo faz para gerar a guerra civil, cujo primeiro passo seria o "Massacre de Wassy". O nobre quer assistir à missa, se irrita com os cantos dos protestantes e os massacra. O fato produziu a primeira guerra de religião moderna na França. Os protestantes comandados por Louis de Condé e pelo Marechal Coligny perdem em Dreux (19 dez. 1562). Guise cerca Orléans, mas é assassinado por um protestante. Antoine de Bourbon, chefe protestante, é morto em Rouen. Catarina de Médicis aproveita o sumiço de ambos os líderes e assina a paz, oferecendo liberdade (apenas privada) de culto aos huguenotes.

Carlos IX, maior a partir de 1563, anda pela França de 1564 a 1566 e leva consigo Henrique de Navarra, o futuro Henrique IV. Os alvos das viagens é reconciliar inimigos religiosos sob o manto real. Na sequência da guerra religiosa, Condé cai na batalha de Jarnac, sendo executado. O marechal Coligny refugia-se em La Rochelle. Finalmente Catarina de Médicis assina a paz em 1570. Nesse ano, o rei se livra da tutela materna e continua a tentar a união dos inimigos. Ainda no ano de 1570, em Saint-Germain, são oferecidas garantias aos huguenotes e La Rochelle, Cognac, Montauban são ditas cidades protestantes. A liberdade de culto é oferecida, menos em Paris. Tal política tem inspiração em Michel de l'Hospital. Coligny retorna ao círculo do rei em que adquire influência, inclinando o soberano à guerra contra a Espanha. Catarina, católica e política de ferro, arrisca novamente a guerra civil. A família Guise quer vingar a morte de seu chefe e tenta matar Coligny contratando assassinos de aluguel. Em 22 de agosto de 1572, Coligny sofre um atentado, recebe a visita do rei, mas este último, no entanto, assume a ideia de Catarina de acabar com os protestantes, acusados de, sob liderança de Coligny, subverter o Estado. O Marechal é executado com requintes de crueldade. Depois de sua morte, durante cinco dias, a partir de Paris, ocorrem os massacres conhecidos como "A noite de São Bartolomeu" (na verdade, as noites…), praticados em Lyon, Dijon, Blois, Tours, causando algo em torno de quinze mil mortos. O rei perde a confiança dos súditos e os protestantes enfraquecidos não se rendem e se rebelam em 1573[16].

Carlos IX usou a razão de Estado, um jogo em que as regras não foram, como é o hábito, obedecidas. Se conseguiu impôr uma decisão, ele não conseguiu o essencial: unir os súditos sob a sua autoridade. É esse o desejo expresso por Michel l'Hospital na já mencionada reunião em Saint-Germain-en-Laye de 1562:

> O rei não quer que entreis em disputa sobre qual opinião [religiosa] é a melhor. Porque não se trata aqui de *constituenda Religione* […] *sed de constituenda Republica*. E muitos podem ser *Cives, que non erunt Christiani*, e pode-se viver em repouso com os de opinião diversa, como vemos numa família, onde os católicos não deixam de viver em paz e amar os da nova religião.[17]

Com esse passo, atingimos o ponto que será nuclear nos textos de Hobbes e das Luzes. Trata-se da secularização imposta pelo Estado ao espaço público. Hobbes vive algum tempo na França, afastado pela guerra civil e religiosa que sacode a Inglaterra. Ao deixar seu país, encontra na França uma realidade próxima, pois as duas nações que disputam a cena europeia correm o risco de fragmentação, por conta das batalhas campais entre segmentos teológico-políticos.

A unidade do Estado é cara à razão de Estado desde o Renascimento[18]. E a desejada unidade se dissolvia a olhos

---

16. Para a documentação dessa passagem, cf. François Hotman, *La Vie de Messire Gaspar de Colligny: Admiral de France*, Emile-V. Telle (ed.), Genève: Droz, 1987. O texto original foi redigido, compreensivelmente, em latim.

17. F. Hotman, apud E. Telle, Introduction, op. cit., p. 35.

18. Em Shakespeare, o tema é onipresente nas peças políticas. O erro fatal de Lear foi a divisão territorial de seu Estado pelas filhas que o adularam e seguiram a sua ordem tirânica. Ele usou de maneira estulta a lei da razão de Estado que ordena *Divide et impera*. O soberano que perde seu espaço tudo perde e nada garante aos súditos, salvo guerras civis. O núcleo da peça surge nos primeiros instantes. "Lear. Meantime we shall express our darker purpose. / Give me the map there. Know that we have divided / In three our

vistos no território francês e britânico. Oposto ao ceticismo das forças que impulsionavam a secularização social e política; no dogmatismo, a imaginação engendra o amor próprio como se fosse amor divino, acompanhado do apego a uma ideia, o que enfraquece o juízo crítico e exige adesão à "verdade".

É tempo de recordar uma correspondência estratégica entre Albert Burgh e Spinoza. O primeiro, convertido ao catolicismo, sente-se no direito caridoso de chamar o filósofo de "verme", "homúnculo" etc. Isso porque ele não acredita na doutrina da Igreja sustentada por milhares de doutores e testemunhas. A carta permite aquilatar até onde vai a violência dos que imaginam fazer o bem aos demais seres humanos ao impor-lhes seus próprios valores e dogmas.

> Como ousaríeis, por pouco que dais atenção, negar a força de persuasão que ela extrai do consentimento de tantas miríades de homens, entre os quais se encontram milhares que, pela doutrina, pelo saber, pela sutileza verdadeira e solidez de espírito, pela perfeição de vida, vos ultrapassam e dominam […] e que unanimemente, de uma só voz, afirmam que o Cristo, filho do Deus vivo, se fez carne[19]

O incrível aconteceu, responde Spinoza: Burgh convertido ao catolicismo (trata-se de um promissor estudioso das ciências), transformado em militante da Igreja. Nela, o jovem aprendeu a insultar os adversários com insolência:

kingdom: and 'tis our fast intent / To shake all cares and business from our age; / Conferring them on younger strengths, while we / Unburden'd crawl toward death. / Our son of Cornwall, And you, our no less loving son of Albany, / We have this hour a constant will to publish / Our daughters' several dowers, that future strife / May be prevented now. The princes, France and Burgundy, / Great rivals in our youngest daughter's love, / Long in our court have made their amorous sojourn, / And here are to be answer'd. / Tell me, my daughters, / Since now we will divest us both of rule, / Interest of territory, cares of state, / Which of you shall we say doth love us most? / That we our largest bounty may extend / Where nature doth with merit challenge". A peça liga-se à adulação, na linha do escrito de Plutarco *Como Distinguir o Amigo do Adulador*, traduzida para o português em 1997 pela Scrinium, de São Paulo. Analiso tal problema com detalhes no meu livro *Silêncio e Ruído: A Sátira e Denis Diderot*, Campinas: Editora da Unicamp, 1997.
19. Carta 67, Albert Burgh a Spinoza, 11 set. 1675, em *Spinoza: Obra Completa II*, São Paulo: Perspectiva, 2014, p.262.

deplorais no começo que eu me haja deixado enredar pelo Príncipe dos Espíritos Malignos. Não vos atormenteis, eu vos rogo, e recomponde-vos. Quando estáveis de posse de vossa razão, admitíeis, salvo erro, um Deus infinito, em virtude do qual todas as coisas existem e se conservam. E eis agora que sonhais com um Príncipe inimigo de Deus, eis que esse Príncipe, contra a vontade de Deus, enreda e engana a maior parte dos homens (os bons são raros, com efeito), que Deus, por essa razão, entrega a esse mestre de crimes para que ele lhes inflija os tormentos eternos. A justiça divina aceita, portanto, que o Diabo engane os homens impunemente; mas ela se opõe a que permaneçam impunes os infelizes enganados pelo Diabo.

Ainda assim esses absurdos seriam suportáveis se vós adorásseis um Deus infinito e eterno e não aquele que Châtillon, na cidade denominada Tienen, em flamengo, deu impunemente a comer a seus cavalos. E vós me lastimais, infeliz que sois! E vós chamais de quimera uma filosofia que vós nem sequer conheceis! Ó jovem insensato, quem pôde vos extraviar a tal ponto que credes engolir e ter nas entranhas o ser soberano e eterno?

Quereis raciocinar, entretanto, e me perguntais como eu sei que minha filosofia é melhor entre todas aquelas que jamais foram, são e serão ensinadas no mundo. Caberia antes a mim vos propor a questão. Eu não pretendo ter encontrado a melhor filosofia, mas sei que tenho conhecimento da verdadeira. Vós me perguntareis como eu o sei. Eu responderei: da mesma maneira que vós sabeis que os três ângulos de um triângulo são iguais a dois retos, e ninguém dirá que isto não basta, por pouco que seu cérebro esteja são e que ele não sonhe com espíritos impuros a nos inspirar ideias falsas semelhantes a ideias verdadeiras; pois o verdadeiro é sua [própria] marca e é também a do falso.[20]

Spinoza discute o número dos fiéis, doutores, místicos do catolicismo e mostra que outras religiões deles estão aglomeradas. O critério externo (número, *magister dixit* e outro semelhantes) nada prova.

Nota-se que no trecho há uma clara indicação do gênio malicioso (*versutus et callidus*), antes utilizado por Descartes. O *cogito* fica entre o demônio e o Deus enganador ou o Deus veraz que está fora da natureza. A transcendência

---

20. Carta 76, Spinoza a Albert Burgh (s/d, provavelmente dezembro de 1675), ibidem, p. 286-287.

divina faz o crente sentir medo do erro. Evidentemente, o que Spinoza chama de "razão" não é o que os céticos assim chamam. Ele partilha com o ceticismo a crítica ao uso desregrado da imaginação racional, a que inventa modelos de perfeição e recusa o mundo empírico tal como ele surge, sobretudo na política.

Mesmo que autores céticos possuam maior ou menor empenho na edificação do Estado, seu juízo sobre o sujeito humano terá maior ou menor desconfiança na racionalidade humana. Vimos como Naudé julga a massa popular, da maneira mais desconfiada e hostil possível. Segundo ele, a irracionalidade domina o homem em termos quantitativos. É coerente sua recusa de entregar o poder à multidão. O fato é que poucos, pensa Naudé, usam a razão com segurança, como se fosse um fio de Ariana, pois a massa é dominada pelas paixões. Dessa forma, a razão ajuda a pensar e a se orientar no pensamento e na vida política ou social. Mas quando se reúnem as multidões, some a razão e os atos se tornam imprevisíveis porque a-lógicos. O que se passa na multidão reunida na praça (não raro para linchar inocentes ou exigir absurdos políticos inspirados por demagogos) também ocorre entre os povos. Estes erram em todas as direções, mudam sempre de ideia. O fato de que uma paixão seja partilhada por alguns, muitos ou povos inteiros não lhes permite estabilidade. Naudé recorda o dito latino: "O vulgo incerto se divide em paixões contrárias".[21]

A antropologia, que percebe no homem um ser variável e prejuízos à política, se fundamenta em uma visão do universo enquanto caos, e não como um cosmos organizado, estável, belo. O mundo é movimento puro (aqui temos o pensamento grego, principalmente, o platonismo que percebe no tempo e no espaço apenas instabilidade). O homem, parte do mundo, também é puro movimento.

Sorbière, próximo de Hobbes e seu tradutor, vê nas paixões um efeito particular do mecanismo universal em que

---

21. "Scinditur incertum studia in contraria vulgus" (Virgílio, *Eneida*, II, 39).

os homens existem e retoma a ideia hobbesiana (e platônica) da mobilidade geral. O universo se compõe de corpos em movimento unidos entre si por causa e efeito, sendo as paixões movimentos dos corpos e os pensamentos movimentos da mente. Como o movimento é incessante, cada existente muda de lugar e forma segundo encontros com outros corpos, o que permite pensar a variabilidade das paixões geradas pela percepção dos corpos. Sorbière, em sentido inverso ao de Hobbes, não considera possível captar a lei dos movimentos, as regularidades causais que permitiriam conhecer (e prevenir) os choques entre corpos. Pode-se dizer que Sorbière se baseia em uma doutrina segundo a qual a verdade reside, não na adequação do pensamento ao suposto real, mas na coerência subjetiva de nossos atos de pensamento.

Segundo ele,

diz-se comumente que a verdade é conformidade do pensamento às coisas que ele representa. Mas nos enganamos, no meu entender, pois o pensamento é movimento, só é possível compará-lo a movimentos. Nada podemos responder sobre as coisas fora de nós; mas podemos [dizer] dos movimentos que ressentimos […] a verdade resulta da comparação dos movimentos dos pensamentos entre si.

O pensamento remete a si mesmo sem nenhuma certeza de atingir o real como ele seria. Sua única caução reside na coerência consigo mesmo. Assim, também a linguagem não nos diz o Ser, mas apenas a maneira pela qual ele nos aparece, pois "os nomes representam nossas ideias das coisas, e não as coisas diretamente, como elas são". Logo, o problema permanece intocado, no que se relaciona com a questão política. Sendo o Estado um pacto, contrato ou reconhecimento de um discurso dominante, que se prolonga em outros discursos que são as leis, se não existe nexo entre nome e coisa, mas apenas entre pensamento e pensamento, o elo objetivo que fundamenta a sociedade e a ordem política é sempre uma suposição, sujeita à ordem da aparência, não do ser. O Estado não tem fundamento epistemológico sólido.

Sorbière assume a proposta de Sextus Empiricus sobre a desconexão da razão e do ser, como ela subsiste em Montaigne. Sorbière traduziu os primeiros capítulos das *Hypotyposes pyrronianas, 1*. O cético "só nos dá conta do que se passa nele, não pretende julgar o que verdadeiramente está fora, na natureza das coisas"[22]. A razão opera até mesmo com correção, contudo, ela é formal, não denotativa. Ela nada diz das coisas em si mesmas, apenas da maneira pela qual aparecem. Como elas surgem diversamente, dada a nossa variada compleição individual, é comum que as opiniões divirjam entre as pessoas e entre os períodos de uma só pessoa. Assim, o ceticismo e a tolerância intelectual têm o seu fundamento na variação das mentes e da inteligência em tempos distintos. Como diz Sorbière, "nunca pretendo julgar absolutamente a verdade das razões deduzidas pelos outros, e não me presumo tanto a ponto de achar que meu sentimento deva ser a regra do sentimento alheio"[23]. As guerras de religião derivam, justamente, do afã dos crentes, em todas as igrejas, de serem a regra do sentimento alheio.

A figura de Maquiavel também serve como paradigma de outra via, a que preconiza o uso da religião pelo governante que impede os particulares de se massacrarem desgraçando a sociedade e o Estado. O Florentino é visto, no período, como fonte de inspiração para os céticos e defensores da primazia do poder estatal. Ele também é tido como a base última da "razão do inferno", no dizer dos defensores da fé cristã, católica ou protestante.

Descartes, em carta à princesa Elisabeth (setembro de 1646), comenta o pensamento de Maquiavel[24]. Embora de

---

22. Sextus Empiricus, *Hyppotyposes pyrronianas*, cap. VII, tradução de Sorbière.
23. Apud Sophie Gouverneur, "Samuel Sorbière ou la réhabilitation des passions", em Antony Mackenna, Pierre-François Moreau (eds.), *Libertinage et philosophie au XVIIe siècle*, Paris: Ed. da Université Sainte Etienne, 2000, p. 183s.
24. Cf. *Descartes: Obras Escolhidas*, São Paulo: Perspectiva, 2010, p. 614-618. Examinarei o texto, muito esclarecedor para quem deseja analisar o pensamento cartesiano em política, depois discutirei alguns críticos da sociedade no período, entre outros, Molière.

extração nobre, o que o levaria direto aos assuntos políticos, ele fazia profissão de estar alheio aos problemas do Estado, da sociedade e da religião, cujas repercussões na Europa e na França eram sangrentas. Muita invectiva endereçada ao coletivo humano nos tempos posteriores, em especial as de Rousseau e Diderot, encontra nas peças de Molière as sua bases imaginativas em termos éticos e morais.

Descartes inicia dizendo que leu *O Príncipe* a pedido da princesa. Podemos duvidar da afirmação. Maquiavel era leitura obrigatória no período, muito por causa das lutas ao redor do poder real, dos nobres e da Igreja. Formou-se na Europa e na França um campo de batalha onde o nome do Florentino dividia as águas. Modo geral, as atitudes se dividiam entre os que identificavam a política "italiana" na França (sobretudo na figura de uma filha dos Médicis) e a dissimulação perversa, a ruptura com os antigos preceitos e valores católicos, a tirania da corte em detrimento dos nobres e dos Parlamentos. Talvez o desconhecimento cartesiano de Maquiavel seja uma espécie de "dissimulação honesta", em face da poderosa interlocutora. De qualquer modo, Descartes inicia como se fizesse um relatório neutro de leitura e o tema dele exigisse isenção científica, para enfim dar sua "opinião". Começa a análise com o elogio dos aspectos louváveis em *O Príncipe*. Para início, vêm os capítulos 19 e 20: "Que um príncipe deve sempre evitar o ódio e o desprezo de seus súditos, e que o amor do povo vale mais do que as fortalezas" [19: De contemptu et odio fugiendo (De Que Modo Deve-se Evitar Ser Desprezado e Odiado)][25]. [20: An arces et multa

---

25. Mas porque, sobre a qualidade mencionada acima eu falei o mais relevante, desejo falar brevemente sob tal generalidade, que o príncipe pense, como disse acima em parte, fugir as coisas que o tornem odioso e desprezado; e sempre que alguém fuja disto, terá feito a sua parte, e não encontrará nas outras infamias nenhum perigo. Ele se torna odioso, como se diz, sobretudo se for voraz e usurpar as coisas e as mulheres dos súditos: ele deve se abster daquilo. E todo aquele que volta à universalidade dos homens não tolhe nem rouba honras ou coisas, vivem contentes, e só precisam combater a ambição de poucos, a qual, em muitos modos, e com facilidade, pode ser refreada. Se ele faz o contrário, é tido por vários, leviano, efeminado,

alia quae cotidie a principibus fiunt utilia an inutilia sint (Se as Fortalezas e Outras Coisas, Que todo Dia São Feitas Pelos Príncipes, São Úteis ou Não)][26].

Descartes não se detém nos elogios aos capítulos 19 e 20. Outros recebem sua aprovação. A falha maior do Florentino estaria em não distinguir mais do que fez entre governantes que conseguiram poder por meios justos e os usurpadores. Assim, ele dá a todos os mesmos conselhos, próprios apenas aos segundos. Surge a metáfora arquitetônica, importante no capítulo 20 de *O Príncipe*, mas apresentada desde o início das análises cartesianas. Esse capítulo afirma ser mais sólidas as muralhas erguidas pelos corpos dos cidadãos do que as de pedra. O tema é antiquíssimo no pensamento político. Em Ésquilo, *Os Persas*, um personagem justifica a vitória ateniense dizendo que em Atenas, "Os homens são a mais segura muralha de uma cidade". Quando o governante usurpa o cargo, afiança Descartes, é como se construísse uma casa cujos fundamentos são frágeis e não podem sustentar muralhas altas e espessas, sendo obrigado a fazê-las fracas e baixas. Quem assume o poder por meio de crimes só o conserva usando crimes, não o manteria se fosse virtuoso.

Descartes interpreta, a partir dessa origem do poder, o dito por Maquiavel sobre os príncipes que chegam ao mando por usurpação e fraude. Para eles dirige-se o Florentino, quando proclama que não poderiam deixar de serem odiados por muitos, e sua vantagem é fazer muito mal e não pouco, porque ofensas leves bastam para gerar vontade de vingança e as grandes impedem tal poder. Além disso, os usurpadores, se desejam ser pessoas de bem é impossível não se arruinarem no meio do grande número de bandidos

---

pusilânime, irresoluto. E tal coisa um princípe deve evitar como de um obstáculo, e deve cuidar para que sua ação sugira grandeza, animosidade, gravidade, fortaleza, e faça entender aos súditos que sua sentença é irrevogável; e se mantenha os súditos em tal opinião, e que ninguém pense enganá-lo ou envolve-lo com intrigas." (Ver Maquiavel, *O Príncipe*).

26. "A melhor fortaleza é não ser odiado pelo povo; porque mesmo que habites a fortaleza, se o povo te odeia, não podes salvar-te; porque nunca faltam ao povo armas estrangeiras que o socorram" (Ibidem).

postos em toda parte. E no capítulo 19, diz-se que é possível ser odiado por praticar boas ou más ações.

Das teses aprovadas por Descartes encontram-se mesmo as que levam a conclusões terríveis. Dessa forma, Maquiavel teria ensinado que se arruinasse um país para permanecer como seu dono; que se exercitassem grandes crueldades desde que prontamente e em uma só vez; que se tratasse de parecer homem de bem, mas sem nada disso na verdade; que se honrasse a palavra dada apenas enquanto tal coisa é útil; que se dissimulasse e se traísse; enfim, que para reinar deve-se abrir mão de toda humanidade, se tornando a fera mais violenta.

Trata-se de um assunto ruim escrever livros para ensinar preceitos daquele jaez. Eles não dão segurança aos que se destinam, pois o próprio Maquiavel confessa que os tiranos não podem se proteger do primeiro que deseje negligenciar sua vida para deles obter vingança. Assim, pensa Descartes, para instruir um bom príncipe, preceitos opostos devem ser aconselhados, mesmo que o governante seja novo no Estado. Deve-se também supor que os meios empregados são justos. Singular noção de justiça cartesiana, porque o filósofo crer que justos,

> que o sejam quase todos quando os príncipes que os praticam assim os estimam, pois a justiça entre os soberanos possui outros limites que entre os particulares, e parece-me que nestas ocasiões Deus dá o direito àqueles a quem dá a força. Porém, as mais justas ações tornam-se injustas quando aqueles que as cometem assim as julgam[27].

Temos aí a *raison d'État* inteiriça. A justiça de quem possui a força é definitiva, desconhece os limites impostos às pessoas comuns. Nada que seja estranho a Trasímaco ou aos gregos que cercavam Melos. Se os que resistem aos fortes pensam ter razões justas, estas são inanes porque vão contra a razão do mais forte.

Descartes penetra em um tema dos mais estratégicos na ordem política, dos gregos aos modernos, passando por

---

27. *Descartes: Obras Escolhidas*, p. 615.

Maquiavel e chegando a Carl Schmitt: a distinção entre amigos e inimigos, inclusive no problema das alianças. Trata-se, para o príncipe, na vida interna do país, de encontrar os amigos e os inimigos. Contra os últimos, existe uma quase permissão (o termo é de Descartes) de fazer tudo, desde que ele consiga alguma vantagem para si e para os governados. Diz o filósofo:

e não desaprovo nesta ocasião que se acople a raposa com o leão, e se junte o artifício com a força. Além disso, entendo sob o nome de inimigos todos aqueles que não sejam amigos ou aliados, pois se tem o direito de fazer-lhes a guerra quando nela há proveitos e, começando a se tornar suspeitos ou perigosos, tem-se motivo para desafiá-los[28].

A lógica da tirania mais antiga se une aos preceitos modernos do controle policial do corpo político. Poderíamos dizer, seguindo o raciocínio citado, que a Gestapo ou a KGB seriam perfeitamente maquiavélicas ou… cartesianas.

Descartes não aceita um tipo de engano (*tromperie*), tão contrário à sociedade que seria proibido, embora Maquiavel o aprove em alguns pontos e ele nunca deixe de ser praticado:

fingir ser amigo daqueles a quem se quer perder, tendo em vista melhor surpreendê-los. A amizade é coisa por demais santa para se abusar de sua natureza; e aquele que teria podido fingir amar alguém para traí-lo merece que aqueles a quem queira depois amar verdadeiramente não lhe deem crédito e o odeiem.[29]

A fé pública, fundamento da obediência civil, entra no cálculo cartesiano, não contra o espírito maquiavélico, mas em sentido confluente. Quando um governante engana para destruir o adversário, fica na opinião pública a desconfiança: "se ele faz isto com os inimigos, poderá também fazer o mesmo conosco". Platão mostra que os tiranos empreendem uma purga ao contrário: caçam na sociedade e no Estado os bons e os matam, exilam etc. e recolhem a pior ralé oportunista, covarde… Tal é o destino das tiranias

28. Ibidem, p. 616.
29. Ibidem.

quando se julgam onipotentes e capazes de mentir contra todos os cidadãos.

Segue Descartes: "quanto aos aliados, um príncipe lhes deve manter exatamente sua palavra, mesmo quando isso lhe for prejudicial". Novamente, o problema da fé pública. Existem, escreve ele, situações que dispensam o cumprimento da palavra, aquelas em que tudo estaria perdido para o poderoso se ele mantivesse a retidão absoluta, pois "o direito das gentes o dispensa de tal promessa". Segue o conselho da prudência política: o príncipe deve ser econômico nas promessas se quiser manter a credibilidade. Algo similar ocorre com o conceito de *accountability* nas democracias recentes. Não se deve prometer transparência absoluta em questões que envolvem temas árduos como segurança nacional, entre outros. Na prudência, Descartes indica que se trata de estabelecer vínculos estreitos com vizinhos menos poderosos e não com os mais potentes[30]. A fidelidade vai apenas até aonde manda o interesse e todo governo deve saber que os vizinhos poderosos o enganarão sempre que pensarem existir vantagem nos truques. É mais provável que os artifícios sejam empregados pelos mais poderosos do que pelos de menor força. Nesse plano, o clássico texto na França é o livro do Duque de Rohan, *De l'intérêt des princes et des États de la chrétienté*[31]. Nele, as bases da política cartesiana são antecipadas (o texto é de 1638, anterior à carta endereçada por Descartes à Elisabeth) com fundamento analítico agudo e rigoroso. Voltarei ao texto de Rohan mais adiante.

---

30. Ibidem, p. 315-316. "Dos príncipes que nada têm a não ser o que usurparam, os mais fortes dão a lei aos mais fracos e tomam o que lhes faz bem; os soberanos acreditam ser justo o que lhes é útil, e os Estados não têm outros limites que sua própria conservação, mas em prejuízo de seus vizinhos." (Louis de Machon, *Apologie pour Machiavelle en faveur des princes et des ministres d´État: 1643*, Bibliothèque Nationale de Paris, Mss. Fr. 19046, 19047, apud Adriana Bakos, *Images of Kingship in Early Modern France: 1560-1789*, New York: Routledge, 1997, p. 128.) Cf. também Jean Pelissier, *Morale internationale: Ses origines, ses progrès*, Monaco: Institut International de la Paix, 1912, p. 83, 1n.

31. Paris: PUF, 1995. Editado por Christian Lazzeri.

Descartes, mais do que a política externa, percebe nas lições maquiavélicas o vínculo entre governante e governados. O dirigente político enfrenta desafios trazidos pelos nobres além da camada popular. "Grandes", afiança o filósofo, são "todos aqueles que podem formar partidos contra o príncipe e da fidelidade dos quais deve assegurar-se; ou, se não a possui, os políticos estão de acordo em que deve empregar todos os cuidados para submetê-los e, quando inclinados a tumultuar o Estado, deve considerá-los como inimigos"[32]. Conselho banal, mas de importância extrema na França em que os protestantes formam quase um Estado dentro do Estado com fortalezas. Semelhante situação foi testemunhada por Hobbes diretamente na França. Ele guarda a sua lembrança no *Leviatã*, em que aconselha o soberano a arrancar poder de particulares tão fortes que possam obstruir a obediência civil.

Quanto à massa popular, o dirigente deve fugir do seu ódio ou desprezo. Ele pode conseguir apoio desde que opere segundo a justiça "ao seu modo" (as leis a que o povo se acostumou), sem usar rigor demasiado nas punições nem indulgência excessiva nas graças. Para tais atos, ele não deve depender dos subordinados, os ministros. Deve deixar ao seu encargo as coisas odiosas em termos de condenação, cuidando do resto. Ele deve guardar toda reverência e honra que o povo imagina devidas a ele, sem exagerar em tais honras, deixando para a vista pública as coisas sérias, e para a vida íntima "os seus prazeres", sem para elas usar recursos alheios. Ele deve procurar conselhos, visto não ser onividente, e precisa ser inflexível desde que resolva agir de certo modo, mesmo que isto lhe traga prejuízo. É tão ruim ser imutável de resolução quanto leviano e variável.

Descartes desaprova o capítulo 15 de *O Príncipe* no que diz respeito à sua base política e antropológica: desaprovo a máxima […] *que sendo o mundo bastante corrompido, é impossível não se arruinar caso se queira sempre ser um*

---

32. *Descartes: Obras Escolhidas*, p. 616.

homem de bem; e que um príncipe, para se conservar, deve aprender a ser malévolo, quando a ocasião o requereira"[33]. O texto de Maquiavel diz o seguinte:

Ma, sendo l'intento mio scrivere cosa utile a chi la intende, mi è parso più conveniente andare drieto alla verità effettuale della cosa, che alla immaginazione di essa. E molti si sono immaginati repubbliche e principati che non si sono mai visti né conosciuti essere in vero; perché elli è tanto discosto da come si vive a come si doverrebbe vivere, che colui che lascia quello che si fa per quello che si doverrebbe fare, impara più tosto la ruina che la perservazione sua: perché uno uomo che voglia fare in tutte le parte professione di buono, conviene rovini infra tanti che non sono buoni. Onde è necessario a uno príncipe, volendosi mantenere, imparare a potere essere non buono, et usarlo e non usare secondo la necessità.

Reconhecemos aí o primeiro parágrafo do *Tratado Político*, de Spinoza. Voltaremos ao ponto. Mas faço uma tradução, defeituosa, claro, do trecho citado por Descartes:

sendo meu alvo escrever coisas úteis [...] parece mais conveniente ir diretamente à verdade efetiva das coisas, deixando de lado as fantasias sobre elas. Muitos imaginaram repúblicas e principados jamais vistos nem conhecidos verdadeiramente, porque é muito afastado o modo pelo qual se vive do que se deveria viver e quem tenta viver procurando o segundo modo se arruinaria em vez de se preservar. Um homem que deseje parecer em tudo bom consegue apenas a ruína no meio de tantos que não são bons. Logo, é necessário que um príncipe, querendo se manter, não seja bom, usando isto segundo a necessidade.

Note-se a distinção entre "efetivo" e "imaginário", além da distinção entre "ser" e "dever-ser" tão cara ao kantismo e seus seguidores alemães, incluindo Fichte, um admirador de Maquiavel. Existe aqui matéria para pensamento, em especial no mundo (e no mando) político. Importa, sobretudo, a distinção subjacente: aquela entre o "ser" e "parecer".

Maquiavel se movimenta na vida efetiva e na História, imagem dessa vida. Ele é um escritor cuja superioridade

---

33. Ibidem, p. 617.

sobre os demais de seu campo é inegável. Ao contrário dos autores que seguem o paradigma ideal para indicar tarefas aos governantes e ao Estado, ele pensa segundo princípios diferentes, pois julga mais útil seguir a efetividade das coisas em vez de um modelo imaginado. Ela nada diz sobre repúblicas nunca vistas na ordem histórica. Se fossem seguidos semelhantes modelos imaginários, o governante aprenderia mais a arte de perder o poder do que o conservar, pois um homem de bem, imerso na multidão dos que não são bons, perece necessariamente.

O juízo de Fichte sobre Maquiavel, parafraseado anteriormente, é lembrança direta do primeiro parágrafo do Capítulo I do *Tratado Político* redigido por Spinoza:

> Os filósofos concebem as afecções que em nós se chocam como vícios nos quais os homens caem por sua culpa; eis por que se acostumaram a rir-se deles, a deplorá-los, a repreendê-los ou, quando querem parecer mais santos, a detestá-los. Mesmo porque creem haver feito uma coisa divina e atingido o cimo da sabedoria quando aprenderam a celebrar, de mil e uma maneiras, uma pretensa natureza humana, que não existe em parte alguma, e a denegrir aquela que existe realmente. Pois veem os homens não como são, mas como desejariam que fossem; de onde veio o fato de que, na maioria, em lugar de uma Ética, escreveram uma Sátira, e jamais conceberam uma Política cujo uso pudesse ser induzido, mas antes uma Quimera para se ter em Utopia ou no século de ouro dos poetas, quando certamente nenhuma instituição era necessária. Passou-se a crer, por conseguinte, que, entre todas as ciências que tenham aplicação, é a Política aquela em que a teoria difere muitíssimo da prática e que não há homens menos próprios ao governo do Estado do que os teóricos ou os filósofos.[34]

Não se deve julgar Maquiavel, afirma Fichte, usando conceitos que ele desconhece, em uma língua que ele não fala. O pior é quando são citados os seus escritos como se formassem uma espécie de tratado de direito constitucional contemporâne, colocando-o, séculos depois de sua morte, em uma escola que ele não teve condições de frequentar.

---

34. *Spinoza: Obra Completa I*, p. 369-370.

Fichte refere-se à confraria de má fama dos pensadores postos na rubrica infame: *raison d'État*.

O Príncipe, escreve o idealista alemão do século XIX, foi ideado com o desejo de introduzir estabilidade e duração nas turbulentas repúblicas italianas. Por isso, o primeiro dever do príncipe exige a conservação de si (*Selbsterhaltung*) e sua virtude suprema e única é o espírito de consequência. Maquiavel não diz, alerta Fichte:

> seja um usurpador, ou tome o poder por meios canalhas. A sua primeira obrigação é refletir se a tomada do poder pode ser bem sucedida. Ele diz ao governante em nome dos governados: "se você é usurpador, ou se apossou do poder usando meios canalhas, para nós é preferível conservar o seu poder em vez de nos submeter a um novo usurpado, ou esperar que nova canalha lhe suceda e suscite tumultos ou canalhices novos. Devemos desejar que você seja mantido, mas isto só pode ocorrer de tal ou tal maneira"[35].

Não espanta o apreço de Fichte ao Florentino. Entusiasta da Revolução Francesa e admirador do partido mais radical, o jacobino, o filósofo enfrenta a difícil tarefa de justificar os atos revolucionários (execução do rei, Terror etc.) e a manutenção do Estado democrático francês. Como pensa em um instante no qual a Revolução entra em refluxo, suas esperanças são destruídas e ele passa a se interessar pela nação alemã, fragmentada como a Itália do tempo maquiavélico em inúmeros pequenos Estados (a chamada *Kleinstaaterei*). A história do pensamento político europeu, após Napoleão, é a crônica das lutas pelo poder de Estado, as tentativas de impôr limites aos governos, as revoluções liberais e socialistas, cujos fracassos levam ao reforço do Executivo em detrimento das outras faces estatais. No final desse período, após as aventuras de Napoleão III (narradas com lucidez extrema por Karl Marx, no *18 Brumário*

---

35. *Über Machiavelli als Schriftsteller, und Stellen aus seinen Schriften*, Berlim, 1807. (Trad. bras.: *Pensamento Político de Maquiavel*. São Paulo: Hedra, 2010.)

de Luís Bonaparte), surge a figura impar de Bismarck, a personificação primorosa da razão de Estado.

Razão de Estado é termo nascido no Renascimento tardio. Em nossos dias, a palavra significa o uso da força ou de instrumento excepcional a serviço do poder político que busca conservar o mando ou garantir a ordem civil. De Giovanni Botero, 1589, até Scipione Chiaramonti, 1635, o termo adquire uma polissemia estonteante, mas sempre com a permanência da ideia central de conservação do poder e disciplina da coletividade humana concreta. O ápice do prestígio usufruído pela fórmula encontra-se no Estado absoluto, posto acima e fora das instituições comuns da sociedade e mesmo dos procedimentos jurídicos tradicionais, seja no setor do direito romano modificado pela Igreja, seja no campo do direito natural antigo ou moderno. Como a própria expressão indica, o poder absoluto não possui nenhuma amarra que o prenda aos ritos religiosos e jurídicos anteriores ao seu surgimento.

A doutrina do absolutismo encontrou muitos representantes na Europa moderna. O modelo mais perfeito, no entanto, foi ideado por Tiago I, para quem o soberano não deve satisfações aos parlamentos, aos juízes, aos súditos. Essa tese foi combatida desde longa data na Inglaterra. No tempo de Bacon e de Hobbes, Edward Coke defendeu a independência dos juízes contra a Igreja Anglicana e contra Tiago I. Ao replicar ao rei que defendia suas prerrogativas contra "os advogados", Coke afirma que o soberano "não foi educado no conhecimento das leis da Inglaterra". Tiago I, mais do que ofendido, afirmou que se Coke tivesse razão, ele deveria estar sob a lei, "traição evidente". E o governante cita Bracton: "Rex non debet esse sub homine sed apud Deo et lege". O mesmo rei, autor do *Basilicon Doron* e do tratado *The True Law of Free Monarchies or the Mutual Duty Betwist a Free King and His Subjects*, escrevera que

> um bom rei enquadra todas as suas ações segundo a lei; mas ele prende-se a ela só pela sua boa vontade e para dar exemplo aos

súditos. Ele é o senhor sobre todas as pessoas, tem poder de vida e morte. Embora um príncipe justo não tire a vida de nenhum súdito sem uma lei clara, a mesma lei com a qual ele tira a vida é feita por ele mesmo ou por seus predecessores.

Além de pai do povo, o rei, segundo Jaime, seria o professor universal, pois os súditos são fracos e ignorantes. E assim, ele é em tudo independente do judiciário: "A ruindade de um rei nunca pode fazê-lo ser julgado pelos juízes que ele próprio ordenou".

Na Fala ao Parlamento de 1616, ele proclama que:

> os reis são justamente chamados deuses; pois eles exercem um modo de semelhança do Divino poder sobre a terra. Porque se forem considerados os atributos de Deus, vê-se o quanto eles concordam com a pessoa de um rei. Deus tem poder de criar ou destruir, fazer ou desfazer ao seu arbítrio, dar vida ou enviar a morte, a todos julgar e a ninguém prestar contas [*to be accountable*]. O mesmo poder possuem os reis. Eles fazem e desfazem seus súditos; têm poder de erguer e abaixar; de vida e morte; julgar acima de todos os súditos em todos os casos e só deve prestar contas a Deus (*yet accountable to none but God*). Eles têm o poder de exaltar as coisas pequenas e rebaixar as altas e fazer de seus súditos como fazem os jogadores com as peças de xadrez.

Ainda em 1616 o monarca assim se dirigiu aos juízes da Star Chamber:

> não usurpem a prerrogativa da Coroa. Se aparecer uma questão ligada à minha prerrogativa ou mistério do Estado, trato que não lhes diz respeito, consultem o rei ou o seu conselho, ou ambos; porque tais matérias são transcendentes. As prerrogativas absolutas da Coroa não é assunto para a língua de um advogado, nem é legal disputar sobre elas.

Coke em companhia de outros juristas foi preso na Torre de Londres por nove meses, por conta da resistência à referidas prerrogativas. Não é por acaso que Tiago I evocou Bracton para afiançar o seu poder. Mas dele fez uma leitura unilateral, ao acentuar o seu mando em trato com o ser divino.

Bracton, ao invéz de garantir um poder sobrenatural absoluto do rei, recolhe o debate sobre as bases pelas quais os dirigidos devem e podem obedecer aos reis e magistrados. No *De legibus et consuetudinibus Angliae Bracton*, o jurista vai ao ponto: "o poder do rei refere-se à geração da lei e não à injúria". Gerador da Lei, o rei define-se como o seu intérprete maior. "O rei é filho da lei, mas torna-se pai da lei" e sua legitimidade requer a base teológica. "O rei", afirma Bracton, "não tem outro poder, desde que ele é o vigário de Deus e seu ministro na terra, exceto isto apenas, que ele deriva da lei"[36].

E mais: "o próprio rei deve estar, não sob o homem, mas sob Deus e sob a lei, porque a lei faz o rei... Porque não existe rei onde domina a vontade arbitrária e não a lei". Se o círculo do rei como maior *et minor se ipso* se quebrar e se desaparecer a interpretação correta da lei, o governante tomba na situação de puro tirano. Em termos teológicos, Bracton chega à solução: o rei é semelhante a Deus (sobre a lei) quando julga, legisla e interpreta a lei. Ele é sob a lei porque a ela se submete. O nexo entre rei e Deus prolonga o mandamento de que o tempo não corre contra o rei (*Nullum tempus currit contra regem*), o que implica o enunciado de que a longa possessão gera o direito (*Longa possessio parit ius*). Tudo o que se liga aos *bona publica* é integrado no registro atemporal e são *res quasi sacrae*. Na teologia jurídica, pode-se comparar os bens patrimoniais do Cristo e do fisco (*Bona patrimonialia Christi et fisci comparantur*). Cristo e Fisco tornam-se comparáveis quanto à inalienabilidade e à prescrição. O *sacratissimus fiscus* torna-se alma do Estado. Como Cristo, *Fiscus ubique praesens*.

Tiago I afirma o "mistério do Estado". O segredo, no entanto, não pode ser atribuído apenas à instituição estatal. Os momentos decisivos do Estado moderno, a sua inauguração enquanto poder secular e sem a tutela religiosa, iniciam-se com a necessidade urgente de saber sobre o que e sobre quem reinava o príncipe.

---

36. A maioria das informações é extraída do clássico publicado por Ernst Kantorowicks, *The King's Two Bodies: A Study in Mediaeval Political Theology*, Princeton: Princeton University Press, 1957.

A razão de Estado afasta os conceitos teológico-políticos e assume a linguagem do interesse de Estado. Nesse processo, juristas e teólogos como Botero, em resposta aos desafios de Maquiavel, definem o uso legítimo dos poderes, tendo como alvo manter e expandir os bens públicos. A nova razão de Estado incorpora o segredo para garantir o gabinete real, lugar em que não são admitidos os homens comuns.

Do gabinete onde se oculta, o príncipe nota o que para a maioria dos cidadãos passa despercebido. Esse ideal do governo que tudo enxerga, tudo ouve, tudo alcança, é a base histórica dos atuais serviços de informação. O governante acumula segredos e deseja que os súditos sejam expostos a uma luz perene. Desse modo se estabelece a heterogeneidade entre governados e dirigentes. Na aurora dos tempos modernos:

> a verdade do Estado é mentira para o súdito. Não existe mais espaço político homogêneo da verdade; o adágio é invertido: não mais *fiat veritas et pereat mundus, mas fiat mundus et pereat veritas*. As artes de governar acompanham e ampliam um movimento político profundo, o da ruptura radical [...] que separa o soberano dos governados. O lugar do segredo como instituição política só é inteligível no horizonte desenhado por esta ruptura [...] à medida que se constitui o poder moderno. Segredo encontra sua origem no verbo latino secernere, que significa separar, apartar.[37]

A expressão "razão de Estado" surge na Itália durante a segunda metade do século XVI. No *Del reggimento di Firenze*, Francesco Guicciardini, por volta de 1523, fala em uma *ragione degli Stati*, designando a razão "pouco cristã e pouco humana" do mundo político. Um interlocutor do diálogo, Bernardo, afirma que se em questões de governo surge um mal, é difícil saná-lo sem medicação forte, sem crueldade. Impossível governar com os preceitos evangélicos, as normas do Sermão da Montanha. *Ragion di Stato* aparece na *Orazione a Carlo V*, de 1547, de Giovanni Della Casa, dirigida ao imperaror espanhol para pedir a restituição da cidade de Piacenza ao duque Ottavio Farnese. Della Casa distingue a "voce barbara e fiera

---

37. J.-P. Chrétien-Goni, op. cit., p. 135s.

da ragion di Stato da ragion civil" e argumenta que não podem existir duas práticas opostas, o útil distinto do honesto, a moral separada da política. Duas razões diversas são alegadas, mas a primeira, a razão de Estado, "opera com a fraude e a violência". Em todos esses autores, a crítica à razão de Estado é ligada ao horror pela soberania laica do Estado, contrária à moral religiosa, em especial a católica, a qual também estava imersa em questões de Estado, com os territórios pontifícios.

Após o século XVI, o conceito passa a recolher o tema da conservação política. Vejamos em uma rápida inspeção os principais autores que dissertaram sobre o tema. O primeiro autor relevante é Giovanni Botero. O livro *Della ragione di stato*, de 1589, surge como a primeira elaboração teórica do projeto de conservação do Estado.

Estado é um domínio firme sobre os povos; e razão de Estado é notícia dos meios aptos a fundar, conservar, e ampliar um domínio assim feito. É verdade que, embora absolutamente falando, a razão de Estado liga-se às três partes mencionadas, parece no entanto, que abrace mais estreitamente a conservação do que as outras; e além disso ligue-se mais à ampliação do que à fundação.

Razão de Estado é a busca dos instrumentos idôneos para conservar o que se realizou, as situações de poder político adquirido. Trata-se de "manter firmemente, quando crescerem, sustentá-las de tal modo que não se degradem e não se precipitem, é empreendimento de um valor singular, e quase super-humano". A prudência política é o centro da reflexão de Botero, uma forma de *ars practica*, no sentido aristotélico, a capacidade de usar o conhecimento dos fatos e dos saberes diversos para os fins da ação política. O governo deve contar com notícias aprofundadas das coisas e da prática. Com tais notícias acumuladas, são estabelecidos códigos de comportamento. O governante identifica problemas que exigem a sua intervenção para fins técnicos ou disciplinares aos governados. Com as notícias e os comportamentos, os governam ganham tempo na ação, garantindo a conservação do coletivo. As práticas políticas prudenciais abreviam o tempo, trazendo o futuro para o presente. O domínio do tempo regula-se segundo a prudência, na fórmula de Botero, *non fare novità*. O governante deve reduzir ao mínimo as situações de excepcionalidade, definindo padrões habituais de intervenção.

Entre as técnicas de governo, a razão de Estado privilegia o tempo oportuno. O poder deve usar a dissimulação para isolar o objeto a ser tratado dos demais a ele relacionados. Com semelhantes estratagemas, o governante ganha tempo e pode acelerar ou retardar atos, ficando menos sujeito às pressões cronológicas, o que permite a previsão que lhe garante a iniciativa em situações de conflitos ou dificuldades econômicas.

A razão de Estado procura, no interior do corpo social e político, os setores que mais ganham ou perdem com a conservação do poder. Aos primeiros, ela arrebanha e aos segundos, procura afastar. Com isso, define o consenso que lhe fornece a legitimação. Claro que, nesse ponto, o governante deverá diminuir o poder dos muito fortes e promover os *mezani*, os que possuem interesses medianos, que não são muito ricos ou muito pobres. Os muito pobres são *pericolosi alla quiete pubblica*, pois não têm interesse algum para salvar. Diz Botero:

deve dunque il Re assicurarsi di costoro, il che farà in due maniere, o cacciandoli dal suo Stato, o interessandoli nella quiete di esso; […] s'interesseranno con l'obligarli a far qualche cosa, cioè ad attendere, o all'agricoltura, o all'arti; o ad altro essercizio, col cui emolumento possano mantenersi […] ragion di Stato è poco altro, che ragion di interesse.

O governo da razão de Estado busca organizar a cidade na qual são reconhecidos os interesses e os artifícios que permitem a obediência civil. Contra Botero, Fabio Albergati, no livro *La repubblica regia*, de 1627, recusa a *ragione e l'interesse* do Estado, em prol das razões naturais e morais que sustentariam o poder político:

o saber operar por razão de Estado absolutamente, o que ocorre com todos os Estados e repúblicas, é obra do legislador universal

[…] prudente civil que, conhecendo toda forma de governo sabe conformar a forma ao modo de operação. Operar por razão particularizada deste ou daquele Estado é próprio do legislador desta ou daquela república. Razão de Estado absoluta é a regra, pela qual o legislador absoluto opera em cada Estado segundo a sua forma.

Ela é instrumento de governo usado por todos os governantes, deve unir-se à prudência civil que garante o elo (explicitado por Aristóteles) entre o que é honesto e o que é útil. Embora de fundamento católico, a base da doutrina de Albergati não é transcendente: "as razões do político moderno devem ser refutadas não em termos da fé, mas com a razão natural". Mesmo Albergati, no entanto, admite a prática da dissimulação pelo governante, o que apresenta problemas para a sua ideia do honesto em política.

Federico Bonaventura, no *Della ragion di stato et della prudenza política*, de 1623, procura demonstrar, baseando-se em Aristóteles e na escolástica, que a razão de Estado pertence à virtude moral e à prudência civil. Seu papel seria especialmente consultivo: "hábito prático de bem consultar e resolver segundo a reta razão as coisas mais importantes da república". Essa capacidade consultiva não se vincula às obrigações das leis ou à administração impessoal da justiça; nos casos particulares que tratam do que é justo, mas não escrito, e nas questões duvidosas, a razão de Estado "muda e altera sempre, e corrige segundo a necessidade". Ela não restringe a lei, todavia a interpreta ou a dilata, logo ela não vai contra a lei, "mas está sobre a lei". Razão de Estado é a disciplina política necessária a todos os governantes para realizar a saúde e a manutenção do Estado. Para tal fim, ela utiliza as *insidie lecite* contra os inimigos e artimanhas contra os cidadãos, para *eccitare qualche virtuoso affetto*.

O que seria, pergunta Descartes na carta a Elisabeth sobre Maquiavel, "um homem de bem"? Aqui, ele recusa a tese maquiavélica, reduzindo o alcance da noção em debate. Se Maquiavel entende como "homem de bem" o supersticioso, o exemplo dado por ele é o judeu que "ousa guerrear no Sabat, cuja consciência nunca repousa enquanto ele não mudar a religião de seu povo". Nesse caso, o visado diretamente é o protestante. Este último retomou costumes e doutrinas veterotestamentários, com escrúpulo similar ao dos judeus ortodoxos, como tenta mudar a religião francesa, sem encontrar descanso na própria consciência. Se "homem de bem" é o fanático religioso, Maquiavel tem razão. Caso contrário, erra. Se homem de bem é o que segue a "razão reta", é certo que o melhor é tentar ser daquele modo, sempre. O fanatismo apaixonado traz a ruína do príncipe, o pensamento racional o preserva. Não é muito diferente a lição do *Tratado Teológico-Político* de Spinoza.

Descartes também se eleva contra uma tese encontrada no capítulo 19 de *O Príncipe*: "que podemos ser odiados pelas boas quanto pelas más ações". Estaria certo Maquiavel se com a tese significasse que a inveja é puro ódio. Descartes não pensa assim da inveja. Ela, no seu entender,

é um vício que consiste numa perversidade de natureza, que leva certa gente a se desgostar com o bem que vê acontecer aos outros homens; mas sirvo-me aqui dessa palavra para significar uma paixão que nem sempre é viciosa. A inveja, portanto, enquanto é uma paixão, é uma espécie de tristeza mesclada de ódio, que nasce do fato de se ver acontecer o bem àqueles que julgamos indignos dele: o que só podemos pensar com razão apenas dos bens de fortuna; pois, quanto aos da alma ou mesmo do corpo, na medida em que os temos de nascença, é suficiente para sermos dignos deles tê-los recebido de Deus, antes de estarmos capacitados a cometer qualquer mal[38].

Descartes distingue, pois, a inveja da indignação. Esta pode ser determinada pela compaixão (diante dos que recebem um mal) e inveja (diante dos que recebem um bem)[39]. O mote mais conhecido, nas Paixões da Alma, é o que afirma peremptoriamente: "não há nenhum vício que prejudique tanto a felicidade dos homens como o da inveja"[40].

Outros pensadores não determinam a inveja enquanto mistura e definem-na de modo mais amplo. Todos recordam

38. *As Paixões da Alma*, Art. 182, *Descartes: Obras Escolhidas*, p.387.
39. Ibidem, Art. 195, p. 392.
40. Ibidem, Art. 184, p. 388.

a definição spinoziana de inveja: "A inveja é o ódio na medida em que afeta o homem de modo a se entristecer com a felicidade de outrem e, ao contrário, alegrar-se com o seu mal[41] (*Invidia est odium quatenus hominem ita afficit ut ex alterius felicitate contristetur et contra ut ex alterius malo gaudeat*)". Os príncipes, no entanto, diz Descartes, não têm o costume de serem invejados pelo comum dos dirigidos, e sim apenas pelos grandes ou vizinhos, aos quais as mesmas virtudes que geram inveja também suscitam temor. Por isso, eles nunca devem se abster de fazer o bem, para evitar esse tipo de ódio. Eles só podem ser prejudicados pela arrogância ou injustiça que o povo veja em seus atos. Mas o que é justo? Algo difícil de assumir, pois é bem disputado pelos partidos. Ora, o príncipe escolhe o bem público e não o dos particulares. Trata-se então de convencer a opinião pública sobre a melhor escolha, por meio de escritos ou usando os pregadores. "O povo suporta [*souffre*] tudo o que lhe é persuadido ser justo, e se ofende com tudo o que imagina injusto". Temos aí a base da retórica e da propaganda fartamente utilizada no tempo de Richelieu e em nossos dias.

Assim, das lições maquiavélicas, podemos reter na percepção cartesiana o tema do ser e do parecer, do bom verdadeiro e da força. O maquiavelismo invade, naquele momento, todas as reflexões sobre a política, a moral, a religião. Vejamos como o pensamento e os atos dissimulados recebem sua crítica na cultura do século. Comecemos com o próprio Descartes e a dissimulação moral.

Como podemos distinguir, na fala dos soberanos e dos particulares, a veracidade de seus propósitos e valores? A base para se atingir tal percepção encontra-se na própria divindade. Na "Meditação Quarta", lemos:

é impossível que Ele jamais me engane, posto que em toda fraude e embuste se encontra algum modo de imperfeição. E, conquanto pareça que poder enganar seja um sinal de sutileza ou de poder,

---

41. *Ética Demonstrada à Maneira dos Geômetras*, Parte III, Definição XXIII, *Spinoza: Obras Completas* IV, p. 259.

todavia querer enganar testemunha indubitavelmente fraqueza ou malícia. E, portanto, isso não se pode encontrar em Deus[42].

Como diz corretamente um comentador de Descartes, André Gombay, quando ouvimos palavras como "astuto", "finório", "ladino", "esperto", "tirar vantagem", "manobra", "maquinação", "manipular", "vivo", dificilmente elas enunciam os dissimuladores como seres fracos, pelo contrário. O autor recorda a figura de Ulisses na *Odisseia*, quando seu elogio é feito pela deusa Atenas: "Quem quer que vos seduza deve ser penetrante / e ardiloso como uma serpente; mesmo um deus / deve vos curvar mediante dissimulação. / Vós! Vós, camaleão! Alforje de infindáveis artimanhas." O arquétipo do poderoso e mentiroso, ardiloso enganador, Ulisses é tudo, menos fraco. Tal modelo cai como uma luva, adianta Gombay, no instante em que "os liames conceituais entre poder e falsidade estão prestes a ficar mais fortes".[43]

A razão de Estado se escuda na desculpa de que as mentiras, os truques sujos, os golpes baixos dados no segredo contra partidos políticos, ou contra simples particulares são feitos para "o bem da república", a *salus populi*. Os que não possuem o manejo do Estado não suportariam as atrocidades que devem ser cometidas para que a vida coletiva se mantenha saudável. Mersenne, correspondente de Descartes, adianta a "teoria" do benéfico poder mentiroso, levando a hipótese ao divino e possibilitando indicar o exemplo do rei, pai do povo:

> Não pode Deus comportar-se com os homens como um médico com seus doentes, e um pai com seus filhos, que tanto um como outro enganam tão amiúde, mas sempre com prudência e utilidade? Pois se Deus nos mostrasse a verdade inteira e nua, que olho ou antes que espírito possuiria bastante força para suportá-la?[44]

---

42. *Descartes: Obras Escolhidas*, p. 170.
43. A. Gombay, *Descartes*, Oxford: Blackwell Publishing, 2007, p. 71s. Cf. tradução brasileira: *Descartes*, Porto Alegre: Artmed, 2009, p. 107-108.
44. *Objeções e Respostas*, Segundas Objeções, *Descartes: Obras Escolhidas*, p. 211.

E se os médicos, como os supostos pais da pátria, forem pouco divinos e mais próximos de Iago e demais charlatães? E quando a propaganda relata tudo, menos a menor faixa de verdade? E se a mesma propaganda esconder a pior tirania? Agora é preciso deixar o autor do *Discurso do Método* e nos dirigir à comédia das múltiplas dissimulações, a começar com a figura do médico. Na peça *O Misantropo*, Molière ataca as pessoas ditas de bem, que exageram as marcas da polidez, aos autores de versos inúteis, ao uso de importunar os juízes, aos caluniadores[45]. Como os livros pensadores do tempo, ele se volta contra o homem em geral, uma fera odiosa. Como dizia M. de Fontenelle, citado por George Couton, "os homens são tolos e perversos [*sots et méchants*] [...] mas, embora sejam eles assim, preciso viver com eles e isto eu disse a mim mesmo desde logo cedo". Nas peças de Molière desfilam usurários ávidos e ladrões (*O Avarento*), maridos traídos (*George Dandin*), críticas ao processo Foucquet, que terminou com prisões e multas de porte inferior ao esperado, o que levou financistas ao novo enriquecimento (*O Burguês Fidalgo*). Aqueles financistas voltam a ganhar muito dinheiro com o comércio exterior, para desaguar os produtos da recente industrialização. A crítica de Molière cai sobre eles e não apenas sobre um burguês medíocre. Mas os poderosos vencem, e Molière se retrai a temas menos perigosos, ligados aos assuntos privados e não tanto aos problemas de ordem pública. Porém, continua a dizer que o homem é um animal ruim; e aparece o tema da hipocrisia, na surdina. Assim temos peças como *O Amor Médico*, na qual se movem alquimistas, astrólogos, lisonjeadores, médicos. Todos eles fazem fortuna com as paixões humanas: avidez, vaidade, ambição, medo de morrer. Quem mais ganha é o médico, que explora o medo da morte. Todos aproveitam a tolice humana, bem como a sua ferocidade.

---

45. Uma excelente inspeção do teatro ideado por Molière encontra-se em *Molière, Oeuvres complètes*, Paris: Gallimard, 1971 (Col. Pléiade), sobretudo nas considerações de Georges Couton. Dessa obra, retiro as considerações citadas.

As ligações entre os espertos são múltiplas. Em *O Doente Imaginário*, o médico, Senhor de Boa Fé (Monsieur de Bonnefoy), sabe que ele depende do notário, o qual deve ser "compreensivo" e fazer justo o que é proibido. Sem o casamento do representante do Estado e das leis com o médico, ambos teriam pouco futuro em termos de sobrevivência e promessas de riqueza. Há todo um círculo infernal de hipocrisia denunciado por Molière. No caso dos médicos, o teatro do autor mostra que doentes e técnicos, cada um de seu lado, são desprovidos de razão e de senso comum, os dois são corrompidos, degradados e, de algum modo, vítimas da medicina. Esta última não é arte nem ciência, apenas magia.

Com *Tartufo*, creio, estamos na mais forte crítica à sociedade do período. Trata-se de uma peça apresentada a Luís XIV, depois vetada por influência das pessoas piedosas, as que se ligavam aos batalhões da Igreja e da corte. George Couton apresenta um excelente estudo sobre o problema da hipocrisia no século XVII, vou segui-lo mais de perto naquela análise.

Em primeiro lugar, a hipocrisia tem um terreno fértil em matérias ligadas à religião, embora esteja longe do que nela é santo. O fato é que os bens eclesiásticos ainda tentam muito os filhos mais novos das famílias aristocráticas ou burguesas, e mesmo os jovens camponeses desejosos de subir na escala social. Cada um, de acordo com a sua mandíbula e o poder de suas famílias, tenta arrancar um pedaço do bolo sagrado. É o caso de Richelieu, filho mais jovem de uma família nobre, mas decadente. Destinado ao manejo das armas, ele foi conduzido pela sua mãe viúva a entrar para a carreira eclesiástica, já como herdeiro de um bispado pobre que lhe garantia um *status* e renda. Para ser bispo, no entanto, ele deveria ter idade suficiente. Não se constrangeu: mentiu em documentos, quando já estava em Roma, tentando a sorte junto ao Papa. Ele chegou ao soberano pontífice por conta de um truque envolvendo seus dotes de inteligência e memória: na saída de uma missa, ele recitou para clérigos importantes da corte papal todo o sermão que ouvira, sem nenhum erro. A proeza chamou a atenção do Papa, que o convidou para novos testes face a face. Conquistada a simpatia do pontífice, ele confessou ter adulterado a idade para ser sagrado. O papa achou graça e disse que ele iria longe. E foi[46].

A hipocrisia e o cinismo (entendido no sentido vulgar) são recursos poderosos na corrida pelas prebendas, paróquias, bispados e, quem sabe, até mesmo pelos chapéus cardinalícios, que prometiam a tiara. Instrumento de concorrência pelos lugares de mando e riqueza, a hipocrisia se define como virtude ética, em um paradoxo muito usual no mundo político e nos mercados, sejam eles da fé ou das verbas. Um elemento que piora tudo, para quem não enxerga o mundo de ponta cabeça, é existir o recurso da colação, ou seja, estar o cargo eclesiástico ao dispôr de um poderoso qualquer. É a ele, e não ao poder eclesiástico, que deve se dirigir o candidato aos cargos. Daí, a encenação da piedade ser ainda mais necessária. Além disso, não existia grande cultura teológica e moral no preparo dos futuros padres. Não existiam seminários em número suficiente para formar ou despedir candidatos inadequados. Aí, a hipocrisia, forma de exibir qualidades inexistentes, impera sem freios intelectuais. No prefácio de *Tartufo*, Molière diz que a hipocrisia é um "vício privilegiado", algo próximo do que a teologia moral chamava "pecado reservado". O seu tratamento é cheio de cautelas, colocando a hipocrisia perto do pecado venial ou desculpável. Um teólogo do tempo, Pierre Milhard, afirma que ela é uma mentira, filha da vanglória. Ela pode se tornar pecado capital, de acordo com o resultado que produz, porém, o mais frequente é que ela seja capaz de ser desculpada.

Existe outra forma de hipocrisia, diz o autor,

> formada ao se exercitar certas ações virtuosas em si mesmas, principalmente para que o agente seja visto e honrado pelo próximo: assim rezar, dar esmolas, jejuar e outras obras de misericórdia ou mortificações exteriores, as quais, sendo feitas principalmente por hipocrisia e ostentação, elas são não apenas vazias de seu mérito

---

[46]. Para a carreira de Richelieu, ver a biografia recente por Philippe Erlanger, *Richelieu: L´Ambitieux, le révolutionnaire, le dictateur,* Paris: Perrin, 2006.

natural, satisfação e interpretações, mais ainda sujam, corrompem e marcam com o pecado venial os que os fazem com tal intenção.

E vem logo a seguir um exemplo: "Francisco prega, celebra a missa, comunga ou assiste aos ofícios divinos apenas para angariar honra e reputação. Um sujeito que vê, propondo a si mesmo apenas a honra, só é ofendido desculpavelmente". Outro teólogo precisa o ponto: "Quem dissimula ser um homem casto, sóbrio e virtuoso não para enganar ninguém, ou obter algo, mas pelo prazer que ele usufrui, peca venialmente. Assim, o clérigo que finge [*fait la mine*] ser virtuoso, para que Deus ou a Igreja sejam honrados, não peca, mas apenas de maneira venial"[47].

Estamos em terreno perigosíssimo. Ninguém, no século XVII, ainda esquecera a diatribe de Cristo contra a hipocrisia. Para os não acostumados aos textos evangélicos, cito o trecho inteiro de Mateus 23:

ai de vós, escribas e fariseus, hipócritas![48] pois que fechais aos homens o reino dos céus; e nem vós entrais nem deixais entrar aos que estão

---

47. P.F.I. Benedicti, *La Somme des pechez et le remede d'iceux* (Suma dos Pecados), III, VI, p. 265 (Paris: Guillaume de la Nove, 1601). A obra possui muitas reedições.

48. "ὑποκριτής, hupokritēs", um ator que assume tal ou qual caráter (artista no palco), ou seja, figurativamente, um fingidor (hipócrita). Na *Carta a d'Alembert Sobre os Espetáculos*, o bom puritano que é Rousseau mostra ter lembranças diretas dessa diatribe, sobretudo no campo da condenação das obras, algo estratégico na Reforma, desde Erasmo e de Lutero. No caso de Erasmo, ele se baseia na cultura católica anterior à Reforma, por exemplo, em São Gregório Magno que ataca a hipocrisia da cultura mundana (*sapientia huius mundi*), invectivando a língua mentirosa que faz perder o sentido das coisas. Tal sabedoria consiste, segundo o santo, em "maquinar coisas no coração, ocultar o sentido das palavras, exibir o falso como verdadeiro, demonstrando falácias como verdade". A verdadeira sapiência, no seu entender, é "nada fazer por ostentação fingida, buscar o sentido das palavras, cuidar das coisas verdadeiras, evitar as falsas". Cf. Cl. Dagens, Grégoire le Grand et la culture, de la sapientia huius mundi à la docta ignorantia, *Révue des Études Augustanes*, Paris, 14, 1968, v. 19, n. 9 e v. 21, n. 17. Erasmo foi muito sensível à hipocrisia da língua e dos atos religiosos, sendo crítico feroz do amor de si mesmo (*philautia*) que acompanha a ordem hipócrita. Basta ler o *Elogio da Loucura*, em especial na "Crítica das Profissões e no "Adágio Sileno de Alcibíades" (como Sócrates, Cristo seria um Sileno, fraco e pobre por fora, e

entrando. [...] Ai de vós, escribas e fariseus, hipócritas! pois que devorais as casas das viúvas, sob pretexto de prolongadas orações; por isso sofrereis mais rigoroso juízo. [...] Ai de vós, escribas e fariseus, hipócritas! pois que percorreis o mar e a terra para fazer um prosélito; e, depois de o terdes feito, o fazeis filho do inferno duas vezes mais do que vós. [...] Ai de vós, condutores cegos!

Segundo terreno, ainda mais perigoso do ponto de vista político, é a recusa das boas obras pela Reforma protestante. Desse modo, a desculpa da hipocrisia tem o sabor de uma defesa do catolicismo, segundo o qual, na vertente tomista, o homem pelo livre-arbítrio (negado por Lutero e Calvino) colabora com Deus para a salvação praticando boas obras. O debate dogmático e moral, em instantes, pode se envenenar e se fazer assunto de guerra entre católicos e protestantes, mesmo no tempo de Luís XIV que, não por acaso, aboliu o Edito de Nantes, de tolerância face aos huguenotes.

Vós tendes sido, durante muitos séculos, a parte mais visível do cristianismo; assim, é por vós que podemos julgar o todo. Ora, qual juízo podemos fazer do cristianismo, se nos regularmos pela vossa conduta? Não devemos acreditar que se trata de uma religião que ama o sangue e a carnificina; que pode violar corpos e almas; que, para estabelecer sua tirania sobre as consciências e fabricar finórios [*fourbes*] e hipócritas, caso não tenha a maestria de persuadir o que deseja, põe tudo em uso, mentiras, juramentos falsos, dragões, juízes iníquos, chicaneiros e pedintes de favores em péssimos processos, falsos testemunhos, carrascos, inquisições; e tudo isso, ou fazendo cara de acreditar que é permitido e legítimo, porque útil à propagação da fé, ou acreditando nisto efetivamente; que são duas disposições vergonhosas para o nome cristão?[49]

Todos conhecem o dito de La Rochefoulcaud, segundo o qual "a hipocrisia é a homenagem que o vício presta à

---

infinitamente poderoso por dentro). O caminho da distinção interior e exterior é um dos mais importantes no estudo da ética renascentista e moderna. Cf. sobre Erasmo, Georges Chantraine, *Mystère et philosophie du Christ selon Erasme*, Namur: Faculté de Philosophie et de Lettres de Namur, 1971, p. 77.

49. Pierre Bayle, *La France toute catholique sous le règne de Louis Le Grand*, Texte établi, présenté et annoté par Élisabeth Labrousse, avec la collaboration d'Hélène Himelfarb et Roger Zuber. Paris: J. Vrin, 1973.

virtude"⁵⁰. Pascal aconselha ao incrédulo se persignar com água benta e encomendar missas, uma espécie de hipocrisia temporária que pode levar à conversão autêntica. Se mesmo um jansenista como Pascal recomenda o uso da hipocrisia, como condená-la severamente? A pedagogia de Pascal se aproxima perigosamente da peça de Routrou, *Saint Genest, comédien et martyr*, que aborda um artista comediante (*hypocrites*) que, em plena representação, deixa cair a máscara, exprimindo a si mesmo em lugar do personagem. A peça, barroca por excelência, apresenta três problemas principais. Uma delas é sobre qual estatuto possui o comediante. Ele seria um mentiroso, alguém cínico que afirma uma verdade e a nega em si mesmo e para si mesmo? A sua arte é relativa aos outros, de acordo com a intersubjetividade? O comediante seria apenas um aparador do personagem, de modo que nada no último se encontra no primeiro? Mas Genest vai se tornar um mártir da… verdade⁵¹. Não quero retirar dos senhores o prazer dessa leitura e do título que irá se repetir na escrita de Sartre: *Saint Genet, comédien et martyr*, com um conteúdo bem menos religioso do que no caso do século XVII.

Teria o teatro, sobretudo o crítico dos costumes como o de Molière, a função de melhorar os hábitos, a ética societária? Godeau nega tal possibilidade, o que é repetido no século seguinte por Rousseau, na já citada *Carta a D'Alembert Sobre os Espetáculos*. "Pour changer leurs moeurs et régler leur raison/Les chrétiens ont l'Église et non pas le théâtre." Claro que, no caso de Rousseau, a mudança a ser feita se encontra na religião civil e não no âmbito do catolicismo. Não caberia a Molière, autor escandaloso ou mesmo pornográfico mudar costumes. É o que diz Bordaloue no *Sermão Sobre a Hipocrisia*: "Eis cristãos, o que ocorreu quando espíritos profanos e bem afastados de querer entrar nos interesses de Deus

---

50. La Rochefoulcaud, *Máximas*, 218.
51. Para maiores análises, cf. Thierry Lenain, Mensonge, mauvaise foi, mystification: Les Mésaventures du pacte fictionnel, em Thierry Lenain, *Mensonge, mauvaise foi, mystification*, Paris: Vrin, 2004.

quiseram censurar a hipocrisia, não para reformar os abusos, o que não é da sua conta, mas para dela fazer uma espécie de diversão, da qual a libertinagem fez o seu lucro."

As fontes de Molière para o *Tartufo* são várias, dentre elas, Ipólito de Aretino. Ipólito se instalou na casa de um velho, do qual se tornou parasita. Como Tartufo, ele faz pensar que é devoto, mas na verdade deseja a dona da casa. E triunfa no fim. Temos ainda o romance *Os Hipócritas de Scarron*. Montufar, o personagem principal, ostenta devoção, quando encontra mulheres, abaixa os olhos em sinal de pudor. Descoberto por um sujeito a quem prejudicou ele "confessa" ser um pecador. Finge arrependimento, chegando a passar por santo, ou no mínimo carola. Depois de certo tempo, desaparece.

Molière traduziu o poema "De rerum natura". Lucrécio, no século XVII, tinha a fama de Epicuro: um porco ateu e sibarita, diabólico. Um ataque virulento foi efetuado pelo padre Garasse, na *Doutrina Curiosa dos Belos Espíritos Deste Tempo*, de 1623. A reabilitação parcial do epicurismo é feita por François de La Mothe le Vayer[52]. Mesmo Vayer não conseguiu, com golpes de retórica, arrancar Epicuro dos infernos. Foi Gassendi o reabilitador melhor sucedido na campanha, no *De vita et moribus Epicuri*, de 1647. A primeira tradução do poema revista por Gassendi é feita pelo padre de Marolles, em 1659.

Todo esse movimento integra o campo da forma libertina de pensar, chamada por clérigos de encarnações proteiformes do demônio. E surgem as distinções entre o epicurismo dogmático e os sentidos menos exigentes da doutrina, analisados por Le Vayer. Assim, se levarmos em conta a presença direta ou indireta do epicurismo, a sua grande repercussão no tempo, precisamos consentir que o teatro de Molière, ao lado de outras fontes, apresenta um lado epicurista. Daí, o combate mais duro contra as peças de Molière pelos devotos católicos.

O campo da hipocrisia abrange os devotos falsos ou falsos devotos e uma rama de textos polêmicos, irônicos etc.

---

52. *De la vertu des payans*, 1642.

Spinoza deixa clara sua posição contra a hipocrisia e o libertinismo leniente no plano ético em carta enviada a Jarig Jelles. Diz ele estar preocupado porque se anunciou a publicação em holandês de um livro cujo título era *Tratado Teológico-Político*. Temendo ser o seu escrito, ele pede a Jelles que tudo faça para impedir a referida publicação, dados os prejuízos previsíveis para o autor original. Depois, comenta ter recebido, "um pequeno livro intitulado *Homo Politicus*". "Eu o li", diz ele,

> e o achei o mais perigoso que um homem poderia inventar e fabricar. Para esse autor, o Soberano Bem são as honras e as riquezas, e a isso se inclina sua doutrina, ensinando um meio de a elas chegar. Para isso, é preciso rejeitar toda religião interior e professar inteiramente aquela que mais contribui ao nosso avanço; é preciso manter esses compromissos com uma pessoa apenas quando deles tiramos proveito. Com exceção desse caso, faz grande elogio da hipocrisia, das promessas não cumpridas, das mentiras, do perjúrio e de outras práticas do mesmo gênero. Após essa leitura, veio-me a ideia de escrever, contra o autor indiretamente, uma pequena obra na qual tratarei do Soberano Bem, depois mostrarei a inquieta e miserável condição daqueles que são ávidos de honras e riquezas e estabelecerei, enfim, por meios das razões mais evidentes e de numerosos exemplos, que o desejo insaciável deve levar, e de fato conduz, à ruína dos Estados.[53]

Apenas em 1890, em uma lista de livros raros encontrados entre os papéis deixados por Spinoza, foi descoberta a referência do escrito em pauta, *Franciscus Datisii homo politicus, liber rarissimus*. Talvez o título seja inexato, pois, segundo o que é sabido, ele não aparece em nenhuma bibliografia. Há um livrinho em latim cuja referência é: *Homo politicus, hoc est: consiliarius novus, officiarius et aulicus, secundum hodiernam praximm auctore Pacifico a Lapide.* Editio secunda, auctior et emendatior. Cui accesserunt Monita privata Societatis Jesu. Cosmopoli, MDCLLXVIII. O conteúdo é muito aproximado ao descrito por Spinoza em sua carta a Jelles[54].

---

53. *Spinoza: Obras Completas II*, p. 211.
54. Cf. Koenraad Oege Meinsma, *Spinoza et son cercle: Étude historique sur les heterodoxes hollandais*, Paris: Vrin, 1984, p. 285.

A seguir Spinoza faz o elogio da *philia*, seguindo os passos de Tales de Mileto:

Todas as coisas, dizia ele, são comuns aos amigos; os sábios são amigos dos deuses; todas as coisas pertencem aos deuses e, logo, todas pertencem aos sábios. Com uma só palavra, portanto, esse grande sábio se fazia rico por um desprezo generoso das riquezas, e não por sua sórdida procura. Mostrou, em outra oportunidade, que, se os sábios não são ricos, porém, é por vontade própria, não por necessidade. Aos amigos, com efeito, que lhe censuravam a pobreza, respondia: quereis que vos mostre que está em meu poder adquirir o que julgo que não vale a pena, e que é só por vós o objetivo de uma procura tão laboriosa? Sim, disseram eles, e então alugou todas as prensas da Grécia (como grande astrônomo que era, viu que haveria grande abundância de azeitonas, quando nos anos anteriores as colheiras tinham sido bastante magras) e sublocou ao preço que quis o que havia conseguido a baixo preço. Assim ganhou, em um só ano, grandes riquezas da qual dispôs em seguida com tanta liberalidade quanto havia utilizado de engenho em adquiri-las.[55]

Vejamos agora o que Spinoza diz sobre atitudes hipócritas, as quais diminuem o poder de comunicação entre as pessoas, enfraquecendo o Estado. Antes, vejamos a concepção spinoziana de Estado, quando este último é dirigido pela razão e não suporta o império hegemônico das paixões. O primeiro ponto a ser definido no Estado racional é que nele os indivíduos amam a si mesmos e buscam o que lhes é útil. Um Estado que negue tais pressupostos, ou é uma tirania ou, o que dá no mesmo, imenso palco onde hipócritas fingem não amar a si mesmos e também fingem desinteresse pessoal. A lei da natureza, que não é relativizada no interior da ordem política, segundo Spinoza (ao contrário de Hobbes), exige que todo ente busque conservar o seu ser, "tanto quanto possam". Semelhante lei é tão necessária, diz o filósofo, quanto a verdade de que "o todo é maior do que a parte"[56]. Temos aí as duas pontas da cadeia ontológica e política. Em um sistema totalitário ou corrupto, os indivíduos perdem valor em prol do todo. Em

---

55. *Spinoza: Obra Completa* II, p. 212.
56. *Ética...*, Parte IV, Proposição XVIII, Escólio, op. cit, p. 288-289.

um Estado liberal comum, os indivíduos são postos acima do coletivo. Na perspectiva spinoziana, os dois polos são coessenciais: se os indivíduos não buscam seu interesse vital, o todo político desmorona, e se um suposto representante do todo exige dos indivíduos a abdicação do desejo natural de vida, o mesmo todo desmorona. Notemos a fórmula *quod quidem tam necessario verum est* do enunciado. A necessidade, lição de Maquiavel, se instala no mais íntimo da ordem política. Se o Estado não garante os interesses vitais de seus integrantes, ele não é um Estado e, menos ainda, democrático, mas simples imposição pela força ou pela retórica de um *status* nada sólido, nada estável. Recordemos que "Estado" e "estável" vêm do grego *stasis*, situação de repouso, equilíbrio entre forças conflitantes, ao contrário de *kinesis*, movimento. É preciso, no entanto, reconhecer com o conservador Carl Schmitt que *stasis* significa também revolta, guerra civil. Dessa forma, o Estado correto mantém o equilíbrio entre os interesses individuais e grupais e os alvos coletivos, e vice-versa. Se ele não consegue fazer tal coisa, deixa de ser um Estado para se transformar em perene guerra de todos contra todos[57].

Seguem-se as bases do Estado racional (o Estado nunca é absolutamente racional, visto que nele se encontram, na gênese, paixões e razão, com predominância das primeiras, recordemos que o Estado não reúne almas, mas corpos que têm alma e desejos vitais) em dois itens estratégicos: o primeiro determina o que é virtude (termo-chave nas escritas de Maquiavel). Virtude é o esforço para conservar o próprio ser. Como fruto da virtude, vem a felicidade, que nada mais é do que a mesma conservação (adquirida) do ser.

É possível notar quando um Estado se aproxima ou se afasta do modelo a ser conseguido, basta verificar o quanto, nele, os indivíduos têm seu direito à vida garantido e, como consequência, nele são felizes. Um Estado triste é um não Estado no sentido spinoziano. A virtude não pode ser um

---

57. Cf. André Corten, *Misère, religion et politique en Haïti: Diabolisation et mal politique*, Paris: Karthala, 2001, p. 22, 34n.

meio para a ordem social ou política, ela constitui (ou não) um fim. Se ela existe, todos concomitantemente perseguirão seu interesse e vice-versa, todos respeitarão os interesses alheios. Logo a seguir Spinoza fala dos suicidas. Eles são impotentes, dominados por causas externas à sua natureza. O mesmo, avancemos, pode ocorrer com Estados. Eles devem ser, como os indivíduos que o compõem, *sui iuris*. Se controlados por forças externas, são impotentes. E mais impotentes ainda se operam contra os seus interesses vitais. Ainda aqui temos a lição maquiavélica, bem captada no século XIX por Fichte.

Na perspectiva de Maquiavel, como também de pensadores como Hobbes, o campo internacional é permanente exercício guerreiro de ataque e defesa territorial, com tudo o que o solo traz a cada povo. Os limites territoriais "deixam-se traçar", diz Fichte,

> mas não é apenas sobre o seu território que se estende o direito de alguém e que se funda a sua segurança, mas também sobre os seus aliados naturais e sobre tudo o que ele quer aumentar a sua influência [...] toda nação deseja estender o seu domínio próprio tão longe quanto pode e, portanto, se isso dela depende, incorporar a si mesma toda a espécie humana [...] como é isso o que todas querem, os Estados se empenham necessariamente em conflitos, mesmo que eles sejam governados por espíritos puros e perfeitos[58].

Nas reflexões de Fichte sobre Maquiavel ocorrem duas regras políticas essenciais, ambas em termos éticos e políticos, mas definidas pela prudência máxima: 1. O vizinho, a menos que ele seja constrangido a nos considerar como seu aliado natural, contra uma outra potência temível para nós dois, está prestes continuamente, e desde que ele possa fazê-lo com segurança, a crescer às nossas custas. É preciso

---

58. *Machiavel et autres écrits philosophiques et politiques de 1806-1807*, tradução francesa de L. Ferry e A. Renaut, Paris : Payot, 1981, p. 59. Texto em alemão: *Uber Machiavelli als Schriftsteller*, de 1807, disponível em: <www.textlog.de/fichte_macchiavelli.html>.

que ele faça assim, se for prudente, e não pode negligenciar isso, mesmo que seja nosso irmão; 2. Não basta defender o nosso território, é preciso conservar imperturbavelmente os olhos abertos sobre tudo o que pode influenciar a nossa situação, e não suportar nunca que algo mude em nossa desvantagem no interior dos limites dessa influência, não hesitando um átimo se pudermos mudar as coisas em nossa vantagem; pois devemos estar certos de que o outro fará o mesmo, desde que possa, se de nosso lado hesitarmos e deixarmos a ele a iniciativa. Quem não cresce, diminui quando os outros crescem[59].

Quem não cresce comete suicídio, tanto na ordem privada quanto no setor público, estatal. Não quer dizer que a atitude de um indivíduo em relação ao outro seja predatória, o mesmo ocorrendo nas relações entre Estados. A razão permite ver que o interesse de um pode ser complementar ao de outro, que é possível, sem negar o próprio interesse, unir forças para vencer obstáculos naturais e humanos. Nenhum indivíduo ou Estado pode ser entidade isolada. Aí, com certeza a via spinoziana divergiria da assumida por Fichte no *Der geschlossene Handelsstaate*, de 1800. É verdade que esse último, embora não mantenha relações com os demais Estados, no campo comercial, tudo faz para importar pessoas e técnicas avançadas, tendo em vista aumentar o poder interno e externo. Ele não se distancia em termos absolutos do modelo spinoziano, mas rompe com os pressupostos do *laissez faire*, ou de Adam Smith. Não existe, no seu entender, mão invisível que assegure a estabilidade social ou política.

Segundo Spinoza, "é sempre impossível não ter necessidade de coisa alguma externa a nós para conservar nosso ser, e viver sem ter nenhum comércio com as coisas que estão fora de nós". Essa constatação vale para os indivíduos e para os Estados. Tal situação se baseia na recusa, em termos antropológicos e epistemológicos, do solipsismo. Spinoza

---

59. Ibidem.

vai ao mais fundo do Cogito cartesiano e o amplia a partir do interior. O ato de pensar e conhecer não tem base no Ego, mas no plano do Nobis: "si praeterea nostram mentem spectemus, sane noster intellectus imperfectior esset, si mens sola esset, nec quicquam praeter se ipsam intelligeret". Traduzindo: "se, no entanto, considerarmos nossa mente, nosso entendimento, com certeza será mais imperfeito se a mente estivesse só e não inteligisse nada fora de si mesma"[60].

Da intersubjetividade no ato de pensar e conhecer, Spinoza segue para as suas consequências práticas e políticas. Além de pensar em companhia dos outros indivíduos, cada ser humano habita o espaço natural, que também é partilhado em comum. Ali existem "muitas coisas que nos são úteis, e que, por essa razão é preciso desejar"[61]. Notemos que na forma latina não existe o "deve", esse recorda em demasia o perfume do idealismo. A frase spinoziana diz que "quae nobis utilia quaeque propterea appetenda sunt". Nenhum dever-ser (*Sollen*), mas a constatação de um fato: tanto a extensão, quanto o pensamento, são atributos da substância infinita. Esta, por meio dos atributos e modos, produz coisas finitas. Mas

---

60. *Ética...*, Parte IV, Proposição XVIII, Escólio, op. cit., p. 289. Existem lugares comuns renitentes quando se escreve sobre Spinoza, a natureza e o pensamento. Um deles acusa o filósofo de panteísmo, no qual desapareceria o indivíduo em proveito da Substância una, absoluta. Nos debates ao redor da leitura diferente de Spinoza quanto ao Cogito, o autor de *Ética* teria caído em uma espécie de abismo do absoluto, sem saída. A passagem que estamos examinando, no entanto, apresenta problemas para a leitura unitarista. Não existe elo direto entre o pensamento como atributo natural e cada sujeito pensante, como ocorreria em uma relação mística. Para exercer o pensamento, devo fazê-lo com os demais indivíduos humanos, o que supõe mediações e cautelas bem afastadas de um vínculo dogmático ou místico. Não irei examinar tais pontos aqui. Apenas indico um trabalho em que se encontram somados e citados todos os pontos do lugar comum referido, com direito aos lugares comuns do idealismo alemão, da sua leitura por H. Bergson e outros. O estudo que menciono passa, inclusive, pela crítica de um moderno como Derrida ao Cogito solipsista cartesiano. Para quem se interessa pelo tema, o livro é saboroso. Cf. J.-Christophe Goddard, *La Philosophie fichtéenne de la vie: Le Transcendantal et le pathologique*, Paris: Vrin, 1999, sobretudo o primeiro capítulo, "La Méditation cartésienne du Fichtéanisme, le Cogito comme possession originaire de la vie", p. 53s.
61. Ibidem p. 289.

Uma coisa singular qualquer, ou, dito de outra forma, toda coisa finita e de existência determinada, não pode existir e ser determinada a operar se não é determinada a existir e a operar por outra causa que é, ela mesma, finita, tendo existência determinada. Por sua vez, esta causa não pode mais existir e ser determinada se não for determinada a existir e a operar por outra igualmente finita e de existência determinada, e assim ao infinito[62].

Da unidade à pluralidade, temos a sequência que vai de Deus aos cidadãos reunidos em Estado, este último, enquanto existir (ou seja, tiver em si mesmo o poder de se conservar), não pode ser concebido como exterior às coisas da natureza, porque "tudo o que é, está em Deus e dele depende, de tal sorte que, sem ele, não pode existir ou ser concebido"[63]. Enquanto o Estado é finito, ele resulta da operação dos múltiplos indivíduos. Mas enquanto integra a natureza infinita, ele apenas possibilita que os indivíduos, nele reunidos, usem a natureza para sua conservação. Todavia, não existe, nesse plano, acesso apenas individual à natureza, porque os indivíduos dependem uns dos outros para tornar úteis as coisas físicas e mentais dispostas nos atributos e modos divinos ou naturais.

Dentre as coisas naturais que, por intermédio dos outros, nos proporcionam maior poder, as melhores são as que estão inteiramente de acordo com a nossa natureza. A igualdade natural dos indivíduos (segundo Spinoza, a democracia é o regime mais natural), cujo suporte último é a unicidade da substância, alega que "dois indivíduos totalmente da mesma natureza", quando se juntam, "compõem um indivíduo duas vezes mais potente do que se estivessem separados". Como base divina ou natural, comum, os indivíduos humanos não têm necessidade de guerrear sem interrupção, uns contra os outros. A base antropológica, cuja origem tem Deus como fonte, só pode concluir que "nada é mais útil ao homem do que o homem". Nada mais proveitoso, para

---

62. Ibidem, Parte I, Proposição XVIII, Escólio, p. 114-115.
63. Ibidem, p. 115.

quem deseja conservar o seu ser, do que a concórdia a mais completa, "de modo que as mentes e os corpos componham uma só mente e um só corpo, e que eles se esforcem, todos ao mesmo tempo, tanto quanto possam para conservar seu ser, e que procurem, todos ao mesmo tempo, o que é útil a todos". O Estado modelo não pode ser concebido pelos indivíduos humanos ainda presos ao Estado tal como ele surge da união que o produziu, porque nele a força e o medo são mais determinantes do que a razão. Já os homens "que são governados pela razão, isto é, os homens que procuram o que lhes é útil, sob a conduta da razão, não desejam nada para si próprios que não desejem aos outros homens e, por consequência, eles são justos, de boa fé e honestos"[64].

Confiáveis, eis a palavra-chave no Estado em que predomina a razão sobre as paixões. Fundamentado em saberes oriundos da Grécia e de Roma, Spinoza indica o que pensa do cidadão ou do governante modelares. A *Fides* em Roma designa o elo que une os que, "sejam eles quem forem, lutam por um mesmo fim político". E não só: "a *fides* que se encontra na base da amicitia instituída entre povos, é com maior razão o fundamento da amicitia entre Romanos". Vejamos ainda a etimologia da palavra. "Ela é a forma em grau zero do tema *bheidh- bhidh-* à qual remontam igualmente as palavras gregas *peithô* e *pistis* [...] em Roma dá-se o culto da conhecida *dea Fides*". Poderia ir adiante, na citação de J. Hellegouarc'h[65], mas o que indiquei basta para mostrar o quanto Spinoza retira do saber milenar ocidental algumas bases sólidas para a sua construção do modelo político. *Fides* é a base de todo Estado no qual não impera a fraude, a hipocrisia, a mentira.

Qual a base do enunciado rigoroso da igualdade, que permite a colaboração dos humanos entre si? O fato de que todos os entes são modificações de uma só natureza.

---

64. Ibidem, Parte IV, Proposição XVIII, Escólio, p. 289.
65. *Le Vocabulaire latin des relations et des partis politiques sous la république*, Paris: Les Belles Lettres, 1972, p. 23s. Ao longo do trabalho o autor acentua o peso da palavra, essencial na vida jurídica até os nossos dias.

Se é assim, tudo o que for feito para melhoria de um será útil para o todo social e vice-versa. O Sumo Bem possui a característica de ser expansivo, não restritivo e privilégio de poucos. A virtude, algo desejado por Maquiavel como fundamento do poder, pode ser atingida por todos os entes humanos. Segundo Spinoza, "agir por virtude",

é agir sob a conduta da razão [...] e tudo aquilo em que nos esforçamos em agir pela razão é conhecer [...]; assim [...] o bem supremo daqueles que seguem a virtude é o de conhecer Deus, isto é [...] um bem que é comum a todos os homens, e que pode ser igualmente possuído por todos os homens na medida em que são da mesma natureza[66].

Não existe meio de se afirmar o aristocratismo ou a pretensa superioridade do governante sobre o governado, pois se trata de uma condição natural de todos os homens a partilha da substância divina; segue-se:

não por acidente, mas por uma consequência da própria natureza da razão, é que o que advém do bem supremo do homem é comum a todos, pois isso se deduz da própria essência do homem, na medida em que ela é definida pela razão; e que o homem não pode ser, nem ser concebido se não tivesse o poder de tirar alegria desse bem supremo. Com efeito, pertence [...] à essência da mente humana possuir um conhecimento adequado da essência eterna e infinita de Deus[67].

Se existe virtude efetiva, e não fingimento hipócrita de virtude, quem busca a virtude

apetece para si mesmo, ele o desejará também para os outros homens. Ademais [...] quanto maior for o conhecimento de Deus que a essência da mente envolve, maior será o desejo com que o seguidor da virtude deseja para o outro o bem que ele apetece para si próprio[68].

A razão permite administrar as paixões, para que não se tornem desejo de posse exclusiva da vida, com todos

---

66. *Ética...*, Parte IV, Proposição XXXVI, Demonstração, p. 302.
67. Ibidem, Escólio, p. 303.
68. Ibidem, Parte IV, Proposição XXXVII, Demonstração, p. 303-304

os seus elementos. Sem o exercício expansivo da razão, os entes humanos deixam de conhecer sua própria essência e ignoram a fonte real de seu poder, a natureza comum divina. Um coletivo dominado pela paixão torna os indivíduos desejosos de impor aos demais o seu modo de imaginar o bem, querendo assim impor aos demais "a inclinação que lhe é própria". Em uma sociedade assim impera o ódio (que exclui) e não o amor (que inclui). Em uma sociedade administrada pela razão, "aquele que se esforça em conduzir os outros [...] não age por impulso, mas com humanidade e benevolência, permanece em si mesmo perfeitamente de acordo consigo próprio"[69].

Chegamos ao segundo termo da frase mestra, citada anteriormente sobre a cidadania em um Estado modelar, o termo *honestate*, traduzido como "civilidade". Não é bem disso que se trata. A civilidade resulta da virtude, da *honestate*, como o fruto da semente. É possível viver, sem rebeliões e intrigas pelo poder, na *civitas* comum, quando o grau de virtude for maior, melhor partilhado. E aí, não existe motivo para governo monárquico ou aristocrático, mas tudo está pronto para o advento do regime democrático. Neste, deve reger a *fides*, a *honestate*, a *virtù* e, de modo natural, a *philia*. Não há lugar para a torpeza, o engodo, a hipocrisia.

O fundamento antropológico da ordem democrática encontra-se no fato de que a fonte do poder, nela, é interna aos indivíduos reunidos, não os transcende. Nela, os indivíduos igualmente são *sui iuris* e não forçados por algum elemento externo. Spinoza não abole o direito natural e, nele, reconhece que os indivíduos têm um direito supremo, mantido pela natureza, de modo que todos estão aptos a defender e expandir a sua vida, julgando o que é bom ou mau, ou seja, o que é útil para si mesmo. Nesse campo, cada um se esforça por vingar os malfeitos sofridos e tenta destruir os que odeia. Tal é o regime da guerra apaixonada de todos contra todos. A descrição se aproxima bastante da feita por

---

69. Ibidem, Escólio, 1, p. 304.

Hobbes. Para que os homens "vivam em concórdia e possam ajudar-se mutuamente, é preciso que façam concessões relativamente a seu direito natural e dêem-se garantias recíprocas de que nada farão que possa redundar em prejuízo alheio". Como esse é um campo da razão, e como os homens, no início, sofrem sob o domínio das paixões, o Estado só pode se originar, na sua gênese, no campo das paixões.

Vejamos o elo dos atributos e da substância: a extensão e o pensamento integram a substância infinita, mas não se confundem. Um pensamento só pode mover outros pensamentos, um corpo só pode mover outros corpos. Quanto mais presos aos próprios corpos e sofrendo a ação de outros corpos, sem aprofundar o pensamento próprio e o pensamento alheio, mais os indivíduos só podem ser movidos pelos corpos, ou seja, pela paixão:

nenhuma afecção pode ser contrariada, senão por uma afecção mais forte e contrária àquela que se quer contrariar, e que cada um se abstenha de fazer mal por medo de um dano maior. Por essa lei, pois, uma sociedade poderá firmar-se se ela vindica para si mesma o direito que cada um tem de se vingar e de julgar o bom e o mau, e que ela tem, por consequência, o poder de prescrever uma regra comum de vida, de instituir leis e de mantê-las, não pela razão, que não pode reprimir as afecções (pelo escólio da proposição XVII), mas por ameaças. Ora, essa sociedade, firmada pelas leis e pelo poder de se conservar, chama-se cidade (*civitas*), e aqueles que estão sob a proteção do seu direito, chamam-se cidadãos[70].

As noções de bem e mal coletivamente aceitas exigem o estabelecimento, pelo medo comum, do Estado. No interior da natureza, o acordo sobre o bem e o mal não se estabelece, visto que nela cada um entende e procura o seu bem e evita o seu mal. A partilha desses valores começa a surgir na vida comum, garantida pelo Estado. Esse permite o fortalecimento da razão, ou seja, da potência expansiva do pensamento que faz os indivíduos vislumbrarem, pelo conhecimento, a verdadeira essência divina, para além

70. Ibidem, Escólio 2, p. 306-307.

da pura força, do puro acúmulo de corpos apaixonados. Assim, para atingir a democracia, o mais natural dos regimes, o itinerário das mentes segue da monarquia às formas aristocráticas, em um crescendo que não é apenas numérico, mas que abre, gradativa e penosamente, o caminho para o desejo e o *cogito* coletivo exercidos pela maioria esclarecida. A segurança, a propriedade, todos os elementos da sociedade civil só podem ser conseguidos no processo de ampliação do campo racional, pois no campo das paixões não existe nenhuma garantia da posse, sequer do próprio corpo. A mente que mais se aproxima da ciência, ou seja, do divino, não se dedica prioritariamente à defesa da propriedade, à busca da segurança contra os demais, norteada pelas noções de justo e injusto. Aqueles bens são extrínsecos ao Bem Supremo, o divino que não admite separação, propriedade, querelas de uns contra os outros. Enquanto a sociedade como um todo não atingir tal ponto, as noções de bem e mal, justo e injusto, muito próximas das paixões corporais, portanto, sujeitas a disputas e à guerra das representações, servem como norte (incerto) da ordem política. Quanto mais próximos da razão (que prescreve a partilha da natureza e do pensamento), maior a concórdia entre os homens.

A partilha da força e do poder divino atenua ao máximo as paixões baixas, próprias dos corpos cujo pensamento não se desenvolveu adequadamente. A ascese, a ideia de uma humanidade sem paixões, no entanto, em vez de conduzir a sociedade ao aperfeiçoamento, apenas piora o quadro das paixões, com a hipocrisia e a inveja. Spinoza une a política ao aumento da potência de todos e de cada um dos indivíduos, sua política é o verdadeiro hino à alegria:

Nada senão uma torva e triste superstição proíbe os prazeres. O que pode melhor apaziguar a fome e a sede do que expulsar a melancolia? Essa é minha razão e a isso meu ânimo me induz. Nenhuma divindade e nenhum outro indivíduo se deleitam com minha impotência e desconforto, ninguém toma por virtude nossas lágrimas, soluços e temores e outros sinais de impotência da alma; ao contrário, quanto maior é a alegria com que somos afetados, maior a perfeição para a qual transitamos.[71]

O Estado em que impera a alegria é o lugar da *virtù*, que é força dirigida para o bem comum. No Estado democrático, os dirigentes não temem os dirigidos e vice-versa, porque ambos são fortes o bastante para conservar a si mesmos, no mesmo ato em que conservam o coletivo, pois

> um homem de alma forte considera antes aquilo que se segue da natureza divina; por conseguinte, quem pensa ser mau ou molesto, ou ainda, ímpio, horrendo, torpe ou injusto, disso provém que concebe as coisas de maneira desvairada, mutilada ou confusa. Logo, quem se conduz pela razão se esforça, antes de tudo, por conceber as coisas como são em si mesmas e por afastar o que impede o verdadeiro conhecimento, como o ódio, a ira, a inveja, a irrisão, a soberba e coisas semelhantes[72].

Quase no final da Parte IV, Spinoza indica os nexos entre indivíduos e coisas naturais externas a eles no sentido positivo. Podemos ter com elas experiência, conhecimentos, mudá-las, transformá-las e, principalmente, podemos com elas conservar o nosso corpo. Assim, são úteis as coisas que nos alimentam, de tal modo que todas as partes do nosso corpo possam fazer seu trabalho, "quanto mais estiver o corpo apto a ser afetado de várias maneiras e afetar os outros corpos exteriores de vários modos, mais a mente estará apta para pensar"[73]. Aqui, temos uma relação inédita entre paixões e pensamento. Quanto mais afetado pelos corpos exteriores não significa ser por eles dominados, mas deles ter a experiência, o conhecimento. É possível e necessário unir as vivências corporais e a razão. As artes, as ciências, os esportes, todas essas atividades servem para aumentar a potência corporal, logo, ajudam a mente a inspecionar a si mesma, quando o corpo nelas se exercita. Os divertimentos não constituem

---

71. Ibidem, Parte IV, Proposição XLV, Escólio, p. 313.
72. Ibidem, Parte IV, Proposição LXXIII, Escólio, p. 336.
73. Ibidem, Apêndice, Capítulo XXVII, p. 342.

obstáculos ao plano mental, pelo contrário. O homem honesto os utiliza para seu próprio bem e para o bem alheio.

Para obter as coisas externas, portanto, não bastam as forças de cada indivíduo isolado, é preciso que eles prestem serviços uns aos outros. Se não existe cooperação entre eles, todas as coisas mencionadas acabam por se resumir ao dinheiro: "O dinheiro tornou-se o meio pelo qual se obtêm verdadeiramente todas as coisas e com o qual se resumem as riquezas, ocupando, mais do que tudo, a mente do vulgo; não se pode imaginar qualquer tipo de alegria que não seja concomitante com a ideia de dinheiro".[74] Quando o dinheiro deixa de cumprir o papel de meio e se torna um fim, é porque o indivíduo se deixou dominar pela imaginação e paixão, o que é um vício (*vitium*) aprendido. Os indivíduos assim possuídos "aprenderam a arte do lucro, da qual muito se vangloriam. De resto, eles alimentam o corpo segundo o costume, mas com avareza, porque acreditam que seus bens se esvaem na mesma proporção do gato feito na conservação de seu corpo". Avareza, tristeza, inveja, hipocrisia, tais formas apaixonadas definem a sociedade ainda não constituída de maneira racional, ou seja, democrática.

Todos os vícios da sociedade que não segue o caminho da razão, da natureza, podem ser encobertos, gerando a impressão falsa de uma concórdia. O Estado, que vive sob aparências de virtude e não as possui de fato, está prestes à ruína pela sua corrupção. É preciso que o homem honesto viva de maneira modesta, sem afetar virtudes, sem ostentar vícios:

o desejo de fazer o bem, que se origina no fato de que vivemos sob a conduta da razão, eu o chamo moralidade. A seguir, o desejo que leva um homem que vive sob a conduta da razão a ligar-se a outros por amizade, eu o chamo honestidade; e chamo honesto aquilo que os homens que vivem sob a conduta da razão louvam e, ao contrário, torpe aquilo que conduz a recusar a amizade. Por aí eu mostrei quais são os fundamentos da cidade. Donde se percebe facilmente

---

74. Ibidem, Capítulo XXVIII, p. 343.

a diferença entre a verdadeira virtude e a impotência, uma vez que a virtude verdadeira não consiste em outra coisa senão viver sob a conduta da razão, e que a impotência consiste exclusivamente no fato de que o homem se deixa conduzir passivamente pelas coisas exteriores a ele, e é determinado por elas a fazer o que exige a constituição comum das coisas exteriores, e não o que exige sua própria natureza, considerada em si somente[75].

O Estado permite reverter o controle do mundo exterior e seguir para o campo da cooperação entre indivíduos. Retomemos um trecho citado:

> essa sociedade, firmada pelas leis e pelo poder de se conservar, chama-se cidade (*civitas*), e aqueles que estão sob a proteção do seu direito, chamam-se cidadãos; daí se compreende facilmente que, no estado natural, não há nada que seja bom ou mau pelo consenso de todos, pois cada qual, no seu estado natural, pensa somente no que lhe é útil e, segundo sua índole e na medida em que tem como razão a utilidade, decreta o que é bom e o que é mau, e que, enfim, ele não é obrigado por nenhuma lei a obedecer a ninguém mais senão a si próprio; e assim, no estado natural, não se pode conceber o pecado.[76]

Revisemos o termo. No direito romano da era republicana, são definidas as infrações em públicas e privadas, segundo exigiam, ou não, um *judicium publicum*. A expressão *crimen* aplica-se às primeiras, *delictum*, às últimas. Mais tarde, as duas palavras foram com frequência trocadas uma pela outra. Ambas, contudo, se distinguem de termos como *maleficium*, que indica todo malfeito; *flagitium,* ato vergonhoso; *peccatum,* falta moral. Se no estado de natureza não existe falta moral, no estado de sociedade, no entanto,

> decreta por consenso de todos qual coisa é boa e qual é má, cada um é obrigado a obedecer à cidade. O pecado não é, portanto, outra coisa senão a desobediência, que, por essa razão, é punida em virtude do exclusivo direito da cidade e, ao contrário, a obediência é contada como mérito, para o cidadão, porque ele é por isso mesmo julgado digno de

---

75. Ibidem, Parte IV, Proposição XXXVII, Escólio 1, p. 304-305.
76. Ibidem, Escólio 2, p 307.

fruir das vantagens da cidade. Ademais, no estado natural, ninguém é, por consenso comum, senhor de qualquer coisa, e não há nada na natureza que se possa dizer que pertence a este e não àquele; mas tudo é de todos; por conseguinte, no estado natural, não podemos conceber vontade alguma de atribuir a cada um o que é seu, ou de tirar de alguém o que é dele; isto é, que, no estado natural, não há nada que possa ser dito justo ou injusto; mas é o contrário no estado civil, em que por consenso comum é decretado qual coisa pertence a um e qual a outro. Por isso parece claro que o justo e o injusto, o pecado e o mérito sejam noções extrínsecas, e não atributos que expliquem a natureza da mente[77].

A modéstia afetada não serve à ordem do Estado modelar, apenas é usada para atender a ambição,

uma falsa indulgência, quer dizer, um desejo com o qual os homens, frequentemente, incitam as discórdias e as sedições. Com efeito, quem deseja assistir aos demais com seus conselhos ou na ação, a fim de fruir em comum o supremo bem, trabalhará primeiramente para ganhar seu amor, e não para se fazer admirar, para que alguma disciplina receba seu nome ou dar motivos de inveja. Nas conversações em comum, não se referirá aos vícios dos homens e buscará falar com cuidado de suas impotências, de modo que os homens, não por medo ou aversão, mas tocados por um sentimento de alegria[78].

A modéstia na fala é marca da prudência racional, o que define a liberdade de expressão na sociedade livre. Nesse caso, não se parola, não se esconde o próprio sentimento e pensamento. Na sociedade modelada pela razão, não existe oportunidade para a tagarelice, não se tomba no mutismo imposto pelos supostos poderosos. Na sociedade democrática, a censura não pode existir.

77. Ibidem.
78. Ibidem, Parte IV, Apêndice, Capítulo XXV, p. 341-342. Para análises fundamentais sobre o problema do "útil" aos indivíduos e para a sociedade, o trabalho de Alexandre Matheron ainda é o mais completo. Cf. A. Matheron, *Individu et communauté chez Spinoza*, Paris: Minuit, 1988, sobretudo p. 150s. Outro estudo interessante foi publicado por Charles Ramond, Qu'est-ce qui est "utile"? A propos d'une notion cardinale de la philosophie de Spinoza, em C. Lazzeri; D. Reynié (eds.), *Politiques de l'intérêt*, Besançon: Presses Universitaires de Franche-Comté, 1998, v. 679, p. 233-260.

Tal é a lição do Capítulo xx do *Tratado Teológico-Político*. Se fosse fácil, diz Spinoza, imperar sobre os ânimos e as línguas, nenhum governante deixaria de mandar em segurança e nenhum império seria violento, pois todos se conformariam à compleição dos poderosos, julgando segundo seus decretos sobre o falso e o verdadeiro, bem ou mal, justo ou iníquo. O ânimo de um homem não pertence inteiramente a outro, ninguém vive segundo o direito alheio (*alterius jus*), ninguém transfere a outro o seu direito natural (*jus naturale)* nem pode ser constrangido a abandonar o direito de usar sua razão. O violento que pretende dominar as almas parece agir injustamente contra os governados, usurpando seu direito, quando quer prescrever a todos o que deve ser acreditado verdadeiro ou rejeitar como falso, e quais opiniões devem mover sua alma na devoção para com Deus. Existem pessoas tão dominadas por outras, que podemos dizer serem elas suas propriedades. Se elas forem a maioria no Estado, não teremos uma sociedade livre e democrática. Nessa sociedade, o soberano só pode reinar colocando o Estado em perigo. Se um governo violento decreta a censura das palavras, na intenção de manter os homens dele dependentes, "os homens não deixarão de possuir opiniões em desacordo com sua linguagem e a boa fé, essa primeira necessidade do Estado, se corromperá. O encorajamento dado à adulação detestável e à perfídia conduziria o reino à trapaça e à corrupção de todas as relações sociais"[79]. O Estado modelar não vive sob o reino da fraude, da astúcia dos governantes contra os governados, da hipocrisia de todos, ou seja, o Estado modelar se afasta muito do projeto absolutista que se encerra na *raison d'État*.

Para nos assegurar sobre tal ponto, voltemos agora aos livres pensadores, em especial os ligados ao maquiavelismo (o que, nem é preciso dizer, recorda não tanto Maquiavel, mas sua apropriação no século xvii francês, no período áureo da

---

79. *Tratado Teológico-Político*, Capítulo xv, 11, *Spinoza: Obra Completa III*, p. 351.

raison d'État)⁸⁰. Antes revisitemos o texto do *Tratado Político*, em que Spinoza se refere elogiosamente a Maquiavel e ao problema da dissolução de um regime político (no caso, o aristocrático)⁸¹. Existe uma causa interior que pode conduzir à dissolução ou mudança daquele regime? A primeira causa de uma dissolução é apontada pelo *acutissimus Florentinus*⁸²: no Estado, como no corpo humano, existem certos elementos que se acrescentam aos demais e cuja presença requer de vez em quando um tratamento médico. É preciso, diz Maquiavel, que por vezes uma intervenção conduza o Estado aos princípios sobre os quais ele se fundou. Sem tal intervenção, o mal aumenta a ponto de não poder mais ser suprimido, a não ser que seja suprimido o próprio Estado. Tal intervenção pode ser aleatória, ou se deve a uma legislação prudente, ou graças à sabedoria de um homem cuja virtude é excepcional. A seguir, Spinoza cita as considerações maquiavélicas sobre o remédio usado na república romana: durante todos os cinco anos um ditador supremo era instituído por um mês ou dois; tal ditador tinha o direito de abrir uma busca sobre os atos dos senadores e de todos os funcionários, julgando-os e tomando decisões para reconduzir o Estado ao seu princípio. Logo após ter dito que os Estados, cada um, precisam de remédios específicos, Spinoza indica que o poder do ditador, sendo absoluto, pode não ser temido por todos e, pelo contrário, por amor da glória, alguns desejam tal cargo de modo extremado. O abuso do poder ditatorial seria (aduz Spinoza) o motivo pelo qual os romanos só nomeavam ditadores quando uma necessidade fortuita os obrigava. Mesmo assim, o boato de que se anunciava uma ditadura, segundo Cícero, era desagradável aos bons cidadãos. E tinham razão, porque o poder de um ditador sendo absoluto como o de um rei, não sem grande perigo para a república, poderia transformá-lo em monarca, mesmo que temporariamente.

---

80. Para as várias ressonâncias do maquiavelismo no mundo moderno, conferir Claude Lefort, *Machiavel et le travail de l'oeuvre*, Paris: Gallimard, 1973.
81. *Tratado Político*, Capítulo X, §1, *Spinoza: Obra Completa I*, p. 474-476.
82. Cf. Maquiavel, *Discursos Sobre a Primeira Década de Tito Lívio*, III, cap. I.

O remédio heroico da ditadura não é tão eficaz para uma república, visto que pode, por excesso, conduzir a mesma república ao seu oposto, a monarquia. Remédios "heroicos" não faltavam no receituário dos maquiavelistas franceses do século XVII[83]. Olhemos a sua bula envenenada. Comecemos com a dissimulação hipócrita entendida como prudência. Na mente dos que seguiam os passos de Maquiavel, a prudência consistia em vencer os inimigos pela astúcia e fazer que o povo obedeça por meio de mitos religiosos. Assim, a usurpação do poder passa por fruto da vontade divina[84].

Vimos que no Estado modelar, indicado por Spinoza, as paixões seriam gradativamente administradas, de acordo com a marcha do saber e da razão. Como todos são integrados na substância divina, também os assuntos políticos teriam a presença de todos, o que significa que, na democracia (o mais natural de todos os regimes, insistamos), os assuntos do poder seriam divulgados e debatidos. Daí, a exigência da plena liberdade de expressão segundo o filósofo. Terminamos mostrando que, para ele, a ditadura seria um remédio incerto e perigoso, porque facilmente ele conduziria ao regime oposto ao democrático e republicano.

Em Spinoza, a astúcia fraudulenta não é proibida ao cidadão e permitida em proveito do soberano, sem precauções estratégicas. Assim, diz ele ainda: "ninguém prometerá, senão por astúcia [dolo], abandonar alguma coisa do direito que tem sobre tudo"[85]. A nota acrescida pelo próprio filósofo esclarece ainda mais:

> No estado de natureza em que o direito comum decide o bem e o mal, se distingue uma boa astúcia de outra ruim. Mas no estado de natureza em que cada um é seu próprio juiz e tem direito soberano

---

83. Cf. K.T. Butler, Louis Machon's "Apologie pour Machiavelle": 1643 and 1668, *Journal of the Warburg and Courtauld Institutes*, London, 1940, v. 3, p. 208s.
84. Cf. Sophie Gouverneur, *Prudence et subversion libertines: La critique de la raison d´État chez François de la Mothe Le Vayer, Gabriel Naudé et Samuel Sorbière*, Paris: Honoré Champion, 2005, p. 157s.
85. *Tratado Teológico-Político*, Capítulo XVI, p. 283.

de prescrever a si mesmo leis e interpretá-las, e mesmo de aboli-las se julgar preferível, não se pode conceber que alguém opere com astúcia ruim.

O jogo spinoziano gera suas regras na flutuação da alma, entre o medo e a esperança. Das probabilidades trazidas por uma ou outra paixão, no relativo ao objeto desejado, o jogador sempre escolherá o que lhe parece mais vantajoso. Trata-se, como é previsível, do jogo operado pela imaginação, dado que o saber efetivo não joga nem é incerto.

Deve-se afastar a fraude? Com certeza, contudo é preciso analisar prudentemente o jogador que enfrentamos. Spinoza dá um exemplo extremo, o do ladrão que me põe a faca no pescoço. Posso lhe prometer o que ele desejar, mas por direito natural posso concluir com ele um pacto doloso em meu benefício. Mesmo em caso de ausência de fraude (*absque fraude*, diz o latim) prometo a alguém me abster por vinte dias de comida e vejo que a promessa é insensata e perigosa para mim. De dois males, escolho o menor, falho ao pacto. Assim, nenhum pacto tem força se não for útil (ou considerado útil em minha imaginação). Tirada a utilidade, ele cessa. É louco quem pede a outro para que empenhe sua fé pela eternidade, se não se esforça ao mesmo tempo de tornar a ruptura do pacto mais danosa ao faltoso do que o seu cumprimento. É diretamente a Maquiavel que o *Tratado Político* se refere. O trecho mais célebre, muito conhecido por Spinoza, é o que o escritor florentino afirma ser "necessário a um príncipe, se deseja se conservar, aprender a não poder ser bom, e usar dele segundo a necessidade [secondo la necessità]". E mais:

> Estando o príncipe necessitado de usar a besta, deve escolher dentre elas a raposa e o leão, porque o leão não se defende dos laços e a raposa não se defende dos lobos. Necessita, pois, o príncipe, ser raposa para conhecer os laços e leão para espantar os lobos. Os que se apoiam apenas no leão não entendem [a arte de governar].[86]

---

86. *O Príncipe*, Capítulo 15.

Isso basta, imagino, para mostrar a familiaridade entre o início do *Tratado Político* e *O Príncipe*. A indicação dos laços e armadilhas têm exatamente o mesmo sentido em Maquiavel e Spinoza. Mas sigamos:

> Não pode, nem deve, portanto, um senhor prudente observar a fé jurada, quando tal observância se torna contrária e passou a ocasião que obrigou a fazer a promessa. Se os homens fossem bons, este preceito não o seria; mas como eles são perversos e não guardaram sua fé jurada contigo, não tens porque guardá-la em relação a eles. Nunca faltam a um príncipe ocasiões legítimas de coonestar a inobservância. [E finalmente:] [...] para manter o Estado, o príncipe, sobretudo se for novo, precisará operar contra a fé, contra a caridade, contra a humanidade, contra a religião. E se necessita que tenha um animo disposto a tornar-se segundo mandem os ventos e mudanças da fortuna e, não separar-se do bem se puder fazê-lo, mas saber entrar no mal se é necessário.[87]

A diferença, aqui, entre o enunciado de Spinoza e o de Maquiavel é que para o primeiro o político "parece", sobretudo aos teólogos, ser contra a religião. No segundo, ele deve ser contra os mandamentos religiosos e sua escala de valores.

Esse mesmo ponto ressoa nos *Discursos Sobre a Primeira Década*, de Tito Lívio:

> quando se delibera acerca da saúde da pátria, não se deve deixar que prevaleçam considerações de justiça ou injustiça, piedade ou crueldade, honra ou ignomínia, mas, deixando de lado qualquer consideração outra, seguir por inteiro o partido que salve a vida e conserve a liberdade.[88]

A corrupção dos homens é constante e universal, mesmo nos educados para o bem. Há uma persistência das paixões:

> em todas as cidades e em todos os povos há e sempre houve os mesmos desejos e humores, de tal modo que é fácil para quem examina com diligência as coisas passadas, prever em toda república o futuro e aplicar os remédios empregados pelos antigos ou, caso

---

87. Ibidem
88. Idem, *Discorsi*, Capítulo 41.

não encontre nenhum empregado por eles, imaginar outros novos segundo a semelhança dos acontecimentos.[89]

O povo adere às práticas e valores antigos. Para mudar hábitos sólidos é preciso dissimular, fingir que a essência permanece quando medidas para a sua mudança são implementadas pelos governantes. Se o príncipe fosse contra os hábitos populares, dificilmente ele se manteria. Mas se pouco a pouco muda as formas e as instituições, consegue mudar a ética do povo. Assim, diz Maquiavel:

quem deseja reformar o Estado de uma cidade e ser aceito, manter a satisfação de todo mundo, necessita conservar pelo menos a sombra dos modos antigos, de tal modo que pareça ao povo que não houve mudança nas ordens, embora na realidade as novas sejam inteiramente distintas das velhas. Porque a grande maioria dos homens se contenta com as aparências como se fossem realidades e amiúde se deixa influenciar mais pelas coisas que parecem do que por aquelas que são.[90]

As teses do século XVII sobre a razão de Estado seguem a trilha que vai do jogo duplo entre ética pública e ética dos governantes (a primeira, supostamente regida pelos ditames do Bem Comum; a segunda, determinada pelos ditados da conservação, pelo governante, do poder a qualquer preço) para a forma ditatorial mais direta, com a teoria dos golpes de Estado por Gabriel Naudé. Todos os elementos recusados por Spinoza na sua exposição do Estado, como a fraude, a hipocrisia, a dissimulação, a soberba e o arrivismo político, são assumidos por Naudé em sua obra escrita.

89. Ibidem, Capítulo 39.
90. Maquiavel, *Discorsi*, I. Spinoza: "vi que todas as coisas que eram para mim causa ou objeto de receio não contêm em si nada de bom ou de mau, a não ser enquanto o ânimo se deixava por elas mover, e resolvi indagar se existia algum objeto que fosse um bem verdadeiro, capaz de se comunicar, e pelo qual a alma, renunciando a qualquer outro, pudesse ser unicamente afetada, um bem cuja descoberta e possessão tivessem por fruto uma eternidade de alegria contínua e suprema". *Tratado da Correção do Intelecto*, *Spinoza: Obra Completa I*, p. 327. Os bens incertos são captados pela imaginação, o bem duradouro é conhecido pela razão. No mundo social e político, a maioria vive segundo as representações do imaginário, cuja certeza é quase nula. Daí o jogo.

Já no livro *Bibliografia Política*, de 1633[91], redigido em latim por solicitação de Gafarel, conselheiro do embaixador francês em Veneza, ele recomenda aos atores do Estado a transgressão das normas éticas. Nessa obra, ele distingue entre uma "prudência comum, ordinária" e a "administração extraordinária" do poder. A primeira define a obediência às leis comuns do Estado, quando nenhum problema mais grave deve ser resolvido. Como não existe política sem problemas graves, o governante deve utilizar meios habitualmente condenados pela ética pública. As duas formas se complementam e se sucedem alternadamente segundo a necessidade. Quando a extraordinária for escondida, ela o será justamente pela ação comum do governante. Justiça e injustiça, longe de estarem separadas, se unem, de modo tal que a própria justiça serve à injustiça, pois é preciso cobrir com aparência de retidão os piores crimes, tendo em vista a governabilidade.

O trecho a seguir é eloquente em demasia:

> Toda essa administração política dos reinos e Estados, e que se pode chamar de ordinária, na medida em que ela, tendo por fim a equidade e a justiça, possa, como a deusa dos ladrões dessa caverna de Horácio, cobrir de treva e nuvem as fraudes e os crimes, tendo em vista diretamente todas as deliberações e ordenações, considera principalmente três coisas: a primeira é afirmar o Estado nascente; a segunda conservá-lo quando estabelecido; e a terceira sustentá-lo e reestabelecê-lo quando declina.[92]

---

91. Gabrielis Naudaei Bibliographia Politica, Ac nobiliss. & erudittiss. Virum Iacobum Gaffarellum, D. Aegidii Priorem, & Prothonotarium Apostolicum (Venitiis, Apud Franciscum Baba, M. DC. XXXIII). O texto pode ser lido na Gallica, BNF.

92. No original: "Omnis Regnorum ac statuum administratio politica, quam ordinariam merito dicere possumus, quamdiu ipsa vel aequitatem praesefert, vel aequitatis ac Iustitie speciem faltem aliquam praetendit, quo facilius Lauernae instar Horatianae noctem peccatis, ac fraudibus nubem obijciat, trias ibi proponit, ad quae caetera oia eius placita & statura tanquam ex destinatio colineent, nempe statum nascentem exorientemque firmare, stabilitum conservare, & labentem sustinere ac reficere." A tradução francesa do tempo, citada por S. Gouverneur, *Prudence et subversion…*, p. 160 é a seguinte: "Or toute ceste administration Politique des Royaumes et des États, que l'on peut apeller justement ordinaire tant qu'elle a pour but,

Não existe, portanto, para Naudé, nenhuma ruptura entre as duas éticas, visto que a ordinária (legal e justa) também engana, pois dissimula a escuridão noturna do soberano, sob a capa da legitimidade. A legalidade serve aos fins secretos[93].

Naudé sublinha o fato de que, nos dez livros platônicos e nos livros de Aristóteles, Teofrasto, Cícero e Macróbio, não se disputa sobre a república, mas sobre a justiça, e ali se busca tanto o bem público quanto o privado. Menciona a pletora de autores gregos e latinos que trataram da política e da economia no plano ético. Ele segue até Luís Le Roy, comentador de Platão no século XVI. Após o exame amplo, vem o juízo sobre os tratados filosóficos. Esses autores, em grande parte, trataram da Política e da Ética com muita boa fé e integridade, mas suas instruções seriam mais convenientes à República platônica e menos à República na qual "vivemos neste século".

Nas *Considerações Políticas Sobre os Golpes de Estado*, o esquema permanece o mesmo, embora ampliado e abarcando efetividades mais sutis. Naudé demonstra que a prudência política transgride não apenas a ética, mas o direito, a natureza e a religião, constituindo, como diz Gouverneur, uma "anomia violenta", base do poder estatal. O núcleo do livro encontra-se na técnica da dissimulação. As anteriores formas teóricas da *raison d'État* listavam transgressões várias, todas elas conhecidas dos eruditos e da mediania cidadã. Tais listas nada explicam sobre o funcionamento real do Estado, nem fornecem uma chave instrumental para a sua eficácia. Com a tese dos golpes de Estado, Naudé imagina descrever os atos verdadeiramente secretos

---

l'équité et la justice, par le moyen dequoy comme la deesse des larrons ceste caverne d'Horace elle puisse couvrir d'une nuict et d'un nüage les fraudes (fraudibus) et les crimes (peccatis), consideré principalement trois choses ausquelles tendent et visent directement toutes les deliberations et toutes les ordonnances: la premiere, c'est d'affirmer l'Estat naissant; la deuxieme de le conserver quando il est estably; et de troisieme de le soustenir et de le remettre lors qu'il panche et qu'il este prest de tomber."

93. Sigo sempre, quase literalmente, as análises de S. Gouverneur, *Prudence et subversion...*

do governante que se instaura no mando, do governo que precisa ser reforçado ou da instituição estatal que precisa ser sustentada no instante da queda.

Notemos que Naudé não vai além, nesse passo, de Spinoza e de sua leitura maquiavélica. Trata-se de instaurar um poder mantendo sua saúde, garanti-lo e dar-lhe sobrevida quando está para ruir. Enquanto Spinoza aponta a ditadura como remédio ineficaz, Naudé evidencia que algo semelhante a ela é o único remédio para o mando realista. Assegurando a ditadura do monarca, ministro ou de quem for, o golpe de Estado garante o seu funcionamento por vias certas e tortas (e não a alternativa, vias certa ou tortas). O golpe explica, assim, como a dissimulação reside na essência do poder estatal, não sendo apenas um recurso rapsódico usado por este ou daquele dirigente. O golpe supõe um gênio inventivo no que o aplica, sendo ele imprevisível para quem o sofre. No golpe, unem-se o segredo e a política prudencial. Ele é a obra prima da dissimulação, a mola verdadeira da efetiva razão de Estado.

O livro em epígrafe rememora os atos principescos pretéritos, estudo a sua prudência. Naudé usa, para tais fins, os escritos de Justo Lipsius[94], que no livro VI de sua obra, indica a ruína dos Estados, a sua corrupção e possível morte. Em primeiro lugar, afirma ele, "a história atesta que Deus se apraz em arruinar os Estados, por via do destino". Lipsius acredita, na sequência do pensamento antigo, que ocorre com os Estados o mesmo fato da vida corporal: nascem, crescem, envelhecem, morrem. Jean Bodin disse o mesmo: "Não existiu e não existirá república tão excelente em beleza, que não envelheça como sujeita à torrente de natureza fluida, que rapta todas as coisas."[95] E Montaigne: "les royaumes, les républiques naissent, fleurissent e fanissent de vieillesse comme nous"[96].

---

94. *Politicorum sive civilis doctrinae libri sex*, Lugduni Batavorum: Ex officina Plantiniana, apud Franciscum Raphelengium, 1589, Livro I, cap. 7.
95. Prefácio, *Seis Livros da República*.
96. *Essais*, II, 23.

O grande perigo, segundo Lipsius, encontra-se na guerra e nas sedições que abalam as sociedades. Em carta aos Estados de Brabant, ele diz não ver em toda parte

> nada além de trevas e confusões dos tempos, tempestades sobre o mar, guerra na terra pela religião ou pela autoridade; lutas contra os verdadeiros inimigos de fora e contra os próprios cidadãos; tudo está em desordem e tudo é tão desesperado que a sabedoria consiste em permanecer neutro"[97].

Neutro, sim, mas contra a tirania. Lipsius é dos que aprovam o regicídio: "Desembaraçar a sociedade de uma besta fera, é ato de elevada coragem"[98].

Não pertence a um cidadão privado, no entanto, decidir sobre tais questões. Assim, a questão da guerra civil inspira os teóricos que seguiram os passos de Lipsius, entre eles, um herdeiro bastardo, digamos, é Naudé. Segundo ele, Lipsius define a prudência como:

> uma escolha das coisas das quais se deve fugir ou desejar, e após ter discorrido amplamente como se faz de ordinário nas Escolas, ou seja, por uma virtude moral, que só tem como objeto de consideração o bem; ele a seguir fala de outra prudência, a misturada, porque não é tão pura, sã e integra quanto a precedente; participando um pouco das fraudes e estratagemas exercidos ordinariamente nas cortes principescas, e no manejo dos negócios governamentais: ele também se esforça por mostrar, com sua eloquência, que tal prudencia deve ser tida como honesta, e pode ser praticada como legítima e permitida[99].

Naudé interpreta Lipsius de maneira a favorecer a tese da imoralidade de todo poder, o que não corresponde ao todo do pensamento elaborado nas *Políticas*. A técnica de Naudé reside na paráfrase dos escritos lipsianos. Como ocorre, ao escrever Naudé algo aproximado ao capítulo 14

---

97. Apud Émile Amiel Amiel, *Un Publiciste du XVIe siècle: Juste Lipse*, Paris: A. Lemerre, 1884, p. 216. O livro pode ser lido na Gallica, BNF.
98. Op. cit., VI, cap. 5.
99. Apud S. Gouverneur, *Prudence et subversion...*, p. 166.

das *Políticas*, quando é feita uma tripartição da prudência: "a primeira das quais", diz Naudé:

> que podemos chamar uma fraude ou engodo leve, muito pequeno e de nenhuma consideração, compreende sob si a desconfiança e a dissimulação; a segunda que retém ainda algo da virtude, menos entretanto que a precedente, tem como partes a conciliação e a decepção, isto é, o meio de adquirir amizade e serviço uns dos outros, e de engambelar, decepcionar, enganar os outros por falsas promessas, mentiras, presentes e outros truques e meios, se é possível assim falar, de contrabando e ainda mais necessárias do que permitidas ou honestas. Quanto à última, ele diz que ela se afasta totalmente da virtude e das leis, mergulhando bem antes na malícia, e que as duas bases e fundamentos mais seguros são a perfídia e a injustiça.

Naudé "esquece" as últimas palavras de Lipsius, após ter ele feito a tripartição: "Aconselho a primeira, suporto a segunda, mas condeno a terceira."[100]

Mas não é possível ignorar que a trilha seguida por Naudé já se encontra, em menor amplitude, em Lipsius. Na política, além da virtude primeira, alega, não seria preciso acrescentar:

> alguma sujeira, fraudes, enganos? Eu acho, embora aqueles Zenões e austeros não considerem bom... Eu acredito, pelo contrário, de muito bom grado. Mas eles parecem ignorar este século, como se estivessem na república de Platão e não na canalha de Romulo [...] Com quem vivemos nós? A saber, com pessoas finórias, maliciosas, e que parecem constituir a própria enganação, falácia e mentira [...] não quereis que de vez em quando o príncipe seja acompanhado pela raposa? Certamente, precisareis de tal coisa.

A virtude correta deve ser misturada na copa de quem deve governar. O príncipe deve tomar desvios "no mar tempestuoso dos assuntos humanos [...] o vinho não deixa de ser vinho, ainda que bem temperado com água, nem a prudência, embora nela exista alguma gotinha de engodo, pois em dose pequena, ela é boa para o seu fim"[101]. Se o médico

---

100. Ibidem.
101. J. Lipsius, apud Paul Janet, *Histoire de la science politique dans ses rapports avec la morale*, Paris: Librairie Philosophique de Ladrange, 1872, t. II, p. 85s.

engana as crianças, porque o governante não enganaria o povinho, e os príncipes estrangeiros?

Naudé radicaliza Lipsius. Segundo ele, a própria graduação das fraudes é absurda, porque nunca foi respeitada pelos políticos[102]. Logo, não seria possível distinguir entre uma "boa" e "má" razão de Estado.

> Como todo Estado se constituindo e se mantendo pela violência mortífera, é inadequado abordar questões políticas em termos de limites morais totalmente inefetivos. A coerência da análise política exige que se recuse estabelecer graus na imoralidade, sempre discutíveis e jamais realistas[103].

É por tal via que Naudé rompe com a tradição da "prudência civil" ainda ilustrada por Lipsius. As três formas de prudência, Naudé as troca por duas: a ordinária e a extraordinária. A primeira

> é fácil, caminha segundo o traçado comum sem exceder as leis e costumes do país; a segunda extraordinária, mais rigorosa, severa e difícil. A primeira compreende todas as partes da prudência das quais os filósofos se acostumaram a falar em seus tratados de moral, e a outra [...] que Lipsius atribui apenas à prudência misturada e fraudulenta.

Tal bipartição vem de Pierre Charron[104].

O juízo de Naudé sobre Maquiavel ilustra a sua concepção da fraude e do segredo político: "não devemos agradecer a ele por ter dado o passo, quebrado o espelho e profanado, se assim podemos falar, com seus escritos, o que os mais judiciosos utilizavam como meios muito escondidos e poderosos para melhor efetivar seus empreendimentos"[105]. Nas *Considerações* ele dá a entender o que significa "quebrar

---

102. Uma bibliografia muito bem feita sobre a simulação, a dissimulação, as fraudes, da antiguidade aos tempos modernos, foi elaborada por Jean-Pierre Cavaillé, *Mensonge, tromperie, simulation et dissimulation*, disponível em: <http://dossiersgrihl.revues.org/2103>.
103. Apud S. Gouverneur, *Prudence et subversion...*, p. 168-169.
104. Ibidem, p. 169.
105. Apud Paul Janet, *Histoire de la science politique dans ses rapports avec la morale*, Paris: Felix Alcan, 1887, t. II, p. 96.

o espelho" e "profanar o segredo", quando elogia o golpe (no seu entender) da Noite de São Bartolomeu:

> No meu entender, mesmo que agora a São Bartolomeu seja condenada pelos protestantes e católicos, não temerei, entretanto, dizer que ela foi uma ação muito justa e muito notável, e cuja causa era mais do que legítima […] é uma grande covardia, me parece, de tantos historiadores franceses ter abandonado a causa do rei Carlos IX.

A única crítica de Naudé à Noite de São Bartolomeu é ter ela sido pouco radical:

> Seria possível louvar esta ação, como o único recurso nas guerras que existiram desde aquele tempo e que virão talvez até o fim da monarquia, se não tivesse faltado nela o axioma de Cardano: *Nunquam tentabis, ut non perficias*. Seria preciso imitar os cirurgiões hábeis, enquanto a veia é aberta eles tiram o sangue até o desfalecimento. Não é bom apenas partir, se não se está apto a ir até o fim do caminho: o prêmio está no fim da liça, e o fim sempre regula o começo.[106]

Por que, então, a São Bartolomeu foi tão criticada? Responde Naudé: "por ter sido feito ela apenas pela metade; se todos os heréticos fossem atingidos, nenhum deles sobreviveria, pelo menos na França, para condená-la, e os católicos também não teriam motivos para fazer o mesmo, pois veriam o grande repouso e o grande bem que ela lhes teria feito".

Qual o erro do realismo exibido por Naudé? Ele mesmo o reconhece: todas as cidades que praticaram o massacre da São Bartolomeu foram as primeiras a começar a Liga. Como diria Spinoza a respeito da ditadura, ela traz segurança inicial, mas logo se transforma em tirania. No caso de Naudé, a gravidade é maior: a balança das forças religiosas se tornou ainda mais desequilibrada, ou melhor, se quebrou com a Liga, um dos maiores desafios ao poder real da França, encetada pelos católicos[107].

---

106. Ibidem, p. 98.
107. Para uma análise minuciosa da política francesa no período, incluindo os fatos e feitos da Liga, cf. Corrado Vivanti, *Lotta politica e pace religiosa in Francia fra Cinque e Seicento*, Torino: Einaudi, 1963.

Na *Bibliografia Política*, segundo Etienne Thuau[108], Naudé considera a inteligência a máxima virtude no setor: "para os mais finórios e astutos, como devem ser os chamados ao governos dos Estados". É preciso nos deter em um conceito estratégico para a política, as artes e a literatura do Renascimento e no século XVII: o *de ingenium, esprit, wit*. Quando Naudé valoriza a inteligência no governante e nos seus conselheiros, ele capta todo um universo de significados presos à força de vigiar e decidir, nos limites do que hoje chamamos epistemologia e doutrina ética. O *ingenium*, conforme um correto e preciso comentário atual[109], indica de início as qualidades naturais de algo, depois se aplica aos entes humanos, ao seu temperamento. O *Calepinus*, dicionário de latim usado até o começo do século XVIII, aproxima o termo do grego *phusis* e do latim *natura*. A citação de Cícero é obrigatória: "*Naturam primum atque ingenium*"[110]. O termo também designa os indivíduos inteligentes, brilhantes. O *ingenium* responde pelas invenções, dada a sua força imaginativa. "Percebemos", diz Laurie Brun, "o quanto a noção é rica" porque indica

uma faculdade inata, imediata e ao mesmo tempo necessitada de uma intervenção de uma instância reguladora, o entendimento. Ela envia, de outra parte à invenção, mas em campos tão diversos quanto o da especulação intelectual, a inovação tecnológica, a criação artística ou a simples astúcia.

O *ingenium* exige a elaboração de uma *ars* que o controle, permita que ele não tombe na extravagância, dando-lhe limites e discreção, retirando-o do exibicionismo e da infertilidade. Também no relacionamento social e político, a *ars*, o método, proporciona uma disciplina que conduz à finalidade, ao tato e ao decoro. O *ingenium* (*wit, esprit, ingenio*) brota do

---

108. *Raison d´État et pensée politique à l'époque de Richelieu*, Paris: Albin Michel, 2000, p. 321, 1n.
109. Cf. Laurie Brun, *Les Premières traductions de Don Quichotte: Le Lexique de l'invention*, disponível em: <e-lla.univ-provence.fr/pdf/article3.pdf>.
110. Apud L. Brun, op. cit.

indivíduo inteligente, mas o intelecto metódico torna o pensamento e as ações férteis. Temos aí a base do grande apreço do século XVII pelo método, em filosofias tão opostas como a de Bacon e a cartesiana. O método é o instrumento, *organon* que disciplina o *ingenium* de modo a torná-lo capaz de produzir Ciência, Política, Arte.

Sem a força do engenho nenhuma obra nova poderia ser inventada no mundo das artes, da política, da sociedade. No erudito Naudé, portanto, fica bem clara a sua tese sobre os dirigentes políticos. Eles devem ser capazes de discriminação inventiva, de tal modo que saibam ajuizar as situações extremas ocultas na ordem política aparentemente sólida. A erudição deve ir além dos parâmetros tradicionais das escolas. O autor se reúne aos demais do seu tempo e pensa ser preciso cuidar muito para que o *ingenium* não se torne, em vez de força propulsora, em simples desgaste de inteligência política.

Francis Bacon, outro pensador ligado à modernidade estatal, também mostra aversão ao intelecto que não se dirige às coisas e se compraz no universo especulativo e de autores consagrados. A corrupção ronda a ordem estatal e a do pensamento, é preciso que o *ingenium* se dedique à produção do que renova, de fato, as duas ordens, a do pensamento e seu correlato, o campo da ação em tempo certo. "Seguramente", diz Bacon:

> como em muitas substâncias da natureza nas quais o que é sólido se putrefaz, sendo corrompido pelos vermes, assim também o bom e claro saber se putrefaz e se dissolve em inúmeras questões sutis, vazias, incompletas, em como as nomeio, vermiculadas, que têm, de fato, uma espécie de rapidez e vida espiritual, mas não são sólidas em matéria, ou de boa qualidade. Este tipo de saber degenerado reina entre os escolásticos, intelectos cortantes e fortes [*sharp and strong wits*], além de lazer abundante, e pequena variedade na leitura. Seus intelectos [*wits*] sendo presos nas celas de poucos autores [sobretudo de Aristóteles, seu ditador], como suas pessoas são presas nas celas monásticas e em faculdades, e sabendo apenas um pouco de história, tanto da natureza quanto do tempo, não possuem grande quantidade de matéria, mas infinita agitação do seu eixo intelectual [*wit spin*], tecem aquelas laboriosas teias de saber,

que repousam em suas estantes, nos livros. Porque o intelecto [*wit*] e a mente [*mind*] do homem, se trabalham com matéria, a qual é a contemplação das criaturas de Deus, trabalham segundo as coisas e são por elas limitadas. Mas quando trabalham com palavras, não saindo de si mesmas, como a aranha tece sua teia, então o labor é infindável, e traz outras teias de aranha do saber, admiráveis pela sua finura, mas desprovidas de substância e lucro.[111]

As figuras do trecho são todas políticas e carregadas de repressão. Os intelectos puramente especulativos são presos em celas, em um Estado do saber no qual o ditador é Aristóteles. Eles ignoram o mundo histórico e natural. O programa de Francis Bacon, pensador e estadista, é romper com o alheiamento dos intelectuais acostumados aos poucos autores e aos poucos experimentos. Seu modo de pensar não se afasta em demasia dos maquiavélicos franceses, entre outros de Gabriel Naudé.

O auxiliar de Richelieu e depois de Mazarino aprecia o pensamento de Aristóteles em política, mas reconhece que a maior parte das fórmulas teóricas aristotélicas no setor é oriunda de Platão. Basta recordar seu juízo sobre o Estagirita na *Bibliografia Política*[112]. Maquiavel integra o Panteão de Naudé, embora sua presença nos textos seja muito discreta (ou dissimulada). O principal é o uso da religião para

---

111. *The Advancement of Learning*.
112. "Ab illo vero licet omnia ferme mutuatus Aristoteles; nescio tamen quomodo sic ista propria fecit, Magistri sui rationes praecipuas aut clarius aut subtiliter et acute refellendo: ut non minus in istis quam in caeteris operibus suis manifestum fecisse censeatur, quantus ipse Philosophus fuerit". Na tradução de Challine, citada por Estelle Boeuf, *La Bibliothèque parisienne de Gabriel Naudé en 1630: Les Lectures d'un libertin érudit*, Genève: Droz, 2007, p. 52: "Embora Aristóteles tenha emprestado dele [Platão] quase tudo o que escreveu sobre política, não sei como conduziu, ao propor as razões de seu mestre mais clara e facilmente e refutando sutil e retamente, pois ele se tornou tão correto que fez ver por esta obra [*A Política*] e pelas demais o quanto era um grande filósofo". Naudé possuia a *República* (comentada por Fox Morcillo) e com certeza *As Leis* (tradução de Marsilio Ficino). Mas admira, sobretudo Aristóteles, atribuindo-lhe a dissimulação própria ao maquiavelismo: Aristóteles "não escreveu sua Política apenas para os sábios como Platão, mas também para os mais finórios e mais astutos, como devem ser os chamados ao governo dos Estados" (G. Naudé, *Bibliografia Política*).

garantir o poder político[113]. Ele sempre se mostrou adepto do poder real contra os nobres e a população "que se abandona às muitas opiniões, como o mar é agitado por diversas borrascas e tempestades"[114].

A erudição e o brilho da inteligência, quando não controlados pelo método, conduzem à inanidade política e científica[115]. A *Bibliografia Política* de Naudé segue dos clássicos aos contemporâneos, mas decididamente com intento de abandonar a pura erudição, o pensamento especulativo. Seu alvo se apresenta no tema e nas técnicas eminentemente práticos da razão de Estado. Já nas *Considerações Políticas*, Naudé retoma outros escritos seus como a "Adição à História de Luís XI", em que elogia a ciência política, via real para a instauração do Estado. No elogio de Luís XI se manifesta a escolha da astúcia e da dissimulação como técnicas de governo[116]. Naudé considera o rei aranha uma espécie de "Arquimedes" da política.

Nas *Considerações Políticas* são postas as bases mais sólidas da teoria sobre a razão de Estado. Nela, a prudência adquire seu peso máximo, sempre na linha aberta por Maquiavel e, como vimos, distorcendo os enunciados de Justus Lipsius. Existe a prudência ordinária, a usada pelos governantes em situações cotidianas e que não se voltam contra a moralidade cristã. Mas também se patenteia a

---

113. Segundo seu amigo G. Patin, "Naudé elogiava muito as práticas finórias do Gabinete dos Príncipes e Tácito, que é cheio delas; ele apreciava muito Maquiavel e dele dizia: 'Todo mundo o critica, mas todo mundo o segue e pratica, e principalmente os que o criticam, como os monges, os superiores da religião, os teólogos, o papa e toda a corte romana'", apud Boeuf, op. cit. p. 70.

114. G. Naudé, apud Boeuf, op. cit. p. 65.

115. Cf. Paolo Rossi, Ants, Spiders and Epistemologists, em F. Bacon, *Seminario Internazionale*, Marta Fattori: Roma, 1984.

116. Elogiar o "rei aranha" já define uma leitura favorável à razão de Estado. Voltarei ao ponto, por enquanto basta citar o excelente trabalho de A. Bakos, op. cit. A autora segue leituras várias, em diferentes séculos, do monarca francês que mais se parece com o tema do segredo, da traição e do ato dissimulador em termos políticos. A figura de Naudé é examinada por ela, de modo tal que se torna inequívoca a linha maquiavélica da apologia feita por Naudé em favor de Luís XI.

extraordinária, que permite decidir em situações excepcionais e parece oposta aos valores éticos por decidir politicamente em casos extremos, os quais exigem um golpe de Estado[117]. Para decidir com certeza é preciso dominar o segredo. A tese, antiga como a filosofia grega, encontra definição clara e distinta no pensador Clapmar, em livro sobre o poder político. Cito Clapmar:

> Arcana imperii sunt certae profundae intimae leges sive privilegia conservandi pristini status sivre Reipublicae. Sicut arcanāa Dominationis (Italis & Gallis est ragion di stato...) sunt certa et secreta privilegia conservandae dominationis, introducta boni

---

[117]. Com as cautelas necessárias, é preciso aqui recordar o maior decisionista do século XX: "soberano é quem decide sobre o estado de exceção". Em tal ideário está subsumido o golpe de Estado como instrumento do poder em uma situação na qual se avalia o amigo e o inimigo. Se o primeiro falha, é preciso tratá-lo como se fosse o segundo e a ele se adiantar nas tarefas de impor nossa própria *Weltanschauung* [concepção de mundo]. As bases dessa relação entre Naudé e Carl Schmitt podem ser notadas desde o livro *A Ditadura*, e o primeiro autor a ser citado é Justus Lipsius, cujos escritos são "muito importantes na literatura política" (*Die Diktatur*, cap. I, 1n). A técnica do golpe de Estado, subjacente em toda a explanação de *A Ditadura* é dada por Clapmar "que, à semelhança de Maquiavel, não deixa de propor toda uma série de receitas a serem aplicadas para a manutenção do poder político, nem se subtrai à concepção do povo como grande fera multicolorida a ser tratada com prudência" (*Die Diktatur*, cap. I). Dita a coisa pelo próprio Clapmar: tratamos aqui dos "magistros dominationis, hodie vulgus Machiavellistas" (Arnoldus Clapmarius, De iure publico, XVIII, *De arcanis rerum publicarum*, Leiden, 1644, citação mais completa logo a seguir). Schmitt, na nota 25 ainda do primeiro capítulo, cita Clapmar, com um comentário interessante: "Ao povo revoltoso pode-se prometer tudo, depois retirar a promessa: 'populo tumultuanti et feroci satius est ultro concedere vel ea quae bonos mores postulant, quam Rem publicam in periculum vocare. Nam postea sedato populo retractari possunt'" (Schmitt corta o enunciado de Clapmar, sem muitos danos para o sentido do texto). Cf. A. Clapmarius, Disputatio I, CXVIII, op. cit., p. 35-36.) Interessante porque Schmitt interpreta a tese de Clapmar segundo o modelo socialista (ele cita Mehring na *História da Social Democracia Alemã*), o da luta das classes, em que é mais aguda a noção de amigo e inimigo. Ele finaliza a citação com a fórmula de Lipsius sobre o povo: "falle, falle potius quam caede". Cf. J. Lipsius, *Six Books of Politics or Political Instruction*, The Hague: Van Gorcum, 2004, livro VI, p. 687. Todo o programa de Naudé sobre a prudência, a dissimulação em momentos de perigo decisivo encontra-se nesta passagem estratégica de Schmitt.

publiei causa. Quibus opponit Tacitus flagitia dominationis (Italis cattiva ragione di stato) quibus fides & relligio violatur.[118]

A prudência "correta" (*Ragion di stato*) não existe sem a "incorreta", a *cattiva ragione di stato*, tal é a fórmula que pode ser extraída das *Considerações Políticas*. As situações excepcionais, como era o *status quo* antes da Noite de São Bartolomeu, justificam a decisão prudencial em favor do golpe de Estado. Para que um segredo seja mantido é preciso saber escondê-lo, daí o papel essencial da dissimulação. A figura de Luís XI surge no século XVII das cinzas em que fora posto anteriormente pelos críticos da razão de Estado, ele passa a ser considerado como o grande artífice da governança dissimulada. Machon une o monarca a Tibério, personagem principal de Tácito e do "tacitismo" na Era Moderna, que valoriza sobremodo a dissimulação política, um eixo da razão de Estado. Adrianna Bakos cita Machon em passagem estratégica:

> Luís XI disse ao seu filho Carlos VIII que ele sabia latim o bastante, e que ele [Carlos] saberia o suficiente quando soubesse entender a seguinte máxima: não sabe reinar, quem não sabe dissimular. O imperador Tibério não amava tanto outras virtudes quanto a dissimulação, como a mais útil e necessária.[119]

---

118. Disputatio I, XLVII, op. cit., p. 441-442.
119. Pour Machiavelle en faveur des princes et les ministres d'estat. A. Bakos, op. cit. p. 129 e 221. O juízo sobre Tácito, e sua descrição do poder principesco em Roma, atravessou o Renascimento e o século XVII. Em nossos dias, um autor chega a enunciar que: "Os *Annales* são reflexo de uma sociedade cujo modelo político tinha sofrido uma enorme mudança e que procurava ainda adaptar-se ao novo regime, dominado por príncipes que chegam ao poder como resultado de operações de bastidores. A simulação é a característica mais visível, pois é com uma aparência enganosa que as personagens atuam, em um regime que é ele mesmo de cosmética." Cf. Ricardo Nobre, *Intrigas Palacianas nos Annales de Tácito: Processos e Tentativas de Obtenção de Poder no Principado de Tibério*. Dissertação de Mestrado, Centro de Estudos Clássicos e Humanísticos, Coimbra, Universidade de Lisboa/Universidade Aberta, 2010. Classica Digitalia Universitatis Conimbrigensis (Estudo estratégico para a análise da simulação e dissimulação política). Voltarei a ele em tempo certo. Desde já, passagens como a seguinte são preciosas: "Os críticos de

É relevante notar que a imagem do "rei aranha" foi elogiada por escritores que defendiam o Estado católico galicano e por doutrinadores jurídicos huguenotes, sendo que Maquiavel teria sido um divisor de águas. Bakos cita uma dessas divergências com seus respectivos diagnósticos. Machon e Gentillet o elogiam, mas por motivos opostos: o segundo porque seu modo de governar não dependeria dos métodos maquiavélicos, o primeiro porque ele seria bom aluno de Maquiavel[120].

Augusto têm ainda outra perspectiva acerca do movimento concêntrico de aquisição de poder, pois usurpação, corrupção e extorsão aparecem como isotopias que corrigem a ideia de unanimidade e solidariedade com o projecto de Augusto anteriormente demonstrada: *corruptas* (1.10.1) *inuaserit, machinator doli, occupauisse, extortum* (1.10.2). Pela corrupção, chega-se a uma atitude dissimulatória, denunciada pelos seus críticos, como o narrador refere após a morte de Augusto: '*obtentui sumpta, simulatam gratiam*' (1.10.1), *imagine pacis, specie amicitiae* (1.10.3). Passa a acreditar-se que o passado era algo perigoso, por oposição à segurança que o presente oferecia (1.2.1, 1.4.1). As províncias também preferiam o regime instaurado por Augusto à situação administrativa anterior, vista como corrupta e pouco favorável (1.2.2). E, de fato, já ninguém se lembrava da República (1.3.6) e todos esperavam as ordens do príncipe, exuta aequalitate (1.4.1). A dicotomia dissimulação-aparência aparece ainda na operação de cosmética à máquina do estado: nada estava na mesma (1.4.1), mas os nomes das magistraturas eram os mesmos (e'adem magistratuum uocabula', 1.3.7). Augusto apenas os mantém em aparência, como se vê na decisão de usar o título de príncipes para designar as suas funções, em vez de rei ou ditador, ou seja, aquilo que realmente era."

120. Cf. Innocent Gentillet, *Anti-Machiavel*, Commentaires et notes par C. Edward Rathé, Genève: Droz, 1968. Cf. Antonio d'Andrea, The Political and Ideological Context of Innocent Gentillet's Anti-Machiavel, *Renaissance Quarterly*, Chicago, 1970, v. 23, n. 4, p. 397s, disponível em: <http://www.jstor.org/stable/2859079>. Para o comentário de A. Bakos, op. cit., p. 128-129.

REFLEXÕES SOBRE IMPOSTOS
E *RAISON D'ÉTAT*

Com o fim da URSS e o consequente desequilíbrio do poder mundial, as várias formas dos mais importantes Estados entraram em crise profunda. Os organismos internacionais – sobretudo os que definem as atividades econômicas – enfrentam a tese da soberania estatal reduzida ao mínimo. Esse ideário, presente em vários sistemas do século XVIII (contra o aparato religioso e despótico do Antigo Regime), radicalizou-se após os desastres do nazismo, do fascismo e do stalinismo no século XX. Filósofos dessa tradição liberal, sobretudo Karl Popper[1] e Ernst Cassirer[2], tentaram evidenciar que o Estado em excesso estaria na base do totalitarismo. Semelhante planta venenosa não surgiu,

---

1. *The Open Society and Its Enemies*, Princeton: Princeton University Press, 1966.
2. *The Myth of the State*, New Heaven/London: Yale University Press, 1946.

no entender desses filósofos, de um instante para outro, mas deita raízes na história da cultura política europeia. Popper e Cassirer indicam Platão como o semeador do governo que destrói a liberdade dos indivíduos e dos grupos.

Na retórica contrária ao Estado, a tese que mais retorna é a dos impostos que seriam um obstáculo à produção e ao mercado, gerando pobreza material e servilismo político. Todos os governos conservadores (e alguns progressistas) foram eleitos prometendo drástica diminuição da carga tributária. Se não cumprem essa façanha, nenhum dos agrupamentos que os apoia assume a incoerência entre o dito e o feito. A questão dos impostos integra os aspectos que definiram a própria *raison d'État* moderna. Impostos seriam a seiva que nutre o organismo estatal, o alimento de um ente monstruoso, a máquina de constrangimento coletivo.

Se a essência estatal assumiu no século xx uma densidade inaudita na história política da humanidade – com as tentativas[3] totalitárias –, é preciso também recordar que nesse século, no plano teórico, surge o dilema enunciado por Max Weber. Se a burocracia é o destino do mundo e a razão calculadora tomou posse da política e da economia, a política desaparece. O Estado transforma-se em um maquinismo planificador que funciona como se fosse máquina,

---

3. Considero que o totalitarismo, em vez de ser uma realidade social e política, não ultrapassou o limite de um projeto de poder. Não houve nunca, na Alemanha, na Itália, na urss, plena coincidência entre sociedade e Estado. As fraturas do interior dos partidos dirigentes, as lutas pelo poder governamental, as resistências religiosas e políticas no interior daqueles países, tudo indica que o programa totalitário, apesar das amostras tremendas que exibiu, não chegou à identidade entre as consciências civis e os donos da máquina partidária. Procuro analisar detalhadamente esse ponto que me afasta das análises sobre o totalitarismo surgidas nos anos de 1970 e 1980, em trabalhos publicados sobre o assunto. Cf. sobretudo R. Romano, *Conservadorismo Romântico: Origem do Totalitarismo*, 2. ed., São Paulo: Editora da Unesp, 1997, e O conceito de Totalitarismo na América Latina: Algumas Considerações, em Elaine Garcindo Dayrell (ed.), *América Latina Contemporânea: Desafios e Perspectivas*, São Paulo: Edusp/Expressão e Cultura, 1996, p. 307s. Para uma análise próxima à minha, cf. Eliana Dutra, *O Ardil Totalitário: Imaginário Político no Brasil dos Anos 30*, Belo Horizonte/Rio de Janeiro: Editora da ufrj/Editora da ufmg, 1997.

seguindo o paradigma hobbesiano. O desalento diante desse obstáculo, evidente em Weber, foi acolhido pelos seus ouvintes de vários modos. G. Luckács viu na revolução proletária mundial, baseada na vontade das massas, o antídoto para o "poder dos escritórios". No outro extremo da "ferradura ideológica"[4], Carl Schmitt indicou na vontade do chefe o caminho da salvação para o ato político. O caminho do Estado soviético e do Estado nazista foi complexo e cheio de desvios, bem mais do que no sonho desses teóricos[5].

A burocracia recrudesceu, mesmo após as aventuras totalitárias e o breve interregno antes da Guerra Fria, quando foi instituída a ONU. Hoje, o Estado-máquina, posto como ameaça às liberdades, a começar com a econômica, é exorcizado nos EUA, federação que mantém, com a burocracia civil ligada à "comunidade de informações" extensa e indomada, poderosa força militar que o ajuda – e não raro, como no caso do Iraque, aumenta seus problemas – no controle de seus interesses mundiais.

A metáfora da máquina para pensar o Estado é antiga como a Filosofia ocidental. Desde Platão pelo menos, a ideia de que o universo físico e humano constituem instrumentos produzidos com arte e técnica, os quais devem ser dirigidos por sábios competentes, habita as mais importantes teorias políticas. Basta que se pense em Thomas Hobbes. Essa maneira de imaginar os entes políticos e sociais foi recusada de modo peremptório no pensamento conservador e

---

4. Termo criado por Jean-Pierre Faye. Cf. a obra *Théorie du récit: Introduction aux langages totalitaires*, Paris: Hermann, 1972. Faye mostra que há uma circulação terminológica e nocional no mundo ideológico. Não raro, um conceito com origem na "esquerda" passa a ser usado na "direita" e vice-versa. O fenômeno é muito importante para se analisar as supostas "quebras" de programas de partidos situados nos vários setores da vida política. Antes de aceder ao mando, não raro, o sentido das palavras de ordem já foi modificado, tendo em vista a adequação ao campo tido como adversário. São bases que preparam alianças surpreendentes, como a que ocorreu entre a URSS e a Alemanha nazista no pretenso pacto de não agressão, em 23 de agosto de 1939.

5. John P. McCormick, *Carl Schmitt's: Critique of Liberalism Against Politics as Technology*, Cambridge: Cambridge University Press, 1999.

reacionário do século XIX e inícios do século XX. Daí Platão ser visto como o marco inicial do totalitarismo pelas filosofias românticas e nas teses liberais e neoliberais de nosso tempo. O Estado-máquina é um desafio importante da política: não por acaso Platão o ideou contra a democracia ateniense, lugar onde nasceu a nossa sensibilidade política. Confiantes na eficácia dessa *polis* dirigida pelos sábios (máquina de viver em comum é a melhor definição da *República* platônica), contra a instabilidade das assembleias cidadãs, os grandes nomes do pensamento político não tiveram dúvidas. O impulso do cálculo e do automatismo, que aniquila a política em nome da eficácia, atravessou os séculos e se ofereceu para Weber – quando ele caracterizou o Estado e a sociedade de burocráticos – na figura da fábrica onde todas as conexões são artificiais e mecânicas. A essência burocrática seria o resultado lógico dos séculos de razão mecânica[6].

As metáforas do organismo, apresentadas contra o ideário mecânico pelos conservadores românticos e por seus herdeiros, quando aplicadas ao político modificam a lógica da razão mecânica e, por conseguinte, a razão de

---

6. Cf. M. Weber, *Wirtschaft und Gesellschaft*, 5. ed., Tübingen: Mohr, 1972, p. 825, tradução nossa: "Do ponto de vista da Sociologia, o Estado moderno é uma 'empresa' com o mesmo título de uma fábrica. Nisto consiste precisamente seu traço histórico específico. E também desse modo se acha condicionada de maneira homogênea a relação do mando [*Herrschafttsverhältnis*] no interior da empresa". A separação (*Trennung*) entre os meios de administração e o seu operador, tanto na empresa quanto no Estado, define a burocracia que opera *sine ira et studio*, maquinal e hierarquicamente. Esse fenômeno Weber também nota na Igreja Católica, a qual, com o dogma da infalibilidade do Papa (1870), teria dado início efetivo à expropriação radical dos meios de salvação, que não mais estariam no poder dos bispos e se concentrariam na grande "empresa" da Cúria romana. Importa que o carisma passa a ser da própria instituição religiosa. No Estado, o maquinismo segue a lógica do cálculo, sem que a sua marcha possa receber modificações políticas. É desse desencanto que Weber partilha e legou aos seus herdeiros de "esquerda" ou "direita", como Lukács ou Schmitt. Esse último com enorme importância em autores estratégicos do chamado "neo" liberalismo, como F. Hayeck.

Estado[7]. É preciso cautela quando se adianta que a noção de racionalidade mecânica (como o fazem os polêmicos Cassirer e Popper) pode conduzir-se à razão de Estado no sentido totalitário. Em primeiro lugar, considere-se o amálgama de figurações – orgânicas, mecânicas – que nutriram todos os pensamentos políticos do Ocidente[8]. Em segundo, porque mesmo em livros fundamentais na elaboração da racionalidade moderna, como a *Enciclopédia Arrazoada de Artes e de Ofícios*, de Diderot e d'Alembert (obra coletiva que defende ao máximo a tese do mecanismo e que deu impulso máximo à razão mecânica), existe uma séria crítica à razão de Estado, com o uso da metáfora corporal para descrever tal instituição.

Se consultamos o verbete *Raison d´Etat* da *Encyclopédie* (redigido por Jaucourt, mas revisado por Diderot), percebemos que a própria exposição da ideia já é crítica.

Alguns autores acreditaram que existem ocasiões nas quais os soberanos eram autorizados a fugir das leis severas da probidade, e que o bem do Estado que eles governam lhes permite agir de modo injusto diante de outros estados, e que a vantagem de seu povo justificaria a irregularidade de suas ações.

---

7. A bibliografia sobre esse ponto é imensa. Cf. sobretudo Georges Gusdorf, *Fondements du savoir romantique*, Paris: Payot, 1982. Também Jean Starobinski, *Action et reaction: Vie et aventures d'un couple*, Paris: Seuil, 1999. Mas desde longa data o tema é analisado pela literatura especializada. Cf. o livro até hoje fundamental de F.W. Coker, *Organismic Theories of the State: Nineteenth Century Interpretation of the State as Organism or as Person*, New York: Columbia University Press, 1910. Publiquei alguns escritos sobre o assunto, entre eles: *Conservadorismo Romântico: Origem do Totalitarismo*, 2. ed., São Paulo: Editora da Unesp, 1997, e *Corpo e Cristal: Marx Romântico*, Rio de Janeiro: Guanabara Koogan, 1984. Deste último livro, cf. sobretudo "A fantasmagoria orgânica".

8. "Uma vez que ambos, mecanismo e organicismo […] exigem incluir tudo em seu escopo, nenhum dos dois pode deter-se enquanto não dissolver o arquétipo do outro. Em consequência, como o mecanicista extremo declara que os organismos são máquinas de ordem máxima, também o organicista extremado, no seu contra-ataque filosófico, mantém que as coisas físicas e seus processos são apenas formas muito rudimentares de organismo". M. H. Abrams, *The Mirror and the Lamp: Romantic Theory and Critical Tradition*, London: Oxford University Press, 1971, p. 186.

Assim, no introito do artigo, as frases postas no condicional mostram a suspeita na doutrina do autor formulada desde a Renascença. Diderot e seus pares tiveram relações muito difíceis, para não dizer conflituosas, com Frederico o Grande da Prússia e Catarina II, os supostos "monarcas esclarecidos"[9].

As injustiças, continua o verbete, "autorizadas pela razão de Estado, consistem em invadir o território de um vizinhos cujas disposições são suspeitas, apossar-se de sua pessoa, privá-la das vantagens a que tem direito sem motivo confessado ou sem declaração de guerra". A descrição dos atos subsumidos sobre a razão de Estado, como vemos, do século XVII ao nosso, é constante. A retórica empregada na sua justificação é a mesma. Adianta o texto: "Os que sustentam uma *ideia tão estranha* (grifo nosso), a fundamentam no princípio de que os soberanos devem procurar tudo o que pode fazer feliz e tranquilos os povos que lhes são submetidos, e têm o direito de usar todos os meios que levam ao fim salutar". Temos aí, resumida, de modo claro e distinto, a essência do cálculo estatal.

Mas seguem-se as propostas de remédio para o problema:

por mais especioso que seja o motivo [a felicidade e a segurança tranquila dos povos] é muito importante para a felicidade do *mundo* [grifo nosso] encerrá-lo em justas barreiras: é certo que um soberano deve procurar o que conforta a sociedade por ele governada; mas não pode ser à custa dos outros povos. As nações, assim como os particulares, têm direitos recíprocos. Sem isto, todos os soberanos, tendo os mesmos direitos, estariam num estado de desconfiança e de guerra contínua.

---

9. Cf. Denis Diderot, *Notes écrites de la main d´un souverain à la marge de Tacite ou Principes politiques des souverains*. "Il n'y a point de scélératesse à laquelle cette politique [a razão de Estado] ne conduisit" (D. Diderot, *Oeuvres: T. III, Politique*, Laurent Versini (ed.), Paris: Robert Laffont, 1995, p. 173). O ataque de Diderot contra Frederico é direto nesta passagem. Aquele soberano, em *Histoire de mon temps*, obra em que se aplica a justificar sua prática na direção do Estado, distingue entre a moral comum, válida para todos os particulares e o dever moral do príncipe de viver para o bem de seu povo e desobedecer, se preciso, os mandamentos da moral pessoal. Sobre esse passo, ainda é cheio de atualidade o comentário de F. Meinecke em seu clássico sobre a razão de Estado. Dessa obra, uso a tradução francesa de M. Chevalier: *L´Idée de la raison d´Etat dans l'histoire des temps modernes*, Paris: Droz, 1973, p. 337.

Conclusão do verbete:

os representantes dos povos, não mais do que os indivíduos na sociedade, não podem isentar a si mesmos das leis da honra e da probidade. Seria abrir as portas para a desordem universal instituir a máxima que destruiria os vínculos entre as nações, e que exporia as mais fracas às opressões das mais fortes. Tais injustiças não podem ser permitidas, qualquer o nome que se use para disfarçá-las.

A lição hobbesiana é conhecida pelo autor da *Encyclopédie*, mas não aceita por ele. Sim, existe uma guerra permanente entre os estados, mas é preciso pensar na ordem (a verdadeira racionalidade) e na paz cósmica. Se consultarmos a definição de "Estado", na mesma obra, vemos que o autor colheu na ideia do ser político, com muita precisão, algo assumido apenas em um prisma pelos defensores da razão de Estado. Segundo esses, a plena astúcia e força, usadas sem regra nem lei pelos soberanos, justifica-se pela segurança e felicidade dos súditos. Mas o ser político, pensa o enciclopedista, não é feito tendo em vista apenas aqueles pontos: "Estado," escreve ele, "designa uma sociedade de homens vivendo juntos sob um governo qualquer, *felizes ou infelizes*"[grifo nosso].

Se um povo é infeliz nos limites de suas terras, não é pela conquista ou invasão de outros que ele alcança a sua beatitude. E o Estado onde as pessoas são infelizes também é um ente perfeito.

Logo após essa declaração política fundamental, lemos no verbete a definição do Estado como um organismo. Importa citar esse passo porque, como sabemos, a *Encyclopédie* é um monumento do pensamento mecânico, sendo o lugar por excelência do culto a Francis Bacon e a Isaac Newton (mais do que nos escritos de Voltaire).

Pode-se considerar o Estado como uma pessoa moral, cuja cabeça é o soberano e os particulares são os membros. Como resultado atribui-se a essas pessoas certas ações que lhes são próprias, certos direitos distintos dos que são usufruídos pelos cidadãos individuais e que estes últimos não podem se arrogar. Esta união de muitas pessoas num só corpo, produzida pelo concurso das vontades e das forças de cada particular, distingue o Estado da multidão, pois esta é apenas um ajuntamento de muitas pessoas, na qual cada uma delas tem uma vontade particular. Enquanto isto, o Estado é uma sociedade animada por uma só alma, a qual dirige todos os movimentos de modo constante, no relativo à utilidade comum. Eis o Estado feliz por excelência. Seria preciso para formá-lo, que a multidão dos homens fosse unida de um modo tão particular, que a conservação de uns dependesse da conservação dos outros, para que eles estivessem na necessidade de se entre-socorrer. E que por esta união de forças e de interesses, eles pudessem afastar os insultos dos quais cada um, em particular, não poderia se defender, obrigando ao dever os que dele querem se afastar, e obter assim o bem comum.

Com essa imagem arcaica do corpo político, figura por excelência das idealizações organicistas que definirão o romantismo futuro, o escritor do verbete (trata-se de Jaucourt) recolhe o tema por excelência da razão de Estado, a ideia de que o soberano precisa conhecer bem o corpo político em cada uma de suas partes e no seu todo para bem governar. A causa dessa necessidade também é dita por Jaucourt:

ocorre no corpo político como no corpo humano, nele pode-se distinguir um Estado sadio e bem constituído e um Estado onde reina a doença. Seus males vêm do abuso do poder pelo soberano, ou da má constituição do estado. É preciso buscar a causa nos defeitos nos vícios dos que governam ou nos vícios do governo.

Não é o lugar, aqui, de seguir a suposta corporeidade do Estado, com as suas doenças. Desde os escritos hipocráticos, dos quais herdamos conceitos estratégicos da política (a ideia de regime, de constituição etc.) até os grandes textos platônicos, aristotélicos, estoicos, epicuristas, passando pelo Renascimento e atingindo o idealismo e materialismo dos séculos XIX e XX, a metáfora da doença é das mais constantes para designar as dificuldades no ordenamento do Estado e da sociedade civil[10].

10. Cf. uma pequena contribuição para todo esse debate que apresentei em "A Fantasmagoria Orgânica", *Corpo e Cristal: Marx Romântico*, Rio de Janeiro: Guanabaara, 1985.

A ideia mesma da *raison d'État* surge a partir da necessidade, para o dirigente, de ter acesso imediato a cada um dos focos possíveis da "doença" estatal.

O padre Athanasius Kircher, jesuíta dedicado ao conjunto das ciências úteis à Igreja e ao Estado, sintetiza de modo perfeito a tentativa de tudo conhecer, pelo governante, unindo propostas técnicas imaginárias de controle dos governados por meio de instrumentos ópticos e auditivos. Por exemplo, na conhecida figura a seguir:

É preciso ouvir, se o príncipe está no seu gabinete, o que os governados dizem de modo a captar, antes que rebeliões ocorram, a situação dos negócios e a disposição espiritual do corpo político. Note-se que a escuta é um dos elementos mais antigos da prática médica, sendo exposto no *Corpus hippocraticum* com muita acuidade. Dois lados na mesma representação: no plano da óptica, o dirigido deve ser o mais transparente ao governante e esse, com a prática do segredo, deve ser o mais invisível ao dirigido[11].

Se existe um corpo doente, o "médico" governante deve se prevenir e não se deixar enganar pelo mal universalizado. Como diz um comentarista do Cardeal Mazzarino, para

---

11. Discuto esse ponto em "A Transparência Democrática: Esperanças e Ilusões", presente na minha coletânea *O Caldeirão de Medeia*, São Paulo: Perspectiva, 2001, p. 45-78.

boa parte do pensamento político moderno, herdeiro do maquiavelismo, a assimetria entre os dirigidos e os dirigentes deve partir da pretensa imersão dos primeiros no campo doentio e da pretensa saúde dos segundos.

A presença do mal é como um foco subterrâneo e profundo [...] O homem é corrompido, porém desta certeza parte não a recusa da ação, mas a própria ação porque o político, como a raposa, inaugura o seu difícil jogo com a sociedade que ele teme. O corpo está adoecido. Essa doença tem fases alternadas, umas escondidas e outras apenas aparentes, umas graves e de absoluta evidência. É preciso que o político esteja sadio, ele precisa tudo fazer para não se contagiar [...] para fazer da doença dos outros a sua própria saúde. E o político tudo fará para não sucumbir.[12]

Além de todos os recursos técnicos surgidos no Renascimento, como a criptografia, os meios ópticos e auditivos, a necessidade de controle do corpo social pelos dirigentes utilizou instrumentos que atingiram o fundo mesmo da alma social. Pode-se dizer que as "pesquisas de opinião" já se combinaram, desde pelo menos a Contrarreforma, para captar as disposições anímicas dos dirigidos e as suas riquezas materiais. Em ambos os casos, a busca dos dados estatísticos e a computação serviram para acrescentar o conhecimento, pelo governante, das supostas "doenças" sociais e das providências para reforçar o caixa dos governos. O controle das ideias e das riquezas foi uma tarefa conduzida em séculos de experimentos de governo pela razão de Estado.

Como em quase todos os setores do Estado ocidental, os paradigmas iniciais de pesquisa e de controle foram oferecidos pela Igreja Católica. Essa, após a Reforma Protestante, enfrentou uma crise profunda na governabilidade dos fiéis. Como saber, com certeza, se um católico nominal seguia de fato as determinações hierárquicas? Como prevenir o *corpus mysticum* das "doenças" como o

---

12. Giovanni Macchia, *Breviario dei Politici* (atribuído ao Cardeal Mazzarino), Milano: Rizzoli, 1981, p. xvi.

protestantismo, o livre pensamento, o ateísmo? Todas essas perguntas ligam-se a outra, bem mais fundamental: como prevenir a "doença" da secularização absoluta do mundo, a começar com a do poder político? Tal passagem do mando sacral ao secularismo também é assunto extenso e com enorme bibliografia. Dentre os inúmeros estudos sobre o tema, o de Ernst Kantorowicks é dos mais sugestivos.

Esse autor mostra, com maior ou menor acuidade e documentação, que alguns pontos nodais das representações religiosas foram "traduzidos" ao mundo político. Em primeiro lugar, a própria ideia do Estado como um corpo à semelhança do corpo eclesiástico[13]. Mas outras translações imagéticas são mais curiosas. Sabe-se o quanto as tensões entre Igreja e Estado nacional que nascia foram norteadas pelo combate ao redor dos recursos econômicos carreados para a instituição eclesiástica (dízimos, doações de bens materiais dos fiéis etc.) e desejados pelos reinos, sobretudo na Inglaterra e na França[14].

Nessa luta entre a Igreja e os Estados nacionais, os juristas dos segundos se apropriaram de noções antes reservadas apenas para o campo religioso, como a de um *corpus Reipublicae mysticum*. Cito o próprio Kantorowicks:

---

13. Segundo a figura adiantada por Paulo, o Apóstolo, em I *Coríntios*, 12:12.
14. A *Bula Clericis laicos*, de 1296, foi escrita para proibir a taxação do clero pelos reis, causando uma luta intensa entre a Cúria Romana e Eduardo I da Inglaterra, que precisava de recursos para os serviços do Estado. Pode-se dizer que essa luta trouxe, *in nuce*, os problemas que terminaram na Reforma Inglesa, com Henrique VIII. Já a *Bula Unam Sanctam* (1302), que define o poder "superior" do Papa em todos os assuntos, espirituais e políticos, atingiu, além de Eduardo I, também Filipe IV da França, o qual proibiu a exportação de recursos advindos das isenções do clero para Roma. Como resultado primeiro desse conflito, o rei francês chegou a prender o Papa em seu castelo por alguns dias. Desse modo, a busca dos recursos, da parte dos dois poderes políticos europeus, os Estados nacionais nascentes e a Igreja, levou a uma ruptura intermitente entre eles. Mas ambos precisavam saber onde estavam os mencionados recursos e como deles tomar posse. Daí a crescente política de se pesquisar, com ajuda dos saberes científicos, o "corpo doente" da sociedade. Cf. H. Bettenson, *Documents of the Christian Church*, London: Oxford University Press, 1947, p. 159s.

Christus e *fiscus* tornaram-se comparáveis face à inalienabilidade e prescrição. A base jurídica desta "equiparação" foi encontrada em muitas passagens do Direito romano, por exemplo, no Código de Justiniano onde os pertences dos *templa*, as igrejas, eram considerados em pé de igualdade com coisas que pertenciam ao *sacrum dominium* do imperador. De acordo com este ponto, os juristas falaram em *sacratissimus fiscus* ou *fiscus sanctissimus*, uma frase que tem um curioso som apenas para os ouvidos modernos.[15]

Como o Cristo, o fisco pode ser dito onipresente no tempo e no espaço, sendo a fonte de vida do corpo inteiro do Estado. Ele é mesmo similar, em vários autores (citados por Kantorowicks), ao estômago no "corpo" estatal. A imagem, como é sabido, vem da fábula de Menenius Agrippa, exaustivamente utilizada pelo pensamento aristocrático contra as reivindicações da burguesia e dos setores mais "negativamente privilegiados" da história política da Europa[16].

Se o fisco é sacratíssimo e se é imortal e onipresente, resta, no entanto, que ele precise ser retomado a cada novo dia, com os procedimentos litúrgicos apropriados. Mas se é a fonte de onde emana a vida do Estado, onde busca o fisco o seu próprio alimento? Nas riquezas do reino e da Igreja, alojadas em última instância nos bens dos homens. A Igreja Católica não conhecia aqueles bens, pois desconhecia inclusive o *modus vivendi* dos seus fiéis. Desastres que ameaçaram o seu império, como a venda de indulgências no século XVI, foram, em boa parte, devidos a esse desconhecimento das fontes das quais emanavam as riquezas. As rimas do monge Tetzel, "Sobald das Geld im Kasten Klingt/Die seele aus dem Fegfeuer springt" (Quando a moeda no cofre ressoar/A alma do purgatório vai saltar), não foram nenhuma solução para o problema dos fundos

---

15. Ernst Kantorowicks,*The King's Two Bodies*, Princeton: Princeton University Press, 1970, p. 174s.
16. Em *Coriolano*, Shakespeare explora ao máximo as bases e as consequências da metáfora de Menenius Agrippa, mostrando a tragédia da aristocracia diante do Estado que dispensa os heroísmos pessoais e, ao mesmo tempo, controla as turbas populares.

que deveriam manter a Igreja. A crítica de Lutero atingiu em cheio, não apenas a simonia, mas também a ignorância do organismo católico sobre as suas próprias bases sociais.

Problema semelhante enfrentou o Estado quando precisou buscar, além das expropriações dos bens eclesiásticos, as fontes da riqueza para taxá-las. Desconfiança enorme acolheu as primeiras investidas dos governos para conhecer o potencial dos reinos no campo dos impostos.

Técnicas muito próximas entre si só foram empregadas pela Igreja e pelos Estados para conhecer o mundo civil e suas riquezas. Indicarei a seguir, rapidamente, os dois caminhos daquelas instituições para tornar visíveis os "corpos" das sociedades.

No caso da Igreja Católica, a Reforma e a secularização do mundo político impulsionaram, após o Concílio de Trento, uma pesquisa constante das bases materiais e espirituais do mundo social. Enquanto a confissão protestante insiste na invisibilidade da consciência do crente, essencial para a liberdade do cristão[17], o catolicismo tridentino exasperou a visibilidade da comunhão religiosa e política de seu mando. Assim, para o cardeal Bellarmino, a Igreja seria "tão visível quanto a república de Veneza". Isso, em tese. Como atingir a consciência dos fiéis, evitando que eles se escondessem dos padres e bispos ("adoecendo" de protestantismo, ateísmo, secularismo) e escondessem seus recursos no pagamento dos dízimos e de outros emolumentos sacrais?

O Concílio de Trento (1543-1563) obriga os padres a conhecer melhor as suas ovelhas, traçando o mapa da paróquia onde militam. São os famosos "registros do estado das almas" idealizados por Carlos Borromeu, promovido aos altares pela Igreja[18]. O escrito fundamental de Borromeu

---

17. Analisei esses pontos no prefácio que redigi ao texto magistral de Lutero. Cf. M. Lutero, *Da Liberdade do Cristão*, São Paulo: Editora da Unesp, 1998. Também discuti longamente o problema em *Brasil: Igreja Contra Estado*, São Paulo: Kayrós, 1979.
18. A mais correta análise desse assunto é feita por François Dagognet no capítulo sobre a sociografia de seu livro *Philosophie de l'image*, Paris:

nesse âmbito é o *Liber status animarum*, em que se encontra, por assim dizer, o "programa" para a coleta dos dados sobre o corpo social, dados que deveriam ser remetidos todos os anos ao bispo, que os enviaria aos governantes da Igreja.

Após a Reforma e com as "doenças" do ateísmo e do ceticismo, a Igreja empreende, então, "olhar" para o que se esconde no corpo da sociedade que supostamente lhe está submetida. Como o santuário da consciência, também supostamente, não pode ser invadido de maneira direta, o *Liber status animarum* é uma estratégica para fotografar o indivíduo por intermédio de suas relações com os demais, a começar no plano da família.

Vejamos a seguir como Carlos Borromeu ideou os formulários para a coleta dos dados. Nas figuras a seguir, a lógica inteira da pesquisa é imediatamente acessível:

Exercice du Chrétien	Doctrine chrétienne	Les commandements de Dieu et de l'Église	Credo	Pater, Ave	Devoir paschal	Première communion	Confirmation	Age			
									Forme de décrire l'estat des ames		
									Famille de Pierre N.		
o	+	o	+	o	+	+	+	35	Pierre N.		Pierre N. est sujet au vin etc. Il détient à N. telle chose.
o	+	o	+	o	o	o	o	29	Marie N. sa Femme		Il trafique à usure etc.
+	o	+	o	+	+	+	+	12	Pierre		Sa femme est en inimitié avec N.
o	+	o	+	o	+	o	+	8	Jean	leurs enfans et filles	Elle élève mal ses enfans.
+	o	+	o	+	o	+	o	11	Marie		Pierre l'ainé est adonné au jeu. Ainsi des autres...
o	+	o	+	o	+	o	+	3	Anne		
+	o	+	o	+	o	+	o	60	Catherine mère de Pierre N.		
o	+	o	+	o	+	o	+	28	Jacques frère de Pierre N.		
+	o	+	o	+	o	+	o	40	Antoine N. leur valet, de la paroisse de N.		Antoine N. leur valet est de la paroisse de N., il demeure avec eux depuis...
o	+	o	+	o	+	o	+	20	Jeanne leur servante, de la paroisse de N.		Jeanne N. est dans cette famille depuis......

Et ainsi des autres familles....

Fonte: François Dagognet. *Philosophie de l'image*, p. 202.

Vrin, 1984, a partir da p. 200. Tudo o que avanço, de agora em diante, sobre tal passo, está nesse texto.

E então, a ficha é utilizada até o século xx:

Fonte: François Dagognet, Philosophie de l´image, p. 204.

Quais são as marcas principais dos formulários acima? Em primeiro lugar, eles, conforme indica F. Dagognet, proporcionam uma contabilidade meticulosa das condutas humanas. Em segundo, fornecem meios abreviativos que permitem um reagrupamento fácil das informações: por exemplo, uma simples cruz significa que o paroquiano foi crismado, um "o" que ele não o foi. Como nota o historiador Georges Couton, "a ficha mecanográfica está pronta, falta inventar a perfuração. O tempo dos gráficos, das estatísticas, dos computadores, poderia começar"[19]. Em terceiro lugar, os formulários respondidos fornecem dados sobre a família, a profissão, a rua, as casas etc. Em quarto, a notação, na margem do livro, das situações mais notáveis: as pessoas escandalosas, os blasfemos, os adúlteros, os que vivem em concubinato, pessoas em noivado e que já habitam a mesma casa, os usurários públicos, os maridos separados de suas mulheres etc. A grande cautela é assinalada no próprio "manual de instrução" dos formulários: "tomar cuidado para nada escrever que possa de algum modo prejudicar a reputação das pessoas, e mais ainda de algo que possa de algum modo desvelar os conhecimentos adquiridos na confissão".

Assim se desenha um verdadeiro mapa do social, identificando os lugares onde se instalam os libertinos, os

---

[19]. F. Dagognet, op. cit., p. 202. "Thus Baptism, the Christian name in the baptismal register ('the book of life'), the praying in the oral and reading traditions, focus the deep cultural-transmitting elements in the pastoral source materials. On that basis the rest of the sources relies concerning the other sacraments (the Confirmation/Chrism, Confession, Communion, Marriage and Extreme unction) as well as concerning the pastoral Parish records. These Parish records have different names in different traditions, but they are organized in the same way in genealogical family patterns. Thus the Catholic 'Liber Status Animarum' correspond to the Protestant 'Soul Registers', and to the famous Swedish/Finnish Parish examination records (husförhörslängder). These records compress the richest information of all those registers. In them you can follow a person or a family during all kind of changes over time in the family, social and migration patterns" (E. Johansson, Baptizing them, Teaching them: A Key to the Pastoral Codes and the Roots of the European Population Records, *Umeå University: The Research Archive,* disponível em: <http://194.198.128.222/svar/eu/dig/adi/pers/joeg.htm>.

luteranos, ao lado dos "vendedores de sortilégios, os artistas de teatro, as senhoras de pequena virtude, os traficantes". Trata-se, nesses inquéritos, de um momento da burocratização quase militar (e os jesuítas estão na ordem do dia…) da Igreja Católica, em pé de guerra contra o mundo moderno, reformado ou secularizado.

Claro que muitos padres consideraram essa obrigação de mapear suas ovelhas como algo inútil, papelório excessivo. Mas é com base em cada um dos formulários que as autoridades católicas fazem uma contabilidade dos bens materiais e espirituais ao seu dispor. De um lado, os formulários fazem um balanço dos atos religiosos (batismo, crisma, casamento, exéquias), indicando a sua frequência em alguns lugares e a sua ausência em outros. Se o "sinal vermelho" aparecia, a pregação e os cuidados pastorais priorizavam o espaço onde os luteranos, os ateus, e demais concorrentes da Igreja obtinham êxitos. Mas os dados sobre o religioso se cruzam, no mesmo *Livro do Estado das Almas*, com outros, dando conta dos nascimentos, casamentos, mortes. Esses dados permitem seguir os elementos que entram na ordem de cada ato social, como a herança, os dotes, as brigas ao redor da passagem da riqueza. Tal tarefa era facilitada para os padres, porque eles tinham o controle das minutas do estado civil. Luís xiv chegou a ordenar (o Código Luís) regras estritas para o preenchimento dos registros em vários exemplares.

A Igreja Católica, com esse aparato técnico e computacional, adiantou-se ao Estado, definindo a *raison de l'Église* antes da moderna *raison d'État*. Em um só instante ela ficava sabendo as zonas de sombra, onde seu domínio era contestado ou difícil, e os lugares onde ela reinava incontestada. Também ficava sabendo muitas coisas sobre os recursos materiais dos fiéis, o que lhe permitia estimar de modo menos desastrado do que antes da Reforma, o que poderia ser deles extraído, sem o escândalo da simonia denunciada por Lutero e pelos libertinos.

As lutas entre os poderes religiosos e os civis, para estabelecer com predominância o seu domínio no mesmo espaço social e político, exigiram das duas instituições, a Igreja Católica e os Estados absolutistas, o aumento do conhecimento de seus recursos para exercer a sua manutenção material, via taxas, emolumentos, dízimos etc. Vimos como a Igreja definiu o seu caminho para tornar transparentes aos fiéis uma hierarquia que os "pastoreia", segundo regras de controle morais, políticos, ideológicos. O caso dos Estados e do fisco segue uma dialética muito similar.

Se no caso eclesiástico seguimos o texto de Carlos Borromeu, com a análise de François Dagognet; agora acompanho o trabalho de Dominique Reynié: *O Olhar Soberano: Estatística Social e Razão de Estado do Século XVI ao XVIII.*

Os momentos decisivos do Estado moderno, a sua inauguração enquanto poder secular e sem a tutela religiosa, iniciam-se com a necessidade urgente de saber sobre o quê e a quem reinava o príncipe. As primeiras "receitas" de transparência, nesse sentido, foram fornecidas por escritores que, mesmo sem pertencerem mais à Igreja Católica, percebiam a carência de conhecimentos sobre o "corpo" social, da parte dos soberanos. É o caso de Nicolas de Montand, que prega uma espécie de desvelamento do social, seguindo um imaginário ótico, mas com muita proximidade ao *Liber status animarum*. Assim, diz ele, baseado na fórmula de Bodin (no VI do seu *Les Six livres de la République*:

> a casa do tribuno Drusus, edificada para que todos pudessem vê-lo em seu interior ou exterior, por esse motivo Drusus foi proclamado sanctus et integer[20].

É com base na visibilidade do governante que se pode alcançar a visibilidade dos governados. O primeiro é como:

> um cristal que tem a propriedade de penetrar todos os cantos e limites do Reino. Sua claridade atravessa as trevas, arruína a obscuridade e mostra os homens viciosos, inimigos de Deus, blasfemos,

---

20. Jean Bodin, apud Dominique Reynié, Le Regard souverain: Statistique sociale et raison d'État du xvie au xviiie siècle, em Christian Lazzeri; D. Reynié (orgs.), *La Raison d'Etat: Politique et rationalité*, Paris: PUF, 1992.

epicuristas, sardanapalos, ateus, sodomitas, assassinos e ladrões, massacradores, enganadores, e palhaços de corte[21].

Na busca dessa transparência, dá-se também a procura dos indivíduos que vivem de modo não ortodoxo. Mas para chegar até eles, é preciso saber onde habitam os súditos do reino no seu todo e quem são eles. Aianta Reynié: "dizer a população do reino, dar a superfície do território não são coisas fáceis". Reynié deixa implícito, entretanto, que os Estados modernos, saídos a fórceps do feudalismo e do controle eclesiástico, tinham fronteiras indefinidas, não raro sofriam o efeito "sanfona", ora expandiam-se em um sentido, ora em outro; ora retraiam-se em um lugar, ora em outro. Mesmo nos territórios mais seguros para o governante, os números eram errados ou fantasiosos.

Assim, a pesquisa demográfica assume, a partir desse ponto, lugar estratégico, empurrada sobretudo por um projeto fiscal. Nas *Crônicas da França*, escritas por Pierre Desrey e publicadas em 1515, pode-se notar a suposta existência, na França, de 1.700 mil torres de sino, o que determinaria a população do país em algo por volta de seiscentos milhões de habitantes. Esse dado fantástico e fantasmagórico foi repetido ao longo dos séculos XIV, XV, XVI. Outros escritores falaram em números ao redor de 112 milhões etc.

Com esse "conhecimento", impossível o controle efetivo do território e da população.

> Uma verdadeira política fiscal tornava-se impossível. Os impostos, não podendo ser aplicados com o conhecimento das coisas, ameaçavam ser gravemente injustos ou com um rendimento muito inferior ao esperado. Os dois defeitos podiam cruelmente coexistir.[22]

A busca de um crescimento na arrecadação dos impostos e na modernização fiscal provocou o incentivo da Estatística. Esse movimento tem um marco relevante na publicação do

---

21. N. Montand, apud D. Reynié, op. cit. p. 44.
22. D. Reynié, op. cit., p. 46.

livro de Jacques Coeur, *Cálculo ou Enumeração do Valor dos Ganhos do Reino de França: Relatórios e Instruções para Administrar o Estado e a Casa do Rei e Todo o Reino*. Título longo, próprio à época, mas preciso. Com semelhante procedimento, as incertezas orçamentárias começavam a receber alguma luz.

Com as guerras religiosas e as devidas à concorrência dos Estados pelo domínio territorial, assim como os avanços da arte bélica que incluíam novas tecnologias custosas, os governantes viram-se na necessidade urgente de aumentar seus recursos. Já Filipe, o Belo, buscou, por volta de 1302, aumentar as disponibilidades monetárias do seu país. A taxação do clero, por ele, produziu graves rupturas com a Igreja, gerando mesmo a Bula *Unam Sanctam*, em que o papa proclamou-se superior ao mando secular em matérias religiosas e políticas. Mas Filipe foi além, pois confiscou bens dos judeus (1306), suprimiu a Ordem dos Templários e ficou com os seus bens, tentou taxar o comércio de modo mais rigoroso e chegou a taxar os senhores feudais. Instituiu-se no intervalo o pagamento de somas ao governo para que indivíduos fugissem do serviço militar, a venda do acesso à nobreza.

Um traço muito curioso, e ainda hoje atual, é que quase todas as medidas acima, impostas por Filipe, foram proclamadas provisórias e o rei prometeu não mantê-las… Contra tais atitudes, a Assembleia dos três Estados se esforça por entravar, comenta Reynié, o ardor fiscalista dos soberanos. Nada conseguem, "os impostos provisórios tornam-se permanentes"… Do século xv ao xvii, os impostos crescem e se multiplicam.

Esse desenvolvimento, ainda segundo Reynié, é favorecido pela reorganização administrativa. Com o uso generalizado dos números arábicos, no século xv, surge a oportunidade do cálculo rápido e mais fácil. A partir de 1539, o registro dos atos torna-se obrigatório. Anotam-se os batismos, com sua hora e seu tempo. Com Henrique iii, os registros se abrem para as mortes e os casamentos. O poder dispõe agora, diz Reynié, de imensos livros que trazem o nome, a idade, a qualidade e o número dos súditos. "A preocupação estatística atinge todos os países, ocupa os espíritos avisados". O espírito dos registros, se não se confunde com o do *Liber status animarum* (a Igreja Católica tem a função de guardar os registros no reino até o final do Antigo Regime), compartilha a mesma atitude de desvelar quem são os dirigidos e quais as suas riquezas potenciais ou efetivas.

Como final desse artigo, quero recordar que a história dos séculos XVIII, XIX e XX registrou a exacerbação, pelos Estados nacionais, do conhecimento o mais exato de suas respectivas sociedades e das outras as quais eles desejavam vencer na luta política, econômica, ideológica, religiosa. O acréscimo de força atribuído à razão de Estado não deixou um instante de se exercer em escala geométrica. Um autor oposto à democracia moderna, que está na fonte das piores ditaduras dos séculos XIX e XX, entretanto, foi o que melhor mostrou o "progresso" da máquina estatal, para assegurar aos seus administradores a plena transparência dos coletivos humanos, dela se aproveitando para a mais bruta repressão coletiva.

Juan Donoso Cortés, no *Discurso sobre la Dictadura*,[23] diz que quanto mais desce o nível da fé em Deus na sociedade, mais o poder precisa emprestar a onisciência divina, além da onipotência. Chega um dia em que o governo afirma:

temos um milhão de braços, mas não bastam. Precisamos mais, precisamos de um milhão de olhos. E tiveram a polícia e com ela um milhão de olhos. Apesar disto [...] o termômetro político e a repressão política deviam subir, porque, apesar de tudo, o termômetro religioso baixava, e subiram. Não bastou aos governos um milhão de braços, não lhes bastou um milhão de olhos. Eles quiseram um milhão de ouvidos, e os tiveram com a centralização administrativa, pela qual vieram parar no governo todas as reclamações e todas as queixas. [...] Mas os governos disseram: não me bastam, para reprimir, um milhão de braços; não me bastam, para

---

23. Publicado em 1849. Dessa obra, utilizo a edição: J. D. Cortés, *Discurso sobre la Dictadura*, *Obras Completas de Donoso Cortés*, Madrid: BAC, 1970, v. 2.

reprimir, um milhão de olhos; não me bastam, para reprimir, um milhão de ouvidos; precisamos mais, precisamos ter o privilégio de nos encontrar ao mesmo tempo em todas as partes. E tiveram isto, pois se inventou o telégrafo[24].

Chegamos hoje à internet, aos meios eletrônicos de busca e controle, sem contar com a espionagem dos próprios cidadãos, de uma eficácia que recorda os procedimentos descritos na imaginação que gerou o romance *1984*. O fisco como razão de Estado impulsiona a perda quase absoluta do espaço individual pelas ações comandadas (seja em clima de guerra a países, seja na luta contra o terrorismo) dos governos poderosos, em detrimento das liberdades e dos direitos humanos.

Trata-se de um labirinto que, vimos, tem início na própria gênese do Estado e da Igreja modernos. O que apenas tornará mais sombrias as perspectivas do século XXI e seguintes, caso não se consiga diminuir o desejo de tudo ver, ouvir, tocar e reprimir das chamadas autoridades públicas, para as quais o ato de arrecadar impostos e taxas tornou-se mais do que uma segunda natureza.

---

24. Ibidem, p. 318.

MENTIRA E RAZÃO DE ESTADO

A justificativa do título, nas considerações a seguir, é evidente, imagino eu, bastando inspecionar a mídia internacional e brasileira para ver o quanto os poderes se desenvolvem no segredo e aprofundam as diferenças entre a cidadania comum e os que agem em nome do público. Guerras, modificações econômicas e jurídicas são empreendidas sem que os contribuintes saibam as suas causas e alvos. Pior quando medidas restritivas às liberdades civis – como o conjunto de ordenamentos norte-americanos batizados como Ato Patriótico – são esposadas por juristas e tribunais superiores. A democracia e as exigências de transparente responsabilidade governamental perdem a cada átimo sua marca de origem. No mundo inteiro, observa-se uma espécie de retorno ao absolutismo que, por sua vez, imaginávamos afastado pelas Revoluções Inglesa, Norte-americana e Francesa. Sequer pode-se afirmar que hoje vigora um Termidor. Na verdade, o retorno político que testemunhamos segue para o arbítrio e a imposição de leis e normas pelos que ocupam o lugar do arcaico rei sagrado. Nunca, na história política moderna e deste país, o executivo foi tão impositivo e tirânico.

Com a hegemonia inconteste do príncipe (inclusive com o retorno da prática na qual os bens do Estado pertencem a governantes e áulicos) temos algo similar ao descrito por Peter Burke na consolidação moderna do Estado: todas as instituições públicas tornam-se instrumentos para ilustrar a imagem do governante. A *raison d'État* é apenas outro elemento da reivindicação enunciada pelo rei Sol: *L'État c'est moi*. Como indica Peter Burke, as academias científicas, artísticas, os palácios públicos, as avenidas, as cidades, as fábricas, os quartéis passaram a existir apenas para exibir a "glória da França" na figura de Luís. As técnicas empregadas pelo Estado absolutista foram assumidas pelos governos após o refluxo da Revolução de 1789. A primeira delas é o culto da personalidade, abusado por Napoleão e conduzido ao delírio no século xx.

Recomendável é a leitura dos últimos considerandos feitos por Burke sobre o século anterior. O autor critica quem separa de modo radical a ordem política na época de Luís e em nossos dias. Ele mostra que muitos autores recentes erram ao comentar o Estado do século xvii. Por exemplo, Daniel Boorstin que, em 1960, cunhou o termo "pseudoevento", cujo significado corresponde a uma ação encenada, tendo em vista a mídia aos rumores sobre atos noticiados antes mesmo que ocorram. Em português atual o termo é factoide. As joias, os quadros, as medalhas e as gravuras absolutistas integravam encenações meticulosamente ensaiadas. Existem outros termos como "Estado Espetáculo", produzido por Schwartzenberg, em 1977, para descrever a política de Kennedy, De Gaulle, Pompidou e Carter e o empacotamento dos candidatos. Dizer que "antes" os pretendentes ao governo não eram vendidos à população é olvidar que Richelieu e Luís xiv tinham *ghost writers* para redigir discursos, memórias, cartas. A "venda" do produto político não difere em demasia hoje do que se fez na era da razão de Estado.

Finalmente: "os meios de persuasão assumidos por governantes no século xx como Hitler, Mussolini e Stálin e, em menor grau, pelos presidentes franceses e norte-americanos, são análogos sob certos aspectos importantes aos meios empregados por Luís xiv". Existem diferenças, pois, "os novos meios eletrônicos têm suas próprias exigências. A mudança de discursos políticos para debates e entrevistas, por exemplo, é um dos seus efeitos. Mesmo assim, o contraste entre o que poderíamos chamar de "governantes eletrônicos" e seus predecessores foi exagerado".

Conhecemos o sentido atual da manipulação das massas. Depois de Elias Canetti, cujo exame das multidões captou as bases totalitárias do século xx em *Massa e Poder*, analistas como Peter Sloterdijk mostram as potencialidades da nova mídia e da internet no movimento de massas virtuais determinado pela propaganda.

Semelhantes artifícios são reunidos na classificação ética tradicional que diz respeito à mentira. Engana-se quem une razão e verdade. Como enuncia Immanuel Kant, antecedido por Rousseau e Platão, a força do pensamento racional, no mundo finito, é acelerada pela mentira e pela desmesura. As primeiras linhas da *Crítica da Razão Pura* dizem que "a razão humana sofre um destino peculiar, pois em todas as espécies de seu conhecimento ela se incendeia por questões que, como é prescrito pela própria natureza da mesma razão, ela não pode ignorar mas que, se ultrapassar os limites de seu poder, ela também não pode responder".

Como o poder político, a razão deve encontrar limites, caso contrário ela delira sem suportes na corporeidade humana. Se o conhecimento é o seu alvo, ela deve começar dando à sensibilidade o seu quinhão, partilhando seus poderes. Quando se imagina absoluta, a razão, enuncia Kant, torna-se despótica e vazia. A verdade necessita tanto de ingredientes raros e caros quanto das humildes fontes estéticas. Justo por tal motivo Kant defende a crítica da razão. Como diz o introito da sua obra estratégica.

> Nossa era é propriamente a era da crítica, a quem tudo deve ser submetido. A religião, por sua santidade e a legislação, por sua

majestade, querem ser isentadas pela crítica. Mas então elas despertam suspeitas e não podem exigir o respeito sincero que a razão concede apenas ao que passa pela prova livre e pública.

O trecho kantiano é um ataque direto ao dogmatismo trazido pela razão de Estado. Tanto a ordem religiosa quanto a civil buscam um estado de exceção para si mesmas, enquanto a crítica liga-se à continuidade no ordenamento público e republicano. Ali, a regra é efetivamente universal e não admite exceções, muito menos estados de exceção. E a *raison d'État* opera segundo a lógica do que é excepcional. Não por acaso um dos autores primevos na constelação absolutista redigiu em 1652 (tempo áureo da *raison d'État*, especialmente sob Richelieu e Mazarino) o primeiro livro claro sobre os golpes de Estado. Refiro-me a Gabriel Naudé.

Proponho às senhoras e aos senhores inspecionar a mentira como essência da razão de Estado. Na tarefa, uso os trabalhos de vários escritores, sobretudo o de Victoria Camps, "Mentira como Presuposto", editado em coletânea dedicada ao problema da mendacidade[1]. Uma constatação primeira é sobre a natureza da linguagem verdadeira. Se ela é uma convenção ou se brota diretamente da natureza é algo que se discute na Filosofia desde os seus primórdios. Com essa zona cinzenta que obnubila noção de gênese, a hipótese mais produtiva, em termos políticos e jurídicos, enuncia que a verdade no mundo finito não pode ser absoluta. E nem a mentira. A língua, como a cultura humana incluindo o poder, define-se como um jogo. De Pascal a Wittgenstein, essa via tem sido explorada com insistência. A mentira, segundo o último pensador citado, é um jogo de linguagem que deve ser aprendido, como qualquer outro jogo.

Se existe uma atenuação do conceito de verdade e mentira no mundo moderno ainda somos suficientes herdeiros de Rousseau e não perdemos a certeza na sinceridade. Esse é o pressuposto da comunicação, sobretudo em coletivos

---

1. Em Carlos Castilla del Pino (org.), *El Discurso de la Mentira*, Madrid: Alianza, 1988.

que se desejam democráticos. Que a língua seja o lugar dos equívocos, da insuficiente clareza, dos desvios semânticos, é algo debatido desde os pré-socráticos e o *Crátilo* platônico é eloquente testemunho. A simples inspeção em textos fundamentais do pensamento político moderno, como *O Leviatã*, também mostra que, antes de penetrar os segredos do poder é preciso bem vigiar o uso das palavras. Em nossos dias, um analista que traz elementos para esse labor é Austin, no importante *How to do Things with Words*.

Segundo Austin, o que a língua faz não é nem verdadeiro, nem falso: está benfeito ou malfeito. Em lugar de erros ou falsidades, ele prefere dizer "atos infortunados", como os abusos do pensamento, os sentimentos, as intenções, trazidos pela insinceridade do agente. Assim, dar conselhos com objetivos torpes, dizer culpado o inocente, prometer querendo não cumprir, não consiste em dizer coisas "falsas", mas insinceras. Aí reside propriamente o ato de mentir.

Qual é a mais espalhada definição da mentira em nossa cultura? A de Santo Agostinho. Ele proclama que Deus é inocente de toda falsidade. Ao dizer que Deus não precisa de nossa mentira, ele segue Platão à risca. Todos recordam as passagens da *República* que censuram os deuses homéricos mendazes, e a sentença do filósofo que define os atores divinos como inocentes. Do celeste ao humano: como a nossa vontade decidiu-se pelo mal, ainda no Paraíso (incluindo a mendacidade), no mundo finito tudo é pervertido. O Estado só existe porque ocorreu aquele primeiro ato de vontade maléfica e mentirosa. Servos de nosso egoísmo e orgulho, para nós a mentira só pode consistir em "dizer o contrário do que se pensa, com a intenção de enganar"[2]. Em outro texto, o *Contra mendacium* (Contra o Ato de Mentir), o padre da Igreja analisa a mentira feita para obter vantagens. Nada mais acertado, no caso, do que recordar as passagens de Edmund Burke sobre a atração racional pelo mal, o que produz no homem o sentimento do *delight*,

---

2. S. Agostinho, *De mendacio*.

tranquilo horror que segundo Burke é a fonte do sublime. Satã, o mentiroso supremo, pelo prazer da luz racional, nos joga no delírio, armadilha cujo nome latino é "lácio": rede luminosa que o Príncipe das Trevas joga sobre os "animais racionais" para que eles se afastem da luz.

A mentira é, portanto, um ato de fala. Vejamos o que isso pode significar. Os atos de fala dependem, segundo Austin, do ajuste do enunciador a um "procedimento convencional aceito [...] que inclui a emissão de certas palavras, por parte de certas pessoas em certas circunstâncias". Esse aspecto é determinado como ilocução (o que fazemos ao dizer algo), mas não como perlocução (o que fazemos pelo fato de dizer algo). A perlocução é o efeito produzido por um ato linguístico, o objeto, ou a simples sequela desse ato. Ela pode ser intencional ou inintencional. A perlocução não é convencional, produz-se ou deixa de ocorrer independentemente da correta efetivação do ilocutivo. Vejamos exemplos disso: "mate-o" é locutivo. "Ordenou-me que o matasse", ilocutivo. "Persuadiu-me a matá-lo", perlocutivo.

"Persuadir", "convencer", "assustar", "alarmar" são perlocutivos cuja efetivação não depende do fato de usar certas expressões ou situá-las em contexto adequado, mas sim da habilidade, destreza ou astúcia do falante, da fraqueza ou vulnerabilidade do ouvinte, circunstâncias, nem sempre previsíveis, nem controláveis pelos próprios sujeitos do ato de fala. Para expor a não convencionalidade do perlocutivo, Austin afirma que um juiz pode decidir, pela oitiva de testemunhas, quais locutivos e quais ilocutivos foram empregados no ato delituoso; contudo, ele não pode saber quais foram os perlocutivos porque não tem provas para tal exame. O ilocutivo é um ato físico mínimo que consiste em dizer algo. O perlocutivo resulta do ter dito algo que não consiste em outro ato de dizer. Ele não é convencional e isso poder ser verificado pelo fato de que ele não pode ser explícito, caso contrário, perde eficácia. Não se diz: "eu te persuado" ou "eu te assusto" quando se deseja realmente persuadir ou assustar. O perlocutivo pode ser intencional ou inintencional, um fim proposto ou querido, ou ser uma simples sequela do ilocutivo.

Se a mentira é "dizer o contrário do que se pensa com a intenção de enganar", como considerá-la no contexto dos atos de fala? Falar a mentira, para Austin, é transgredir a condição dos atos de fala, a sinceridade. No ilocutivo, a mentira está no não cumprir de uma regra, que exige dos partícipes de uma troca de enunciados que eles possuam os pensamentos e sentimentos expressos, além de terem a intenção de falar em consequência. Digamos em forma de jogo: os partícipes de um jogo de xadrez devem ter a competência e o intento de jogar xadrez, não dominó ou outro jogo. A sinceridade, assim entendida, é um pressuposto da conversa. A mentira, dizer o contrário do que se pensa, negaria o próprio ato comunicativo. Ela não é um ilocutivo, mas um perlocutivo. Por exemplo: se falarmos "ao dizer x, eu o enganei", o intento e a consequência se amparam, justamente, na ausência de explicitação, na falsidade do ato, a inconexão encoberta entre o que digo e o que, de fato, pretendo conseguir sem que o outro o perceba, pois se trata de enganá-lo.

Permitam-me afirmar que nesse passo temos a condição primeira da razão de Estado. Todos os comentadores dessa política indicam que a inconexão encoberta entre falante e ouvinte, entre os que falam pelo poder e os que obedecem, é o seu núcleo. A questão do segredo aninha-se nesse fio básico da mentira, que vai além dessa prática de engodo metódico, pois alguém pode enganar e ocultar de si mesmo tal intento, salvando às meias a própria consciência. "O político mente para ganhar eleições; o desempregado mente para conseguir emprego, e até existe quem minta exclusivamente para chamar a atenção". Nesses casos, o perlocutivo não é apenas enganar. Assim, podemos imaginar que a mentira como perlocutivo absoluto – mentir por mentir – jamais ocorre. Mentir é um recurso próximo do que chamamos manipulação. Ela é um ato unilateral: eu engano, minto, e ele não deve perceber. Aqui também nota-se o traço da razão de Estado, segundo a maioria dos comentadores. Quando citei Kant e a questão da crítica pública foi em preparação a esse passo. A mentira, na perspectiva de Kant, nega o pressuposto semântico e pragmático essencial que, se ausente, a comunicação torna-se impossível e, com isso, toda ciência, moral, política. A razão de Estado é uma política paradoxal porque tende a reduzir todo enunciado político à manipulação dos dirigidos, neles criando a aceitação temporária do que se diz e se faz, que tem a marca da mentira. A adesão aos atos do governante é fabricada com meticulosa astúcia. A cada vez o engano deve ser retomado, sem que se acumule realmente qualquer obediência cuja origem seja a vontade efetiva do coletivo.

A razão de Estado arruína a base da política, a fé pública, porque ela é "um engano radical, uma ruptura de fé que arruína todo contrato discursivo; na mentira [e na Razão de Estado] o ouvinte não é capaz de explicitar nenhuma estrutura; trata-se de um discurso 'fora da lei'"[3]. A mentira é um abuso da linguagem. Quando descoberta, ela precisa de razões escusas para justificar tal abuso. A verdade não precisa se desculpar, salvo justamente diante da razão de Estado, como se apreende da história dessa política que não ousa dizer seu nome. Os julgamentos das seções especiais de Justiça em Vichy, os julgamentos de Moscou e muitos outros julgamentos demonstram esse ponto.

Quais os tipos de mentira que mais operam na cultura ocidental, berço da razão de Estado? A ficção, que sem dúvida não é verdadeira, mas também não é mentirosa, pois não intenta enganar. A linguagem política comum, não presa à razão de Estado, pois nela se encontram os eufemismos, as evasivas, os silêncios, as desinformações. Essa língua promete sem prometer e deseja agradar e conseguir votos, persuadir mais do que convencer. Contudo, não pode ser dita mentirosa, mas demagógica. Nela, os interesses pragmáticos se sobrepõem a todos os demais interesses. A língua da publicidade exagera para persuadir, é prescritiva de modo

---

3. H Parret apud V. Camps, op. cit., p. 54.

sutil. A língua religiosa não é verdadeira, pois usa a analogia. Os atributos divinos são incognoscíveis. Só se pode falar deles a partir das criaturas. A língua cotidiana conta com fórmulas mentirosas que não podem ser tomadas ao pé da letra, como nas desculpas, saudações, expressões de contentamento ou tristeza. Victoria Camps cita a grande "filósofa" Mafalda, que se refere à expressão "não tenho tempo" como uma boa "mentira dos adultos que costuma funcionar". Sempre é bom que se lembre do estratégico livrinho de Torquato Aceto, o *Della dissimulazione onesta*:

> Existem classes e profissões que se pressupõem por princípio que forçam os seus representantes a mentir, como, [...] os teólogos, os políticos, as prostitutas, os diplomatas, os poetas, os jornalistas, os advogados, os artistas, os fabricantes de alimentos, os operadores da bolsa, os juízes, os médicos, os falsificadores, os gigolôs, os generais, os cozinheiros, os traficantes de vinho.

Mas nessas mentiras profissionais, diga-se, temos mentiras partilhadas, pois nelas o engano participa e assume a mentira. É um jogo que deve ser aprendido, são mentiras que pervadem todos os discursos, deixando por isso de serem algo que vai contra o coletivo. Em determinados casos temos aí algo lícito, ou ilícito, conforme o caso. Passemos ao caso da mentira como ato de violência e poder.

As mentiras mencionadas há pouco, de forma geral, são aceitas socialmente, são funcionais, convencionais. A mentira real se identifica com a injustiça. Ela é uma espécie de violência e só é justificada pela aceitação do violentado. Nela, as duas partes – mentiroso e enganado – sabem que estão mentindo um ao outro, mas ao dirigido não resta nenhuma saída que não seja a adesão. Quando existe mentira real? Quando a competência linguística é assimétrica: mente-se à criança, ao doente, ao fraco, ao vulnerável, ao que depende de tutores. A mentira é possibilitada pela dominação religiosa, política, ideológica, profissional. A razão de Estado se instala no mundo humano com a dominação assimétrica absolutista. É o caso de Tiago I, que afirma ser o rei *accountable* apenas perante Deus. Aos súditos, ele ensina e manda sem que eles possam exigir prestações de contas. A luta contra a razão de Estado formou o núcleo das revoluções democráticas na Inglaterra do século XVII, na América e na França no século XVIII. Na democracia, a competência linguística é simétrica e compartilhada. É por semelhante motivo que todos os reacionários do século XIX, a começar com os românticos conservadores, viram na democracia aquele regime em que todos falam, e todos falam em demasia, sem poder decidir.

Basta "alguma experiência da alma humana", diz Weinrich, para detectar os sinais da mentira. Aprender o jogo da mentira – por isso o estadista da razão de Estado é comparado ao jogador que frauda as regras – é aprender as possibilidades de manipulação e engodo responsáveis pelo encobrimento da fala, que, por sua vez, é o disfarce do pensamento. O que faz o regime da razão de Estado contrário ao gênero humano e à liberdade é o fato de que sua mentira é uma injustiça que não considera governantes e governados como iguais, uma redução, como diria Kant, do outro a puro meio da vontade governante. Não por acaso Montaigne define a mentira como "valentia diante de Deus e covardia diante dos homens". É por tal motivo que o perlocutivo fornece uma chave para entender o ato da mentira política, dita razão de Estado: a sua essência é a dominação do outro, quando esse não consegue recusar ou mesmo detectar o engano. O perlocutivo não é "mentir" ou "enganar" (porque disse x, menti ou enganei). A mentira permanece oculta, em especial na razão de Estado porque não deve ser percebida, caso contrário, ela perde seu efeito. Habermas imagina que em uma sociedade ideal, ou seja, a democrática e ilustrada, impera o diálogo e a mentira é impossível. A simetria entre os cidadãos e os dirigentes mostra-se total. O único senão é que tal sociedade nunca existiu nem existirá, salvo talvez na Civitatis Dei. Mesmo assim é preciso atentar para a ruptura do diálogo celeste, trazida pelo primogênito da Luz. Dessa forma, temos a realidade absolutista da assimetria entre cidadãos e cidadãos, entre cidadania e príncipes.

Existindo a assimetria, temos o poder dos competentes na fala e nos atos, os quais decidem sobre o que pode ser ouvido e compreendido pelos governados.

Não admira que os Estados formalmente definidos como democracias sejam frágeis nos dias posteriores ao Termidor. Não admira também que a confiança dos cidadãos na democracia diminua a olhos vistos. A astuciosa razão de Estado, da qual adoecem estadistas, intelectuais e, principalmente, burocratas, não pode fugir da corrosão homeopática da fé pública, sem a qual nenhum poder se sustenta em prazo longo. Como diz Nietzsche, citado bem a propósito por Victoria Camps, "os homens não fogem tanto de ser enganados, como de serem prejudicados pela mentira". Não é por teres mentido para mim, arremata Nietzsche, "mas porque eu não mais acredite em ti, é isto o que me faz estremecer".

Fé pública e verdade são os esteios que garantem todos os deveres, todas as leis, todos os contratos. É isso, afirma Amélia Valcárcel, que afasta a razão de Estado para fora dos limites da moralidade. Daí Hegel ter estigmatizado a crítica da razão, proposta por Kant, como algo desagregador para a sociedade civil e para o Estado. Sem dúvida, imagina Hegel ao perverter a noção de mentira na *República* de Platão, o sujeito individual não deve mentir, mas deve ser admitido que entidades não subjetivas possam trazer verdades que para ele, indivíduo abstrato, são mentiras. A instituição estatal é a verdade suprema dos indivíduos, ela tem o direito à mentira para o bem do coletivo. Moralmente se exige que uma pessoa não minta a outras, sendo repreensível se ela mente sobre assuntos de sua esfera profissional ou familiar. Sua mentira será punida se a mentira cometida afeta o Estado. Esse, segundo Hegel, não precisa dizer a verdade porque ele é a verdade. Instituições não mentem, indivíduos sim.

Termino essas notas sobre razão de Estado com a lembrança de Pitt Rivers, que afirma ser a mentira essencialmente uma categoria que mede a hierarquia. Mentir é uma relação que se faz de cima para baixo. Trata-se de saber quem possui direito à verdade. Mentir é não dizer a verdade a quem possui direito a ela. A ordem que chega de cima não é mentira, mas palavra de poder pertinente em si mesma, modelo e guia do saber e da ação dos que a recebem. Quem precisa fazer com que sua informação suba pode mentir, mesmo inadvertidamente; se esconde ou tergiversa parte de sua informação, se não purifica o que for conveniente para o seu nível. Os totalitarismos, finaliza Valcárcel, "nunca reivindicaram a si mesmos como prováveis, mas como verdadeiros". O absolutismo fez o mesmo, com a terrível mentira que se encerra na razão de Estado. Para dizer tudo com Zaratustra:

Em alguns lugares do mundo existem ainda povos e rebanhos, mas não entre nós [...] aqui só existem Estados. Estado? O que é isto? Abri os ouvidos e lhes falarei da morte dos povos. O Estado é o mais frio dos monstros frios. Ele é frio mesmo quando mente; eis a mentira que sai de sua boca: "Eu, o Estado, sou o povo". Mentira. Os criadores formaram os povos e desenrolaram sobre suas cabeças uma fé e um amor; eles serviram a vida. Mas os destruidores puseram armadilhas para a multidão, é o que eles chamam Estado; eles puseram sobre suas cabeças uma espada e cem apetites. Se ainda existe um povo, ele nada compreende do Estado e o odeia como um pecado contra a moral e o direito. [...] Cada povo tem seu idioma do bem e do mal e o povo vizinho não o entende. Mas o Estado sabe mentir em todas as línguas do bem e do mal e em tudo o que ele diz, mente e tudo o que possui, roubou. Tudo nele é falso; ele morde com dentes falsos, até suas entranhas são falsas. O Estado é o lugar onde todos estão intoxicados, bons e maus, onde todos se dissolvem [...] onde o lento suicídio de todos é chamado "vida". [...] Vede estes supérfluos: eles adquirem riquezas e apenas se tornam mais pobres. Eles querem o poder [*Macht*] e, antes, a alavanca do poder, muito dinheiro – esses impotentes! Vede como eles sobem, estes macacos ágeis. Eles sobem uns sobre os outros e se fazem mutuamente cair na lama e no abismo. Todos querem ganhar o trono. Com frequência é a lama que está sobre o trono, e não raro o trono está plantado na lama. Todos loucos [...] seu ídolo fede, este monstro frio; eles também fedem, os idólatras.

Nietzsche não foi um democrata, longe disso. Mas viu coisas não percebidas por muitos militantes que, por nada perceberem na razão de Estado, coonestaram horrores na Alemanha, na Itália, na URSS, no Camboja e em muitas terras.

NOTAS PARA UMA FILOSOFIA DO SEGREDO

A democracia começa e termina com o segredo. Na razão de Estado, que serviu como base da ordem estatal moderna, foram discutidos todos os elementos da vida pública e de sua manutenção. Evidentemente, *in nuce*, não de forma ampliada e definitiva. O segredo não pode ser atribuído apenas ao Estado e às suas instituições. Algo tão antigo na história humana – um teórico importante como Simmel diz que ele "é uma das maiores conquistas da humanidade" – atingiu seu pleno sentido político bem tarde na História. A sua prática passou das corporações aos setores administrativos, aperfeiçoando-se ao máximo. O segredo, enuncia Simmel, "não pertence nem ao campo do ter, nem ao do ser, mas ao do agir"[1].

1. The Sociology of Secrecy and of Secret Societies, *American Journal of Sociology*, Chicago, v. 11, n, 4, 1906, apud Wolfgang Kaiser, Pratiques du secret, *Rives nord-méditerranéennes*, n. 17, 2004, disponível em: <http://rives.revues.org/535>. Esse *site* traz excelentes análises sobre o problema do segredo. Cf. também Jean-Pierre Chrétien-Goni, Institutio Arcanae: Théorie de l'instituion du secrte et fondement de la politique, em Christian

Com a democracia produzida nas três grandes Revoluções Modernas – a Inglesa no século XVII, a Norte-americana e a Francesa no século XVIII –, o segredo foi atenuado pela *accountability* e pela transparência. Na forma anterior à democracia, o soberano não deve satisfações aos parlamentos, aos juízes, aos governados. Essa tese foi combatida desde longa data na Inglaterra.

Além de pai do seu povo, o rei, segundo Jaime, seria o professor universal, pois os súditos são fracos e ignorantes. E assim, ele é em tudo independente da sociedade e desconhece inclusive o judiciário: "A ruindade de um rei nunca pode fazê-lo ser julgado pelos juízes que ele próprio ordena".

E segundo Etienne de La Boétie, em *Mémoires de nos troubles sur l'Édit de janvier 1562*: "O povo não tem meios de julgar, porque é desprovido do que fornece ou confirma um bom julgamento, as letras, os discursos e a experiência. Como não pode julgar, ele acredita em outrem."[2]

Gabriel Naudé fala do segredo e da desconfiança universal que obrigam o governante a se preservar "dos engodos, ruindades, surpresas desagradáveis" quando a crise de legitimidade se instala. É preciso cautela, diz Naudé, contra o animal de muitas cabeças, "vagabundo, errante, louco, embriagado, sem conduta, sem espírito nem julgamento… a turba e laia popular joguete dos agitadores: oradores, pregadores, falsos profetas, impostores, políticos astutos, sediciosos, rebeldes, despeitados, supersticiosos"[3].

As convulsões que reuniram todos os prismas da vida capitalista triunfante, após a Reforma de Henrique VIII, ergueram a força popular traduzida em facções, dos Levellers

---

Lazzeri; Dominique Reynié (dir.), *Le Pouvoir de la raison d´État*, Paris: PUF, 1992, p. 169s. E Antonio Sarubbi; Pasqualina Scudieri, *I teorici della ragion di stato: Mito e realtà*, Napoli: Scientifiche Italiane, 2000.

2. Cf. Paul Bonnefon (ed.), Une Oeuvre inconnue de La Boétie: "Les Mémoires sur l´Édit de janvier 1562", *Revue d´Histoire littéraire de la France*, Paris, ano 24, n. 2, 1917.

3. *Considérations politiques sur le coups d'État* [Roma: 1639], Hildesheim: Gerog Olms, 1993. O texto também está disponível em: <http://gallica.bnf.fr/ark:12148/bpt6k83388d.r=gabriel+naud%C3%A9+.langPT>.

aos Diggers, mesclando religião e imperativos democráticos. E daí nasceu a noção da *accountability* invertida: o rei não mais devia prestar contas apenas ao ser divino, mas apenas ao povo: *Vox populi, vox dei*. John Milton expressa os dois princípios: "Se o rei ou magistrado são infiéis aos seus compromissos, o povo é liberto de sua palavra". Essas frases, em *The Tenure of Kings and Magistratees,* definem o princípio da nova legitimidade política[4]. O *summus magistratus* popular exige responsabilidade dos que agem em seu nome.

Esses enunciados foram recolhidos por Thomas Edwards, inimigo de qualquer democracia, em um catálogo de "heresias" políticas. O erro dos democratas, diz Edwards, reside em afirmar que

o poder supremo só pertence à Casa dos Comuns, porque só ela é escolhida pelo povo. O estado universal, o corpo do povo comum é o soberano terrestre, o senhor, rei e criador do rei, dos parlamentos, e todos os ministros da justiça. Majestade indeclinável e realidade residem de modo inerente no estado universal; e o rei, parlamentos etc., são as suas meras criaturas e devem prestar contas a eles, os quais deles dispõem a seu bel prazer; o povo pode pedir de volta e reassumir seu poder, questioná-los, e colocar outros em seu lugar [eu sublinho][5].

Thomas Edwards era contrário à democracia, mas todos os seus enunciados baseiam-se em fontes (sobretudo delações) e documentos. A consulta aos historiadores do período confirma a veracidade dos enunciados atribuídos por Edwards aos democratas[6]. As teses democráticas inglesas repercutiram no século XVIII pela Europa inteira e integram

---

4. Um governo (Milton cita Aristóteles) "unaccountable is the worst sort of Tyranny; and least of all to be endured by free born men". Cf. John Milton, *Selected Prose*, edited by C.A. Patrides, Harmondsworth: Penguin, 1974, p. 249s.

5. *Grangraena: III*, [1646], Exeter: The Rota Ed. e Universidade de Exeter, 1977, edição fotostática, p. 16.

6. Cf. sobretudo Christopher Hill, *Intellectual Origins of the English Revolution*, London: Granada Publishing Ltd. 1965. Também Christopher Hill (ed.), *The Levellers and the English Revolution*, Manchester: C. Nichollls & Company, 1961.

o *corpus* doutrinário moderno que formou o ideário sobre o qual se fundamentam Estados como a própria Inglaterra, a França, os EUA.

Calaram fundo nos iluministas os princípios democráticos ingleses. Enuncia Diderot nas *Observações sobre o Projeto de Constituição de Catarina* II:

Não existe verdadeiro soberano a não ser a nação; não pode existir verdadeiro legislador a não ser o povo; é raro que o povo se submeta sinceramente a leis que lhes são impostas; ele as amará, as respeitará, obedecerá, as defenderá como sua obra própria se é delas o autor [...] A primeira linha de um código bem-feito deve ligar o soberano; ele deve começar assim: "Nós, o povo [e lembremos que este será o início da Constituição norte-americana: *We the People*...][7] e nós, soberano desse povo, juramos conjuntamente essas leis pelas quais seremos igualmente julgados; e se ocorrer a nós, soberano, a intenção de mudá-las ou infringi-las, como inimigo de nosso povo, é justo que ele seja o nosso, que ele seja desligado do juramento de fidelidade, que ele nos processe, nos deponha e mesmo nos condene à morte se o caso exige; esta é a primeira lei de nosso código[8].

Passada a era das revoluções, para usar o termo de Eric Hobsbawn, e depois do pesadelo trazido pelos Estados totalitários do século XX, o poder estatal apresenta agudos problemas. Na dialética contraditória ocorrida no âmbito democrático – os demagogos prometem plena transparência ao povo, mas precisam assumir o segredo estatal, são eleitos pelo voto secreto e, nos palácios, usam esse segredo para domar as massas que os sufragaram –, o pêndulo vai da licença às tiranias, como a nazista. A resposta do poder ao segredo do voto foi o recrudescimento e a manipulação inaudita do segredo de Estado.

Examinemos o citado pêndulo em um autor estratégico, Carl Schmitt, no livro *A Ditadura: Das Origens da Ideia*

---

7. Lembrança trazida por Laurent Versini na edição que dirigiu das obras de Diderot.
8. Observations sur l'Instruction de l'Impératrice de Russie aux Députés pour la Confection des Lois, em L. Versini (ed.), *Oeuvres de Diderot*, t. III, Paris: Robert Laffont, 1995, p. 507.

Moderna de Soberania à Luta de Classes Proletárias, de 1921[9]. É dele a mais famosa fórmula do segredo no mundo político moderno: "Soberano é quem decide sobre o estado de exceção".[10] Contra Hans Kelsen, Schmitt pensa que o problema da soberania ainda existe no mundo moderno[11]. Schmitt é coerente crítico dos Parlamentos e do sistema representativo[12]. Falando-se seriamente em democracia, pensa o autor, só o povo pode decidir o seu destino e jamais os deputados. A expressão "democracia representativa" é um meio de enganar as massas. Da impossível democracia parlamentar Schmitt segue ao Chefe do Estado, o protetor da Constituição posto acima dos entraves da legislação e das regras. O dirigente opera segundo a lógica da excepcionalidade. Em *O Protetor da Constituição*[13], encontra-se a referência ao Poder Moderador definido no Império Brasileiro. A importância desse poder situa-se no controle da soberania

9. *Die Diktatur: Von den Anfängen des modernen Souveränitätsgedankens bis zum proletarischen Klassenkampf*, 2. ed., Munique/Leipzig: Duncker & Humblot, 1928. Como estigma contra os brasileiros, a terceira edição dessa obra foi editada na Alemanha exatamente em 1964.

10. "Souverän ist, wer über den Ausnahmezustand entscheidet": essa é a primeira frase de seu escrito sobre a teologia política. Cf. *Politische Theologie: Vier Kapitel zur Lehre von der Souveränität*, Munique: Duncker & Humblot, 1934. O enunciado apresenta-se não apenas em autores da chamada "direita" internacional, mas também em textos da "esquerda", como em Walter Benjamin. Tem toda razão Jean-Pierre Faye, linguista e teórico do pensamento totalitário, quando se refere a uma "ferradura" terminológica que reúne os vários matizes da paleta ideológica. Durante o nazismo, com a "colaboração" entre URSS e Alemanha, chegou a ser cunhada a expressão tremenda "nacional-bolchevismo". Mas essas são análises que devem ser feitas em outras ocasiões...

11. Hans Kelsen, em *Das Problem der Souveränität*, no contexto das relações jurídicas – internacionais, principalmente – diz que "o conceito de soberania deve ser radicalmente eliminado". Cf. H. Kelsen, *Il problema della sovranità*, Milano: Giufrrè, 1989. Para uma análise crítica do pensamento de H. Kelsen, cf. o escrito de Márcio Sotelo Felippe, *Razão Jurídica e Dignidade Humana*, São Paulo: Max Limonad, 1996.

12. Cf. *Die geistesgeschichtliche Lage des heutigen Parlamentarismus*, Munique: Duncker & Humblot, 1926. Existe uma edição brasileira: *A Crise da Democracia Parlamentar*, trad. Inês Lohbauer, São Paulo: Scritta, 1996.

13. *Der Hüter der Verfassung*, Berlin: Duncker & Humblot, 1969. Texto ideado em 1929, mas publicado mais tarde.

popular ou das pretensões parlamentares. Schmitt afirma que apenas o Reichspräsident pode defender a Constituição em tempo de crise. O tema gira ao redor do "Artigo 48" da "Constituição de Weimar"[14]. Ao apelar ao Protetor da Constituição, o jurista nega que o judiciário possa exercer aquele papel, porque judiciário é idêntico a normas e age *post factum*, sempre atrasado na correção dos desvios e das fraturas institucionais. Para remediar aquelas situações, apenas o Reichspräsident poderia ser movido, legal e constitucionalmente. Segundo Hans Kelsen, Schmitt reduz a "Constituição de Weimar" ao "Artigo 48"[15]. Se, como diz Schmitt, "a independência é a necessidade primeira para um protetor da Constituição" e se os juízes ou deputados não podem cumprir aquele mister, segue-se que eles não são independentes ou independentes o bastante para garantir o Estado. Desse modo, ele retira dos demais poderes a possibilidade de controlar e limitar o Protetor em seu poder excepcional.

O ponto estratégico, julga Schmitt, encontra-se na defesa da exceção, mais relevante no seu entender do que a regra (defendida pelos liberais). A exceção nega a soberania popular nos padrões do pensamento liberal, ou seja, nos padrões da representação, e permite a Schmitt o retorno ao *Leviatã*. Em Hobbes existiria a tese de um

governo que pode se reclamar da necessidade concreta, do estado das coisas, da força da situação, para outras justificações não determinadas pelas normas, mas pelas situações [...] Isso encontra o seu

---

14. Recordemos o artigo 48 citado: "Caso a segurança e a ordem públicas forem seriamente (*erheblich*) perturbadas ou feridas no Reich alemão, o presidente do Reich deve tomar as medidas necessárias para restabelecer a segurança e a ordem públicas, com ajuda, se necessário, das forças armadas. Para este fim, ele deve total ou parcialmente suspender os direitos fundamentais (*Grundrechte*) definidos nos artigos 114, 115, 117, 118, 123, 124 e 153." Não por acaso disse Carl Schmitt que "nenhuma Constituição sobre a terra legalizou com tamanha facilidade um golpe de Estado quanto a constituição de Weimar".

15. Wer soll der Hüter der Verfassung sein?, *Die Justiz*, [S. l.], v. 6, 1931, apud John P. Mccormick, *Carl Schmitt´s Critique of Liberalism: Against Politic as Technology*, Cambridge: Cambridge University Press, 1997, p. 144.

princípio existencial na adequação ao fim, na utilidade […] na conformidade imediatamente concreta das suas medidas[16].

Nas crises, o Estado "suspende o direito em virtude de um direito de autoconservação"[17]. Nas categorias schmittianas sobre o inimigo na ordem estatal, sobretudo no campo diplomático, temos um prenúncio do que se passa em nossos dias no Ocidente. Seja porque o jurista – apesar de totalitário – previu situações perigosas, seja porque seus discípulos (como Leo Strauss) circularam as teses sobre o segredo no Estado, Schmitt fornece pressupostos para conceituar as máquinas de guerra e segredo que determinam os Estados e tendem a conduzir o mundo na era do terrorismo.

Um comentário exato desse *status* encontra-se em texto de Eva Horn, do qual cito um trecho:

permeado pela guerra em sua dupla essência e natureza, a inteligência não liga-se ao tipo de poder tipificado pela soberania estatal, mas pela [.] "máquina de guerra", um movimento múltiplo de deslocamento no território tão oposto aos princípios de hierarquia e estratificação do "aparelho estatal". Guerra é rapidez, segredo, violência, astúcia, enquanto o Estado é entendido como fixidez e enraizamento num lugar, representação, o fim do bellum omnium contra omnes: a lei. A máquina de guerra […] é externa ao Estado, mesmo quando seus elementos podem ser integrados no aparelho de estado (exército, polícia, serviços de inteligência). […] A máquina de guerra é […] uma dinâmica segundo a qual tudo se aparenta à guerra: sua capacidade de metamorfose e camuflagem traz rapidez e relação estratégica no espaço. Segredo e traição de segredos, desinformação e violação de tratados, propaganda e conspiração integram a máquina de guerra, a qual não pode ser inserida sob os princípios da soberania nacional. É o moderno partisan, o clandestino e lutador "irregular" que poderia ser chamado a corporificação paradigmática da máquina […] de guerra[18].

---

16. Cf. *Legalität und Legitimität*, 1932. Cito a edição italiana: *Le categorie del "politico"*, Bologna: Il Mulino, 1972, p. 217.
17. Cf. definição de soberania em *Le categorie del "politico"*, p. 39.
18. Geheime Dienste. Über Praktiken und Wissensformen der Spionage, *Lettre International*, 53, 07/ 2001, p.. 56-64. Versão inglesa, Knowing the Enemy: "The Epistemology of Secret Intelligence", disponível em: http://

A última frase de Eva Horn retoma Carl Schmitt, agora na *Theorie des Partisanen*[19]. As consequências dessa corrosão do Estado trazem desafios para a vida política internacional. As guerrilhas e as formas rápidas de luta contra inimigos fortes serviram nas batalhas de libertação nacional, da Espanha de 1808 ao Vietnã. Mas as "máquinas de guerra", geradas para enfrentar os movimentos guerrilheiros e inseridas nos Estados colonialistas e imperiais dos séculos XIX e XX, aprenderam as lições da guerrilha. Elas agem na fímbria da ordem estatal. Com o segredo, conduzem uma política marcada pela razão técnica, sem as cautelas diplomáticas que anteriormente asseguraram a razão de Estado. Os movimentos que apelaram para a guerrilha, em muitos países, seguiram para a desestabilização do Estado de direito e para a truculência ditatorial. O Camboja revelou-se como o máximo de horror nessa linha, com milhões de pessoas trucidadas nos campos da morte. Cuba, que exemplifica a ditadura que surgiu dos *partisans*, tornou-se um problema quase sem solução no século XXI.

O segredo e a máquina de guerra, em um polo da vida política mundial, e os terroristas que usam técnicas de guerrilha combinadas com sacrifícios rituais de corpos (os atentados suicidas), em outro, usurpam as prerrogativas legítimas do poder. Com a Segunda Guerra, a Guerra Fria, o macarthismo e as formas autoritárias que visualizamos no mundo, o segredo aumentou sua abrangência. Se os países socialistas, supostamente repúblicas populares, quebram a base da *accountability* e da fé pública em proveito dos governos, algo similar ocorre hoje na Europa e nos EUA.

Hannah Arendt afirma que a vida totalitária deve ser entendida como reunião de "sociedades secretas estabelecidas publicamente"[20]. O paradoxo é só aparente. Hitler exa-

---

www.kuwi.euv-frankfurt-o.de/westeuropaeischeliteraturen/mitarbeiter/horn/knowing%20the%20enemy.html#fn12.

19. Berlim: Duncker & Humblot, 1963, com republicação em 1995.

20. *Le système totalitaire*, Paris: Seuil, 1972, p. 103. Esta passagem é aproximada, por Jean-Pierre Chrétien-Goni, de um artigo publicado por

minou os princípios das sociedades secretas como corretos modelos para a sua própria. Ele promulgou, em maio de 1939, algumas regras do seu partido. Primeira regra: ninguém que não tenha necessidade de ser informado deve receber informação. Segunda regra: ninguém deve saber mais do que o necessário. Terceira regra: ninguém deve saber algo antes do necessário[21].

Consideremos a lição de Norberto Bobbio:

> O governo democrático desenvolve sua atividade em público, sob os olhos de todos. E deve desenvolver a sua própria atividade sob os olhos de todos, porque os cidadãos devem formar uma opinião livre sobre as decisões tomadas em seu nome. De outro modo, qual a razão que os levaria periodicamente às urnas e em quais bases poderiam expressar o seu voto de consentimento ou recusa? [...] o poder oculto não transforma a democracia, a perverte. Não a golpeia com maior ou menor gravidade em um de seus órgãos essenciais, mas a assassina.[22]

A tensa passagem do secreto ao público define o destino da democracia. Assistimos, nos últimos tempos, a derrocada quase absoluta de governos democráticos diante de forças antigas da vida social, religiões que exigem o retrocesso à legitimidade com base no divino e nas novas forças, como o "mercado". Em nome da "confiança" desse, programas expostos em longos anos aos cidadãos seguem para o vazio. Com uso do segredo, "planos" econômicos são impostos, lesam os contribuintes em nome de interesses alheios aos seus países. Por outro lado, grupos terroristas atacam os três antigos monopólios estatais, a começar com

---

Alexandre Koyré na revista *Contemporary Jewish Record*, em junho de 1945, com o título de "The Political Function of the Modern Lie". Cf. J.-P. Chrétien-Goni, "Institutio Arcanae ...", em Christian Lazzeri; Dominique Reynié(dir.), *Le pouvoir de la raison d´état*, Paris:PUF, 1992, p.179.

21. Citado por H. Arendt, op. cit. p. 268, n.90. Cf. J.-P. Chrétien-Goni, op. cit. p. 179. Para uma análise do pensamento de H. Arendt, ver Celso Lafer, *Hannah Arendt, Pensamento, Persuasão e Poder*, 2.ed. revista e ampliada,São Paulo:Paz e Terra,2003.

22. Il potere in maschera, *L´Utopia capovolta*, Torino:La Stampa, 1990, p. 62.

o da força física, e ameaçam a norma jurídica. Ao mesmo tempo, os sistemas de narcotráfico (não raro, como no Afeganistão, unidos ao terror) desafiam tribunais e governos, amealham cúmplices nos três poderes do Estado.

O segredo é essencial para se refletir sobre a forma democrática. Governos exasperam a prática de esconder os pontos maiores das políticas no setor público. Entramos no paradoxo: o público é definido fora do público. A opacidade estatal atinge níveis inéditos. O que tudo isso tem a ver com a soberania e a segurança nacionais? Em primeiro lugar, é preciso ter em mente que o aumento do segredo em Estados hegemônicos diminui, *ipso facto*, a possível força dos dependentes ou não hegemônicos. Após a implosão da URSS, surgem no horizonte mundial três cenários nos quais se revelam as potências da Federação norte-americana, da incipiente União Europeia, de uma possível união asiática, na qual se disputam a hegemonia a China, o Japão, a Índia e os pequenos "tigres". Permitam-me trazer algumas modestas achegas ao problema do segredo.

Sendo fato social, o segredo se manifesta em todos os coletivos humanos, das igrejas às seitas, dos Estados aos partidos, dos advogados aos juízes, dos quartéis às guerrilhas, das corporações aos pequenos vendedores de rua, da imprensa às formas de censura, dos laboratórios e bibliotecas universitários às fábricas, dos bancos às obras de caridade. Se descermos mais fundo, da sociologia à ordem antropológica, podemos dizer que o segredo é o lado oposto e necessário da linguagem comunicacional. Adam Smith, com argúcia, pergunta-se: "Como é possível determinar segundo regras o ponto exato no qual, em todo caso, um delicado sentido de justiça segue para o escrúpulo fraco e frívolo da consciência? Quando o segredo e a reserva começam a caminhar rumo à dissimulação?"[23] A prudência define

---

23. The Theory of Moral Sentiments (1759): Parte VII – "Of Systems of Moral Philosophy". aphael and A.L. Macfie (ed.), *The Glasgow Edition of the Works and Correspondence of Adam Smith*, v. I, Indianapolis: Liberty Fund,1987.

a passagem de uma prática ou experiência do segredo, antropológica e eticamente correta, para uma outra, em que se manifesta o poder abusivo.

A balança entre abertura e segredo foi indicada por Georg Simmel: "a intenção de esconder assume intensidade tanto maior quanto se choca com a intenção de revelar"[24]. O segredo integra a vida, como uma realidade não visível. Nesse sentido, e ampliando a sugestão de Smith, o segredo vive na consciência dos homens que, ao se reunirem para qualquer fim, agem tendo em vista alvos não imediatamente perceptíveis pelos demais e, sobretudo, pelos alheios ao grupo. Ainda segundo Simmel, "o segredo oferece, por assim dizer, a possibilidade de um segundo planeta ao lado do planeta manifesto; e o último é influenciado decisivamente pelo primeiro"[25].

O pensamento liberal é oposto ao segredo, salvo em situações de guerra. O ensaio de Bentham, *Of Publicity*, é o mais saliente nesse aspecto. A publicidade é "a lei mais apropriada para garantir a confiança pública, sendo a causa de seu avanço constante rumo ao fim de sua instituição". O segredo, pensa Bentham, "é instrumento de conspiração; ele não deve, portanto, ser o sistema de um governo normal"[26]. Para citar novamente Simmel: "Toda democracia considera a publicidade como uma situação intrinsecamente desejável, seguindo a premissa fundamental de que todas as pessoas deveriam conhecer os eventos e circunstâncias que lhes interessam, visto que esta é a condição sem a qual elas não podem contribuir nas decisões sobre elas mesmas."[27]

No entanto, na própria terra de Bentham, o segredo do Gabinete é garantido pelo Privy Councillor's Oath, o qual fornece a única definição constitucional de um ministro

---

24. The Secret and the Secret Society, em Kurt Wolff (ed.), *The Sociology of Georg Simmel,* New York: The Free Press, 1950, p. 330. Cf. Adam Ashforth, Of Secrecy and the Commonplace: Witchcraft and Power in Soweto, *Social Research*, v. 63, 1996, p. 1183s.

25. The Secret and the Secret Society, op.cit., p. 330.

26. Apud David Vincent, *The Culture of Secrecy. Britain, 1832-1998*, New York: Oxford Umiversity Press,1998,p.3.

27. The Secret and the Secret Society, op. cit., p. 337.

do governo. O ministro deve "manter segredo em todas as matérias atribuída ou revelada [...] ou a ser discutida no Conselho"[28].

O problema com o segredo é a sua fácil descoberta. Ainda Simmel adverte: é justamente porque as regras são facilmente desobedecidas que todo sistema de regulamentação deve ser imantado por valores. "A preservação do segredo é instável, as tentações de trair são múltiplas; a estrada que vai da discrição à indiscrição é em tantos casos tão contínua, que a fé incondicional na discrição envolve uma incomparável preponderância do fator subjetivo". Em outras palavras: "o segredo é cercado pela possibilidade e tentação de trair; e o perigo externo de ser descoberto é entretecido com um perigo interno, que se parece com o fascínio de um abismo". E por que o segredo é tão vulnerável? Ele é "um arranjo provisório para forças ascendentes e descendentes"[29].

Não analisarei aqui o segredo na ordem pública. Quanto ao problema subjetivo, indicado por Simmel (os valores), a filosofia ética possui amplíssimo cabedal de textos e análises, todas conduzindo para fortalecer a percepção e a obediência individual e coletiva à disciplina requerida pelo segredo. Citarei apenas dois textos, dos mais influentes na formação da ética ocidental, do helenismo aos nossos dias. São dois tratados complementares de Plutarco, um sobre a fala em excesso e imprudente e outro sobre a curiosidade.

No primeiro, o médico e filósofo Plutarco propõe alguns remédios para a cura da garrulice[30]. Trata-se de uma tarefa

---

28. Apud D. Vincent, op. cit. p. 6. "A powerful and persistent culture of secrecy–reflecting the basic assumption that good government is closed government and the public should only be allowed to know what the government decides they should know–was carried over from the nineteenth century and refined in the twentieth century when it was given statutory backing through Britain's formidable secrecy laws.", Clive Ponting, *Secrecy in Britain*, apud D. Vincent, op. cit. p. 10.

29. The Secret and the Secret Society, op. cit.

30. *Peri adoleskias* (De garrulitate). Uso aqui a edição das *Moralia* da Loeb Classical Library, v. VI, Cambridge: Harvard University Press, 1970, p. 396s. Tradução de W.C. Helmboldt

quase impossível, pois o tratamento supõe o uso do remédio (*pharmakon*) que, no adoecido de palavrório, perdeu validade. De fato, o que fala em demasia gastou o poder do logos. Para retirá-lo de sua doença é essencial o uso do mesmo "logos". Como fazê-lo ouvir a razão (na língua grega, logos e razão identificam-se) se ele apenas fala e não ouve e, portanto, não arrazoa antes de jogar palavras ao vento? Tal é o primeiro sintoma, diz Plutarco, do nosso adoecido: "a língua mole torna-se impotência do ouvido". Mas é pior: a surdez do falador é deliberada, o que o faz criticar a natureza que lhe deu apenas uma língua e dois ouvidos[31].

A palavra tem como serventia trazer a credibilidade. Se ocorre uma inflação de palavras, elas perdem sua força. O perigo maior é quando à garrulice somam-se outras doenças, como o culto do vinho. "O que está no coração do sóbrio está na língua do ébrio". Dos locais a serem temidos, quando um governo possui tagarelas a seu préstimo, a barbearia é a mais ameaçadora. O rei Arquelau respondeu assim ao barbeiro gárrulo que lhe perguntou como desejava cortar o cabelo: "em silêncio!" Marius dominava a região de Atenas, mas um bando de velhotes, conversando no barbeiro, deu a entender aos espiões que um setor da cidade estava desguarnecido. Sylla, sabedor do ponto fraco, ataca à noite por ele e quase arrasou a cidade, a qual ficou cheia de cadáveres ao ponto de um riacho de sangue invadir o Cerâmico. Quando ocorreu a conspiração para assassinar Nero, um inconfidente, ao ver passar certo prisioneiro rumo à cela, cochichou para o infeliz que ele deveria tudo fazer para resistir um dia a mais, pois então estaria libertado. O condenado achou de bom aviso contar o que ouviu para Nero. O resto é conhecido. Conselho de Plutarco:

---

31. Brincando com termos de medicina, Plutarco diz que o nome da doença do falador é *asingesia*, ou seja, impossibilidade de manter silêncio. O outro lado da mesma doença seria a *anekoía*, inabilidade para escutar. Resulta numa doença, também nomeada por Plutarco, a *diarréousi*, diarréia da lingua. Nota de W. C. Helmbold.

se deixas escapar o segredo para depositá-lo em outra pessoa, recorres à discrição alheia, mas renuncias à tua. Se o parece contigo, tua perda é justa; se ele for melhor do que tu, salvas-te contra toda lógica ao encontrar, para teu bem, um outro mais seguro do a tua pessoa. "Mas o amigo é um outro eu!" Sim, mas ele também possui um amigo, a quem confidenciará... e que confiará em outro [...] a palavra que permanece na primeira pessoa é um segredo de verdade, mas desde que passou para uma segunda, adquire o estatuto de rumor público[32].

O texto de Plutarco traz muitos exemplos unidos aos rumores políticos. O Senado romano manteve reuniões secretas e a mulher de um senador exigia de seu marido informações sobre os encontros. O político finge anuir e diz-lhe o "segredo" seguinte: tratava-se de uma ave, com lança e capacete dourado, que surgira na cidade. O rumor seguiu até o fórum, antes do homem que o inventou. Para punir sua mulher, ao chegar em casa fingiu que a coisa era séria e que, pela inconfidência, seria levado ao exílio. "Que desejas partilhar comigo?". A resposta do poeta Filípides ao rei Lisímaco é a correta: "Tudo, menos teus segredos".

Enfim, a "cura" do palavrório, segundo o médico e moralista Plutarco, não pode ser conseguida de modo violento, mas se criando outros hábitos, costumes. O autor insiste nesse ponto, essencialmente ético: o falador deve ser treinado para ficar em silêncio, prestar atenção ao dito (treinar o ouvido) e fugir das conversas que mais agradam aos faladores. Se militar, o falador deve ser afastado das narrativas heroicas e assim por diante. Diríamos que os pescadores devem ser afastados de histórias de pescaria... Isso porque, se entram no fluxo discursivo predileto, podem falar

---

32. Plutarco cita Aristóteles que, na *Ética a Nicômaco* (Livro IX, 1166 a31, 1170 b7) afirma: "O homem bom experimenta vários sentimentos para consigo mesmo e porque ele sente para com o seu amigo do mesmo modo que sente por si mesmo (porque um amigo é um outro eu), a amizade também é pensado como consistindo em um ou outro desses sentimentos, e julga-se a posse deles como um teste de um amigo". Uso a edição da Loeb Classical Library : *Nicomachean Ethics*, v. XIX, London: Harvard University Press, 1990, p. 535. Edição de H. Rackham.

mais do que o necessário para engrandecer e embelezar o relato, o que dirige a língua ao exagero sem o controle do pensamento. Bazófias são fonte segura de segredos que se escoam. Um conselho: quando não se puder deixar de vez as rodas palavrosas, tente-se passar da oralidade à escrita. A literatura, embora ainda possa exercer a indiscrição (por certo filósofo foi chamada de "pena que berra" em Atenas), tende a ser mais controlada pelo autor. Outra cura: fazer o linguarudo frequentar pessoas diferentes dele e deixar o círculo dos seus iguais. O respeito de opiniões ponderadas lhes fornecerá o hábito de calar.

Além da cura ética (mudança da postura, *héxis*), Plutarco recomenda reflexão e vigilância antes de falar. Diante da possível enunciação, perguntar sempre: "qual o propósito? É urgente? Que se ganha ao falar? O que se perde?". A via régia foi aberta por Simónides, o poeta: arrependemo-nos com frequência do que falamos, mas nunca do que silenciamos[33] e o treinamento tudo pode dominar. Muitos pensadores modernos, para falar do segredo e da necessária disciplina que ele exige, usam Plutarco, mas esquecem de indicar a fonte. É o que se passa com Heidegger. Em sua análise absolutamente lúcida da comunicação moderna, o filósofo sublinha a perda radical do segredo, na ordem da publicidade. No mundo em que reina o "se", todos os indivíduos estão sujeitos à discrição alheia. Ou seja, o que em

---

33. Desse enunciado, uma tradução bem fundamentada encontra-se no *Tractatus Logico-Philosophicus* de Ludwig Wittgenstein : "Wovon man nicht sprechen kann, darüber muß man schweigen". Na tradução de C.K. Ogden: "Whereof one cannot speak, thereof one must be silent.", disponível em: http://www.kfs.org/~jonathan/witt/tlph.html. Para uma análise interessante, longe dos escolásticos de Wittgenstein que ditam o verbo e as verbas universitárias, sobretudo no problema do segredo e da linguagem, ver Sandra Laugier, Le Privé, le secret et la voix du langage ordinaire, *Modernités*, 14, 2001, p.317-347(dossier "Dire le secret"), também disponível em : http://formes-symboliques.org/article.php3?id_article=154#nh62 Cf. também, em outros parâmetros, Emmanuel Rouillé, «Le Secret et l'Aléthéia grecque», Le Portique, Archives des Cahier de la recherches, Cahier 2, 2004, disponível em: http://leportique.revues.org/document465.html.

Plutarco era uma doença de alguns, em nossos dias tornou-se pandemia. Mas o alheio, agora, o outro, não possui determinação certa, ele pode ser alguém e ninguém ao mesmo tempo. Quando o indivíduo fala algo, ou faz, afirma de imediato sempre a culpa como advinda "dos outros". Trata-se de um truque bem conhecido, pois a fórmula "os outros" recolhe também quem fala ou faz. "Os outros" surgem na imprensa, no ônibus, nos passeios, nas reuniões sociais e neles todos são dissolvidos, eu incluído. É uma indiferença ou indistinção generalizada, na qual pouco importa o que eu ou você fala porque ambos "falamos" o que "se fala" e "como se" fala. O discurso perde o sabor individual. Mesmo no "escândalo" não ocorre falha entre o público e o privado: ambos são diversificações do indistinto modo de agir e julgar preestabelecido, o "se" (fala-se, diz-se, ouviu-se dizer que etc.). Julgamos escandaloso o que "se" (o público) julga escandaloso.

    Heidegger identifica na mídia a grande força de pasteurização e dissolução dos indivíduos e da linguagem. Na mídia nada é secreto, visto que nela inexiste o contacto efetivo com o que é, mas apenas com a média das percepções e da linguagem sobre os eventos e os seres. A mediania não desce fundo nas coisas e nas palavras, ela inscreve-se em um horizonte medíocre que "facilita" a compreensão de todos. Desse modo, a mídia não admite exceções, ela é absolutamente democrática e igualitária. Assim, ela não autoriza a surpresa diante de novos conhecimentos. Se aparece algo assim, ela sempre procura "mostrar" que o saber alegado é antigo. Na mídia não existe reconhecimento do que foi conquistado em muito tempo e pesquisa. A novidade é a sua regra; o instantâneo, o seu procedimento; o público é o seu alvo e a sua pressuposição. Com a mediania, "todo segredo perde a força e o mistério. A preocupação da mídia evidencia uma nova tendência do existente (*Dasein*), e nós a chamaremos o nivelamento de todas as possibilidades de ser". Esse nivelamento constitui a essência da "opinião pública". O referido público, como o freguês no mercado, sempre está com a razão e "decide" a correta interpretação de tudo: aplausos mais ou menos longos decidem a verdade, a beleza, a maestria técnica dos candidatos, nos programas de auditório. O mesmo ocorre nas pesquisas de opinião pública que decidem quais são os melhores aspirantes ao governo do Estado. O que é o "público" no qual imperam os hábitos encobertos pela forma do "se"?

O "se" é a impessoalidade coletiva que "descarrega" os indivíduos de si mesmos, deixando-os sem qualquer responsabilidade ou culpa. Eles "fazem" ou "fizeram" o que "se" faz. Assim, nada é sério para os indivíduos, nada é grave, tudo é frívolo. Eles jamais têm culpa e tudo é objeto de risadas, comentários, falatórios, fofocas. A covardia penetra o comportamento mediano obediente ao "se". Nada ali que não pudesse encontrar em Rousseau uma descrição cortante[34].

---

34. "Aujourd'hui (…) il règne dans nos mœurs une vile et trompeuse uniformité, et tous les esprits semblent avoir été jetés dans un même moule : sans cesse la politesse exige, la bienséance ordonne : sans cesse on suit des usages, jamais son propre génie. On n'ose plus paraître ce qu'on est ; et dans cette contrainte perpétuelle, les hommes qui forment ce troupeau qu'on appelle société, placés dans les mêmes circonstances, feront tous les mêmes choses si des motifs plus puissants ne les en détournent. (…) Les soupçons, les ombrages, les craintes, la froideur, la réserve, la haine, la trahison se cacheront sans cesse sous ce voile uniforme et perfide de politesse, sous cette urbanité si vantée que nous devons aux lumières de notre siècle. On ne profanera plus par des jurements le nom du maître de l'univers, mais on l'insultera par des blasphèmes, sans que nos oreilles scrupuleuses en soient offensées. On ne vantera pas son propre mérite, mais on rabaissera celui d'autrui. On n'outragera point grossièrement son ennemi, mais on le calomniera avec adresse. Les haines nationales s'éteindront, mais ce sera avec l'amour de la patrie. A l'ignorance méprisée, on substituera un dangereux pyrrhonisme. Il y aura des excès proscrits, des vices déshonorés, mais d'autres seront décorés du nom de vertus; il faudra ou les avoir ou les affecter." Rousseau: no texto premiado pela Academie de Dijon (1750): Si le rétablissement des sciences et des arts a contribué à épurer les mœurs. E na Carta a d´Alembert: "Si nos habitudes naissent de nos propres sentiments dans la retraite, elles naissent de l´opinion d´auttrui dans la société. Quando on ne vit pas en soi, mais dans les autres, ce sont leurs jugements qui réglent tout, rien ne parait bon ni désirable aux particuliers que ce que le public a jugé tel, et le seul bonheur que la plupart des hommes connaissant est d´etre estimés heureux", *Oeuvres complètes*, v. V, Paris: Gallimard, 1995, p.61-62. No *Discurso Sobre a Origem da Desigualdade*: "le sauvage vit

Quanto mais o "se" parece manifesto em toda parte, mais ele é imperceptível e dissimulado. E agora entramos na parte de *Sein und Zeit* (*Ser e Tempo*) que retoma, sem citar, o texto de Plutarco indicado anteriormente, o *De garrulitate*.

O § 35 escrito por Heidegger tem a mesma estrutura e andamento que o tratado plutarquiano. Indiquei, ao passar por aquele texto, que o primeiro ponto nele inscrito é a dificuldade de curar o palavrório, uma vez que a doença está inserida no instrumento da cura, o "logos" que deve ser ouvido pelo enfermo. Ele não escuta porque tem toda a sua alma voltada para a língua. Heidegger, no início de seu parágrafo, distingue entre escutar e ouvir.

Ouvir e compreender agarram-se ao que se diz, enquanto se diz. Não ocorre preocupação imediata com o objeto, com o que se diz. Quando alguém fala sem prestar atenção ao que é falado, apenas transmite e repete a fala. Quanto mais pessoas ouvem um discurso, mais ele toma um caráter autoritário, isto é assim porque assim se diz. Essa parolagem chega ao máximo quando se rompe todo elo entre a palavra e o objeto que ela deveria colher. E a parolagem oral ou escrita é nutrida por leituras maquinais. Temos, então, a compreensão média, repetitiva, pública[35]. Tal forma de compreender é dogmática

---

en lui-même; l'homme sociable toujours hors de lui ne fait vivre que dans l'opinion des autres, et c'est, pour ainsi dire, de leur seul jugement qu'il tire le sentiment de sa propre existence". Comentário: o homem social se esvazia nas multiplas opiniões. Cf. as análises de Pierre Burgelin, *La philosophie del ´existence de J.-J. Rousseau,* Paris: Vrin, 2005. Também, Ann Hartle, *The Modern Self in Rousseau´s Confessions: A reply to St. Augustine*, Indiana: University of Notre Dame Press,1983.

35. Um exemplo excelente dessa parolagem é indicado por Thomas Hobbes: "Na maioria das pessoas (…) o costume tem um poder tão grande que se a mente sugere uma palavra inicial apenas, o resto delas segue-se pelo habito e não são mais seguidas pela mente. É o que ocorre entre os mendigos quando rezam seu paternoster. Eles unem tais palavras e de tal modo, como aprenderam com suas babás, companhias ou seus professores, e não têm imagens ou concepções na mente para responder às palavras que enunciam. Como aprenderam, ensinam a posteridade. Se levarmos em contra os enganos do sentido e como os nomes foram inconstantemente determinados, o quanto estão submetidos ao equívoco e o quanto se diversificam pela paixão (raramente dois homens

e dispensa todas as distinções entre a fala e os objetos. Ela é a verdade em andamento. A garrulice não dissimula, não se esconde em nenhum segredo, porque ela mesma já é dissimuladora. Quando um linguarudo fala, ele esconde sem saber ou desejar o que deveria ser dito, joga um véu de sons acima dos entes que deveriam ser pensados. Quando fala o tagarela, ele impede toda discussão posterior. "Tudo está dito". E nada deve ser perguntado. Desaparece o segredo no mais banal, na opinião publica[36].

No *De garrulitate*, Plutarco afirma que uma doença muito próxima ou gêmea do falatório é a curiosidade[37]. O tratado em

concordam sobre o chamado bem e mal, o que é liberalidade, prodigalidade, valor ou temeridade) e o quanto os homens são sujeitos ao paralogismo ou falácia no raciocínio, posso concluir de certa maneira dizendo que é impossível retificar tantos erros de um só homem, como devem proceder daquelas causas, sem começar de novo dos verdadeiros fundamentos iniciais de todo conhecimento, os sentidos; e, em vez de livros, ler ordenamente as nossas próprias concepções; nesse sentido eu entendo o nosce teipsum", *The Elements of Law*, 1, 5,. "Of Names, Reasoning, and Discourse of the Tongue", Electronic Text Center, University of Virginia Library, disponível em: http://etext.lib.virginia.edu/toc/modeng/public/Hob2Ele.html.

36. De Platão até hoje, a opinião (doxa) deve ser combatida pela ciência. Em Hegel, a opinião pública (*Die öffentliche Meinung*) ao mesmo tempo carrega elementos verdadeiros e incertos, produtos da raciocinação sem profundidade (o famoso Räsonieren, forma inferior da Razão). Uma pessoa ponderada não leva a sério a opinião pública, pois a própria opinião pública engana a si mesma. É preciso apreciá-la, pensa Hegel, mas também desprezá-la. Para que algo verdadeiro ou grande seja feito, é preciso que o sujeito tenha independência (*Unabhängigkeit*) diante dela. Ligada à opinião pública, a imprensa é o lugar do limitado, contingente, com infinita diversidade de conteúdo e modos de falar. O modo científico rompe com as alusões, as palavras postas pela metade. Ele exige uma expressão sem equívoco. Cf. Grundlinien der Philosophie des Rechts §§ 316 a 319, *Werke in zwanzig Bänden* v.7, Frankfurt: Suhrkamp,1975 p. 483s. *Principes de la philosophie du droit* ,Paris:Vrin,1975, p. 318s, tradução Robert Derathé. Estamos a um passo da noção de ideologia e de opinião pública enquanto falsa consciência. Cf. Jurgen Habermas, *Mudança Estrutural da Esfera Pública,* Rio de Janeiro: Tempo Brasileiro, 1984, p.149. E também Norberto Bobbio, *Saggi sulla scienza politica in Italia*, 2 ed., Torino: Laterza, 1996. Bobbio compara nesse livro as teorias da ideologia em Marx e Pareto.

37. À garrulice se apega um mal que não lhe é inferior, a curiosidade (periergia): deseja-se saber muito, para muito falar, São especialmente histórias de segredo e de coisas escondidas, das quais se deseja encontrar os

que o moralista analisa a curiosidade possui acentuado sentido político entre os gregos. Como indica Jean Dumortier, a prática da *polupragmonsune* reside na tendência a se imiscuir indiscretamente nos assuntos alheios, sejam, privados, sejam públicos[38]. Os atenienses criaram inclusive um termo para designar o sujeito que especula o que não lhe diz respeito: *sicofanta* (na origem, com bastante probabilidade, sicofanta era o delator dos que roubavam figos; nas comédias de Aristófanes, os delatores e os sicofantas são ridicularizados). O emprego de alcaguetes marcava os tiranos. Na *República*, justamente quando Platão traça a pintura sinistra do tirano, entra a imagem dos mercenários que, caso sua terra possua cidadãos prudentes e sábios, dela saem para servir em terra estranha "roubam, arrombam as muralhas, surrupiam as bolsas, assaltam os passantes, fazem captura e tráfico de escravos e, às vezes, quando possuem o dom da palavra, tornam-se sicofantas, falsas testemunhas e se deixam subornar"[39]. Tal gente é empregada pelo tirano para dominar os cidadãos livres da *polis*. De importância estratégica, no entanto, a atividade de sicofanta, delator a soldo do tirano. Mas para delatar é preciso seguir o segredo onde ele se encontra.

A imprensa serviu para atenuar o segredo de Estado e os demais sigilos (da vida privada à religiosa, sem deixar de lado a economia). Ela, no entanto, insere-se em um complexo de interesses que a tornam constantemente atriz e vítima dos poderes naquelas várias esferas. Diria simplificadamente que todos aqueles setores percebem na imprensa uma aliada, quando não instrumento, se o problema é

---

traços enfiando as fuças em todas as direções [...] Diz-se que as enguias do mar e as víperas morrem ao dar a luz aos seus filhotes; assim, os segredos, ao escapar, arruinam e destroem os que não os guardam". Cf. De garrulitate, 12 citado aqui em Plutarque, *Oeuvres Morales*, t.VII-1, Paris: Les Belles Lettres, 1975, p. 242, tradução Jean Dumortier.

38. Ibidem, p. 261s. Além de Jean Dumortier, ver A. W. H Adkins,. Polupragmosune and "Minding One's Own Business": A Study in Greek Social and Political Values, *Classical Philology*, 71, 1976, p. 301-327.

39. Livro IX, 575 b, cito na tradução de J. Guinsburg, em *A República, de Platão*, São Paulo: Perspectiva, 2006, p. 345.

divulgar e propagar os seus intentos, procurando identificá-los ao "interesse geral". Ela é bem-vinda naquela circunstância. Empresas e indústrias, bancos e cúpulas eclesiásticas, gabinetes políticos ou militares, partidos e seitas, todos cortejam a imprensa na busca de popularizar a sua "mensagem", obter lucros e favores de governos, ameaçar concorrentes. E todos a criticam acerbamente quando não conseguem efetivar, por seu intermédio, aqueles fins.

A história da imprensa moderna, sobretudo no campo do século XVIII para cá, especialmente na política, é a crônica do perene choque contra o segredo, em especial o de Estado. Para conseguir leitores, os jornais que traziam notícias políticas ofereciam informes sobre projetos governamentais (economia, comércio, militares), estatísticas, orçamentos dos países sobre a potência militar, taxas de nascimentos e mortes, importação e exportação. Trata-se de apaziguar, como diz um historiador da imprensa, a fome generalizada de informação. Contudo, existia mais nesse afã estatístico: "Ele [o jornal] era um ato deliberado, político, com ele se pretendia desvelar o segredo com o qual os governos absolutistas se envolviam, para gerar as bases de um debate público".[40]

---

40. Gerhard Schuck, *Rheinbundpatriotismus und politische Öffentlichkeit zwischen Aufklärung und Frühliberalismus: Kontinuitätsdenken und Diskontinuitätserfahrung in den Staatsrechts- und Verfassungsdebatten der Rheinbundpublizistik* ,Stuttgart: Franz Steiner, 1994, p. 55–63. Citado por Eckhart Hellmuth; Wolfgang Piereth, Germany: 1760-1815, em HannaBarker; Simon Burrows(eds.), *Press, Politics and the public Sphere in Europe and North American 1760-1820*, New York:Cambridge, University Press, 2002, p. 74.

HOBBES CONTRA OS TRAPACEIROS DO JOGO POLÍTICO

O capítulo 21 de *O Leviatã* trata dos integrantes do povo e de sua liberdade. O escritor inglês grafa *subjects* para os subordinados, mas em latim o termo é "cidadãos". O termo *freedom* no texto latino é *libertas*. O que significa a palavra? Ausência de "obstáculos externos ao movimento": "absentiam impedimentorum motus externorum". *Libertas* é aplicada a criaturas irracionais, inanimadas e também para as racionais. É negada a separação entre os entes. O fato de ter razão não implica possuir liberdade diferente à da ordem natural. Se uma coisa é ligada (*tyed*) ou envolvida, de modo a se mover no espaço delimitado pela oposição de um corpo externo, não tem liberdade de ir além. Definição relevante na determinação da diferença entre governados e governante. Esse, para Hobbes, é *legibus solutus* como no absolutismo e o soberano democrático o será nos escritos de Spinoza.

Obstáculos externos causam perda da liberdade. Mas se o obstáculo ao movimento reside na própria "natura" da coisa, falta-lhe não liberdade, mas poder de se mover. É o caso da pedra que permanece imóvel ou do homem preso (*affixus*) ao leito pela doença. Homem livre é o que, em coisas que sua força e inteligência (*ars*, competência) lhe permitem realizar, não é obstaculizado de fazer as que têm vontade.

Libertas só tem sentido em corpos e não inclui o não suscetível de movimento e que não se limita com um obstáculo. "A Estrada é livre" não designa a Estrada, mas as pessoas que nela transitam, ou não, segundo nela existam ou não obstáculos. "Falar livremente" não se refere à liberdade da voz ou da elocução, mas de um homem não obrigado por nenhuma lei a falar de modo diferente do que faz. "Vontade livre" não é liberdade da vontade, desejo, inclinação, mas da pessoa que não é obstaculizada quando efetiva a sua vontade, desejo, inclinação.

Medo e liberdade são compatíveis. Quando alguém joga ao mar os bens por medo da morte, o ato é voluntário. Ele gostaria de não o fazer se tal fosse a sua vontade. A ação do homem é livre: quem paga dívida por medo da prisão, por exemplo, nenhum corpo impediria o devedor de guardar seu dinheiro. Pagar é dispor da liberdade. De modo geral, todas as ações efetuadas nas repúblicas (*Commonwealths*), por medo da lei, os homens tinham a liberdade para delas se abster.

Liberdade e necessidade são compatíveis. A água tem liberdade e necessidade de correr com a inclinação ao longo do rio. As ações humanas entram em uma cadeia de causas cuja primeira é Deus, todas as ações, embora livres, são necessárias. Deus vê e dispõe todas as coisas e vê que a liberdade dos homens, na efetuação do querido por eles, se acompanha da necessidade de fazer o que Deus quer. Embora os homens façam muitas coisas das quais Ele não é o autor, eles não podem ter paixão ou apetite por alguma coisa sem que a vontade divina seja a causa. A vontade divina garante a necessidade da vontade humana, caso oposto, a liberdade seria desmentida e obstáculo à onipotência e à liberdade divinas. (Aspecto ontológico da cadeia de causas que unem liberdade e necessidade.)

Mas do mesmo jeito que os homens, para se proporcionar a paz e preservar a si mesmos, inventaram (*excogitaverunt*) um homem artificial, a República; eles inventaram cadeias artificiais, as leis civis que eles mesmos, por convenções mútuas, prenderam nos lábios do homem ou da Assembleia, a quem eles deram o poder soberano e em suas próprias orelhas. Tais cadeias, por sua própria natureza, não têm força. No entanto, pelo efeito do perigo (mas nunca de sua dificuldade) que haveria em rompê-las, pode-se fazer que elas resistam. (Aspecto político da cadeia de causas que unem liberdade e necessidade.)

É apenas sobre essas cadeias que se fala da liberdade dos cidadãos. Como não existe República sem regras para presidir as ações e palavras dos homens (o que é impossível), em todos os domínios em que as leis silenciam, as pessoas têm liberdade de fazer o que a própria razão indica como o mais útil. Analisaremos a polissemia, antes do pensamento hobbesiano, dessa noção de utilidade ou interesses individuais e coletivos. No sentido próprio de liberdade corporal, o de não ser encadeado nem preso, seria absurdo exigir uma liberdade que já existe. No sentido de ser livre das leis, seria absurdo, porque os "libertos" da lei seriam presas dos outros homens. Por mais absurdo que possa parecer, é "ficar livres" das leis que eles exigem. Não sabem que as leis são impotentes sem a espada nas mãos de um homem ou de muitos para executá-las.

A liberdade dos governados só reside em coisas que, ao regulamentar suas ações, foram silenciadas pelo soberano (liberdade de comprar, vender, contratar entre si, escolher sua casa, gênero de comida, ofício, educar seus filhos como julgam conveniente etc.). Mas o poder soberano de vida e morte não é abolido por essa liberdade. Nada do que o representante soberano faça ao governado pode ser dito como injustiça ou injúria. Todo governado é autor de qualquer ato cometido pelo soberano. Logo, esse nunca falta em direito a quem quer que seja, a não ser enquanto ele mesmo é sujeito a Deus e obrigado, assim, a observar as leis da natureza.

Ocorre em muitas repúblicas que um cidadão seja executado por ordem do poder supremo, embora nenhuma das partes esteja errada em relação uma à outra (o caso de Jefté que sacrifica sua filha), pois o morto tem a liberdade de executar a ação pela qual, no entanto, foi executado sem injustiça. O mesmo quando o soberano manda executar um inocente. Pois aí não se trata de uma injustiça cometida contra o executado, mas contra Deus. O direito de fazer qualquer coisa foi dado pelo executado ao soberano. Mas o soberano é súdito de Deus, o qual, pela lei da natureza, proíbe iniquidade. Davi, ao matar Urias, afirma ter pecado apenas contra Deus.

Também no ostracismo ateniense, o poderoso é banido por dez anos e, no entanto, os cidadãos não pensam agir com injustiça embora nunca perguntem qual crime cometeu o banido, e sim qual prejuízo ele cometeria no futuro. Eles também baniam sem saber quem exatamente castigavam. Quando baniram Hipérbolos, é porque ele era um bufão. Ninguém acusaria os atenienses por usar o direito de banir nem a Hipérbolos por ser bufão. Pouco importa se a anedota narrada por Hobbes seja verdadeira ou não. Tucídides, que ele traduziu, diz simplesmente que Hipérbolos, o último a ser ostracizado, era um demagogo desonesto, não simples bufão.

A liberdade antiga não é a dos particulares, mas a da República. Do mesmo modo que os particulares sem República usufruem de liberdade soberana, sem posse garantida ou segurança, pois vivem em guerra perpétua, em uma liberdade absoluta (sem laços), cada República tem a liberdade absoluta de fazer o que bem entende e buscar o mais favorável ao seu interesse. Atenas e Roma eram livres, não os seus particulares, porque não tinham a liberdade de resistir aos seus representantes, mas esses tinham a liberdade de resistir aos ataques estrangeiros. Na cidade de Luca, há uma divisa: *Libertas*. Ninguém pensa que nela os particulares têm a liberdade ou a imunidade e não devem servir a República. Monárquica ou popular, a liberdade é sempre a mesma.

O Leviatã foi publicado em 1651. Hobbes está em Paris em 1640. Em 1638, foi publicado na mesma cidade de Paris o livro de Henri de Rohan, *Le Parfaict capitaine*, seguido de um *Discours sur l'interest des princes et estats de la chrestienté*, dedicado a Richelieu. O texto é dedicado à análise política da situação exterior e interna da França, em um momento perigoso para a estabilidade do país. Rohan dissocia o conceito de interesse do Estado e o de "utilidade pública" ou "comum", oriundos da Antiguidade e da Idade Média. Nos dois últimos tem-se uma *ratio*, ou norma, que serve para medir os atos de governo e permite selecioná-los de modo hierárquico, avaliar o seu nexo com o interesse comum ou público. O termo "interesse" vem da forma substantiva do verbo "inter-esse", com sentido de "se encontrar no meio", "se encontrar entre". *Interest* significa "importa", "isto me diz respeito", como em Tácito: "É do vosso interesse, camaradas, que os celerados não façam um imperador [vestra commilitones interest]."[1]

Contudo, não é nos textos de História que se fixou o sentido de interesse no mundo romano, mas nos escritos jurídicos. Na reflexão sobre o vínculo entre direito, lei e interesse, os juristas tentam fixar as relações entre interesse público e privado, resultando a hegemonia do primeiro sobre o segundo. As fórmulas *Rei publicae interest* e *quod privatim interest* não surgem nas leis republicanas, mas nos jurisconsultos do século II, Ulpiano, Paulo e Papiniano. *Utilitas publica* (da contraposição *utilitas publica/utilitas privatorum*) vem de *utor* e com *utiusus* liga-se à posse e ao gozo de algo. No entanto, o traço concreto de uso e gozo é remetido a um

---

1. *Histórias*, I, 30, 2.

elemento mais abstrato em termos jurídicos, com categorias destinadas a definir e garantir o uso e o gozo, como é o caso de *usus fructus, usus capio, usurpatio, abutus*[2].

Na abstração do sentido, sua universalização, a noção de *utilitas* chega a designar as posses de um grupo social ou coletividade entendidas como "coisas públicas" (*res publicae*). Onde o interesse designa o valor do objeto ou da ação, a *utilitas* designa a modalidade da situação da coisa tendo em vista o sujeito que a possui. A coisa pública, a *Commonwealth* tal como a entende Hobbes, tem predomínio sobre ao que está ligado ao *quod privatim interest*. Como garantir a *res publica*, se as leis podem ser interpretadas e, pior, interpretadas com fraude pelos particulares ou, mesmo, por juízes e advogados?

O antecessor de Hobbes, Francis Bacon, ao falar sobre o papel dos juízes, enuncia que o dever maior é "suprimir a força e a fraude, pois a força é mais perniciosa quando aberta e a fraude quando oculta e disfarçada"[3]. Os juízes garantem a obediência às leis. Só que eles devem ser limitados pelo soberano. Recordem-se os enunciados sobre a "liberdade" antes expostos no capítulo 21 de *O Leviatã*. As leis, diz Hobbes, têm como autor os cidadãos. Mas eles colocam nas mãos do soberano o poder de enunciá-las, interpretá-las, aplicá-las. Caso contrário, a guerra de todos contra todos, continuada pela fraude na defesa dos interesses próprios, dissolve toda República.

Lex est mandatum ejus personae, sive hominis sive curiae, cujos praeceptum continet obedientiae rationem[4]. Desnecessário dizer a importância dessa tese hobbesiana

---

2. Essa passagem deve-se, toda ela, ao excelente estudo de Christian Lazzeri, na Introdução do livro de Henri de Rohan, *De l'intérêt des princes et des Etats de la chrétienté*, Paris: PUF, 1995, p. 10s.
3. *Of Judicature*.
4. "Lei é o mandamento daquela pessoa, homem ou assembleia, cujos preceitos exigem a obediência" (*De cive*, XIV, 1). *Leviathan*, p. 312. Para este trecho da obra de Thomas Hobbes e os próximos citados, ver *Leviathan*, VIII, 34, C.B. Macpherson (ed.), Harmondsworth: Penguin, 1985.

para se pensar o difícil relacionamento entre os interesses públicos e os privados. Enquanto

a lei natural é imediata em nós, pois conhecemos o mandamento divino em nossa razão, a lei civil é mediada pelo conjunto de regras com as quais a comunidade, por escrito ou oralmente, ou qualquer outro sinal adequado [*signum idoneum*] de sua vontade, comanda o uso da vontade para distinguir o certo do errado, o contrário à regra do que não é contrário[5].

Só a *Commonwealth* pode editar leis civis. O soberano é o único legislador não submetido às mesmas leis civis.

Segundo Hobbes, a soberania bane da ordem pública os juízos com origem privada, pois eles geram a polêmica. Não existe medida comum para o juízo moral, e indivíduos diferentes percebem as coisas de modo diferente, desenvolvem diferentes paixões. Ninguém concorda sobre o bem e o mal, certo ou errado, justo ou injusto. E o juízo de cada um tende a se ampliar ao infinito, na medida mesma do desejo que desconhece limites. A guerra universal não é apenas física mas psicológica, porque inveja e ódio campeiam e cada pessoa julga-se mais esperta do que a outra.

Paixões diversas e igualdade no poder mortífero levam à miséria. É impossível arrancar a força física dos homens, mas factível obrigá-los a não exteriorizar sua opinião privada. Todos devem perder no mundo civil o "direito" de impor o juízo próprio aos demais, visto que todos, no interior da natureza, possuem um direito igual, cada um pode entrar no pacto. Mas todos se submetem ao juízo de um árbitro. Só o soberano guarda o direito natural e usa sem restrições a força física e o juízo próprio.

O soberano concentra o poder de julgar em todas as matérias, nas leis, na administração, nos tribunais, guerra ou paz, controla a religião, decide o bom e o ruim. Esse é o pressuposto para colocar limites nos desejos infinitos dos cidadãos. No pacto que define a gênese da ordem estatal,

---

5. *Leviathan*, VIII, 34, p. 134s.

pouco sobra para o direito de resistência. Entre a realidade como a vemos e como ela existe ocorrem diferenças, por construirmos um mundo pela imaginação que, por sua vez, é movida pelos nervos. O intelecto dos indivíduos não possui perfeito conhecimento dos demais homens. Estratégico na ordem individual "não é a verdade, mas a imagem que faz a paixão. A tragédia afeta mesmo o assassino, quando bem desempenhada"[6]. Paixão e imagem geram rebeliões. O uso correto das palavras não consiste na verdade, mas serve para evitar ambiguidades nocivas. A distinção entre o nosso interior e o mundo externo acentua a ausência de medida comum de bem e mal. Os indivíduos discordam sobre o certo e o errado e são incompetentes para emitir tais juízos. "Os homens, veementemente amorosos de suas próprias novas opiniões (as mais absurdas) e decididos com obstinação a mantê-las, deram às opiniões o reverenciado nome de consciência, como se julgassem ilegal mudá-las ou falar contra elas."

Os homens fundamentam seus atos em raciocínios, concebem "a consequência dos nomes de todas as partes para o nome da totalidade, ou dos nomes da totalidade e de uma parte para o nome da outra parte [...] E os juristas somam leis e fatos para descobrir o certo e o errado na ação dos homens privados". Todo homem pode errar no cálculo, o que não quer dizer que inexista o bom juízo.

Ao surgirem controvérsias sobre um cálculo as partes precisam, por mútuo acordo (*by their own accord*), recorrer à razão certa de um árbitro ou juiz, a cuja sentença se submetem [...] Quando os que se julgam mais sábios do que todos os demais gritam e exigem uma razão certa para juiz, só procuram garantir que as coisas sejam asseguradas não pela razão dos outros homens, mas pela sua. É tão intolerável agir assim na sociedade dos homens como no jogo, escolhido o trunfo, usá-lo em todas as outras ocasiões na série de que se tem mais cartas na mão.[7]

---

6. T. Hobbes, *The Elements of Law*.
7. Idem, A Dialogue between a Philosopher and a Student of the Common Law of England, Paris: Dalloz, 1966, p. 126. (Essa edição traz o estudo

Hobbes afasta a fraude no "jogo" da sociedade civil, mas em proveito do soberano não preso a regras. Os particulares não têm mais direito (pois assumiram o pacto) de cometer fraudes. O soberano, cuja função é salvar o povo, não sofre semelhante obstáculo. Apuremos a imagem do jogo, muito presente nos textos hobbesianos. O jogo opera com a inteligência e a imaginação dos indivíduos. Na sociedade civil, se todos jogarem sem regras, desaparece o jogo e nenhum jogador parte da igualdade das chances porque o truque se esconde e não se indica quem o usa (caso contrário, ele se transforma em guerra). O jogador sem regras usa o segredo, a simulação e a dissimulação. Ele finge seguir as regras, mas guarda para si mesmo o fato de que as desrespeita, simula

introdutório de Tullio Asacarelli). Esse ponto é tratado de maneira oposta por Spinoza. Sendo a força física um elemento do espaço e os juízos a modificação do pensamento e sendo ambos, pensamento e força física, modos da substância infinita, Deus ou Natureza, cada indivíduo possui em si mesmo a força e o pensamento que seguem ao infinito. Não é possível arrancar deles a força e o juízo próprios. Algo só pode ser movido por algo que apresenta as mesmas determinações modais. Um corpo não pode ser movido ou forçado pelo pensamento. E um pensamento só pode ser modificado por outro pensamento. Usar a força para impor a soberania é um erro ontológico e epistemológico, e uma violência que não garante o Estado, visto que os indivíduos recebem o pensamento da substância infinita divina. Pode-se tentar controlar os pensamentos, mas eles não aceitam os limites da força física e os limites da imaginação religiosa ou política. Esse é o sentido da frase spinoziana quando o Eleitor Palatino convidou o filósofo para dar aulas sem "perturbar a religião oficialmente estabelecida". Resposta clara: "ignoro dentro de que limites minha liberdade filosófica deveria estar contida para que eu não parecesse querer conturbar a religião oficialmente estabelecida" (Carta a Fabritius, 30.3.1673), ver *Spinoza: Obra Completa II*, São Paulo: Perspectiva, 2014, p. 217. Sainte Beuve (Port-Royal) diz que entre Hobbes e Pascal há mais proximidade do que se imagina. A questão do jogo e do truque é analisada com a perspectiva do poder e da justiça por Pascal, sendo continuado no século XVIII por filósofos como Condorcet. O assunto é extenso em demasia para este escrito. Para maiores informações, o livro ainda clássico é: Roland Mousnier, *L'Assassinat d'Henry IV*, Paris: Gallimard, 1964. *Treachery*: cujo significado é traição da confiança, do francês antigo *trecherie*, de *trechier*, "*to cheat*" (enganar). No francês atual: *tricherie*, engodo, operar desonestamente, quebrando uma regra em uso, fingindo segui-la. Cf. *Dictionnaire alphabétique et analogique de la langue française* ou *Petit Robert*, Paris: Société du Nouveau Littré, 1972.

aceitá-las, dissimula truques. O jogador comum opera com a imaginação e a discrição: ele deseja ganhar, imagina-se no instante em que vence (pode imaginar os frutos do ganho como riquezas, amores etc.) e, ao mesmo tempo, não pode revelar as cartas. O soberano não segue regras (não é jogador) e usa a discrição, a imaginação, a simulação e a dissimulação. Ele opera em pleno direito natural.

Esse ponto é exposto por Hobbes no escrito dirigido por ele contra Sir Edward Coke, o campeão jurídico inglês que se opôs à vontade absolutista de Tiago I e que foi, justo por isso, confinado à Torre de Londres em várias ocasiões pelo monarca que desejava não só legislar, como impor diretamente a lei na qualidade de juiz com assento nos tribunais. Embora em sentido diverso ao de Tiago I, Hobbes não aceita os pressupostos jurídicos de que *Common Law* estaria acima do poder soberano. O argumento mais grave do filósofo contra o jurista Coke encontra-se no debate da traição (o que supõe o direito de resistência ou de magnicídio, defendido na Revolução Inglesa e por juristas franceses, como no caso dos monarcômacos).

Hobbes usa o argumento banal nos textos que defendem a razão de Estado: *salus populi é suprema lex*. E "a segurança (*safety*) do povo de um reino consiste na segurança do Rei, e da força necessária para defender seu povo, contra os inimigos externos e os súditos rebeldes". E seguem as frases delicadas, em termos de lógica e direitos, do filósofo:

> Se todo homem tivesse com o fito de gerar rebelião contra o rei, em palavras escritas ou em conselhos negado ao rei que governa o título de legítimo (*lawful*), quem escreve prega ou fala tais palavras, vivendo sob a proteção das leis régias, trata-se de alta traição [...] E distinguir o que é traição pela lei comum (*common law*) de todos os demais crimes inferiores que consideramos, é preciso dizer que se tal alta traição tivesse efeito, destruiria todas as leis ao mesmo tempo; e tendo sido cometida por um súdito, trata-se de um retorno à hostilidade, por fraude (*treachery*) e, por conseguinte, tais fraudes devem ser vistas, pela lei da razão, como originadas por ignóbeis e fraudulentos (*treacherous*) inimigos, os quais devem por elas responder.

A imaginação indiscreta não é força. Quem usa o intelecto para o jogo exerce deliberada dissipação da mente (*mind*). Na ordem familiar são permitidos jogos com os sons e palavras equívocas com ambíguos significados, na desregrada sequência da imaginação (*fancy*). Mas tal jogo é proibido no sermão ou diante de pessoas desconhecidas ou às quais se deve reverência. A discrição traz as regras do trato que determinam a loucura (brilhante, pouco importa) de uns e a lucidez de outros. É possível ser discreto, mas perverso.

Caso à prudência se acrescente o uso de meios injustos ou desonestos, como os que os homens são levados a usar por medo e necessidade, temos a perversa sapiência (*crooked wisdome*) a que se chama astúcia (*craft*) um sinal de pusilanimidade. A magnanimidade é o desprezo dos expedientes injustos ou desonestos, enquanto a *Versutia* – astúcia, sutileza – consiste em afastar um perigo ou incômodo presente mediante um maior ainda, como roubar uma pessoa para pagar a outra, esperteza de vistas curtas.

Como fazer todos os jogadores seguirem as regras, sem truques? Apenas com a força física posta nas mãos do soberano, que se tornou, com o pacto, não um juiz, mas um árbitro jamais submetido a qualquer lei existente. Para atenuar as forças naturais egoístas dos indivíduos, só a força das armas que se tornam monopólio do soberano.

As leis da natureza, justiça, equidade, modéstia, benevolência, conselhos como fazer aos outros o que gostaríamos que eles nos fizessem sem o terror de algum poder [...], são contrárias às nossas paixões naturais, estas nos empurram para a parcialidade, orgulho, vingança e que tais. E pactos sem a espada são apenas palavras (*covenants, without sword, are but words*) e não possuem nenhuma força (*strength*) para assegurar um homem.

O terror do poder dita as regras do jogo político e as impõe para todos e para cada um. A lei não é conselho, mas ordem do poder soberano, regra para uso e distinção do bem e do mal e do que é contrário ou não à regra (*rule*).

As leis são interpretadas pelo soberano e apenas por ele, ou pelos que ele designa para a tarefa de julgar. Elas não são julgadas pelos particulares. Quando o juízo privado pretende mudar as leis e o poder público, age tendo em vista a "consciência", assume o papel de estraçalhador da *Commonwealth*. No capítulo 12 de *De cive,* lemos que:

> muitos homens, que mesmo sendo bem apegados à sociedade civil, fazem por carência de saber (*knowledge*) inclinar a mente dos súditos à sedição, quando ensinam aos jovens a doutrina, conforme as suas opiniões nas escolas, e ao povo todo nos seus púlpitos. Os que desejam levar aquela disposição aos atos colocam todo o seu esforço nisso: primeiro, juntam todos os doentiamente afetados na facção e na conspiração; depois, eles mesmos buscam ter a maior força na facção. Eles os colocam na facção enquanto fazem de si mesmos os relatores e intérpretes dos conselhos e ações do homem individual, e nomeiam as pessoas e lugares para reunião, para deliberar sobre as coisas nas quais o governo atual deve ser reformado, segundo deve parecer melhor aos seus interesses. O alvo é fazer deles mesmos os que governam a facção e a facção deve ser tolhida por outra facção; ou seja, eles devem ter suas reuniões secretas em separado, apenas com poucas pessoas, reuniões nas quais podem ordenar o que devem a seguir propor numa Assembleia Geral, e por quem, e sobre quais assuntos e em que ordem cada um deverá falar, e como atrairão os mais poderosos e populares dentre os homens para a facção de seu lado. E quando conseguem-na grande o bastante, a qual podem dirigir (*rule*) pela sua eloquência, eles a mobilizam para administrar os negócios. E assim, às vezes eles oprimem a sociedade (*Commomwealth*) quando não existe outra facção maior para opor-se-lhes; mas na maioria das vezes eles conseguem fazer aquilo e começam uma guerra civil. Porque a loucura e a eloquência concorrem para a subversão do governo, de maneira igual à das filhas de Pélias, rei da Tessália, que conspiraram com Medeia contra seu pai. Elas iam restaurar o ancião decrépito em sua juventude, por conselho de Medeia cortaram-no em pedaços e o colocaram para ferver; em vão esperando o momento em que ele viveria novamente. Assim o povo comum em sua loucura, como as filhas de Pélias, desejando renovar o governo antigo, é conduzido pela eloquência de homens ambiciosos, como se tivessem enfeitiçados por Medeia; divididos em facções eles se consomem em chamas em vez de reformar o governo.

"É preciso obedecer mais a Deus do que aos homens?" A questão é impertinente porque as leis não governam consciências, mas regem palavras e atos. A *Bíblia* ensina a obedecer o soberano "em todas as coisas". O dilema (obedecer a Deus ou obedecer ao soberano) é desconhecido entre judeus, gregos, romanos e gentios. Nesses povos, as leis civis definiam o justo e o virtuoso e o culto externo a Deus. Os católicos têm essa dificuldade porque exigem para a autoridade religiosa poderes acima do civil. Quanto aos atos, a paz só é conseguida quando eles são regulados. Caso contrário, persiste a divisão no Estado devido à "liberdade" de consciência. Ser papista, luterano, calvinista, arminiano, como no passado paulistas, apolineanos, cefasianos, não impede a obediência à ordem pública. Paulo mostra que as questões trazidas pelos raciocínios humanos (*human ratiocination*) são perigosas para a vida cristã. No mundo civil, quem resiste a um rei porque duvida de seu título ou porque é dominado pelas paixões merece punição. Sendo a consciência apenas "opinião", não deve ela ser abolida, mas restrita ao espaço público, que não pode ser uma soma heteróclita de opiniões, mas resultado de uma só "opinião" racional.

O debate sobre o destino *post-mortem* deve ser afastado das leis que regem o corpo social. Segundo Pierre Bayle,

o sumário do Leviatã é que sem a paz não existe segurança no Estado e a paz não subsiste sem comando e o comando, sem armas; as armas nada valem se não forem postas nas mãos de uma pessoa; o medo das armas não conduz à paz os impulsionados a combater por um mal ainda mais terrível do que a morte, isto é, pelas dissensões sobre as coisas necessárias à salvação eterna[8].

O Estado possui uma potência que chega ao nível espiritual, sempre que se trata da República. No pacto, o

---

8. "Hobbes", *Dictionnaire historique et critique*, disponível na internet em: < http://artfl-project.uchicago.edu/node/79 >. Edição tomada como base no sítio: *Dictionnaire Historique et Critique*. 4e éd., t. II (C-I), Amsterdam /t Leyde: 1730.

indivíduo aliena o direito de agredir os demais. O soberano, no entanto, choca-se com algumas barreiras para a sua soberania. Em termos lógicos: se todos abrem mãos de seu direito natural para afastar a morte, não tem sentido o Estado exigir contra eles o direito de vida e morte. A segurança é inalienável.

Ferdinand Tönnies, editor e estudioso de Hobbes, contrário ao saber político e social mecânicos de *O Leviatã* (Tönnies pertence à sociologia romântica), define dois modelos contrários de ordem social, incluindo a pública. A sociedade é mecânica enquanto a comunidade é organismo vivo:

> A distância que vai de uma ferramenta artificial ou a determinada máquina construída para certos fins, até um sistema orgânico ou a alguns órgãos concretos de um corpo animal, é a que vai de um conglomerado de vontade – vontade sobreposta – a um conglomerado de vontade essencial.[9]

Ou seja, Tönnies pinta a sociedade com as cores da filosofia do direito de Hobbes, em que cada um é inimigo do outro e apenas a lei pode assegurar uma ordem externa.

A noção de poder, em Hobbes, não se desvincula da linguagem. Yves Charles Zarka chega a afirmar que a sua doutrina não se liga "tanto à física, mas à semiologia"[10]. Fala, gestos, escrita sujeitam-se à ambiguidade e ao equívoco. A lógica fornece princípios do correto emprego das denominações. A pacificação requer uma língua na qual os equívocos sejam atenuados. A língua, antes embebida nas paixões, com o estado de natureza, no Estado é a única forma passível de uso científico com a proposição, porque afirma e nega, possibilita o juízo sobre o falso e o verdadeiro:

> Quando um homem raciocina a partir de princípios indubitáveis por experiência, todos os engodos dos sentidos e equívocos

---

9. *Thomas Hobbes Leben und Lehre*, Stuttgart-Bad Cannstatt: Frommann, 1971, p. 272-273.
10. Langage et pouvoir, *Hobbes et la pensée politique moderne*, Paris: PUF, 1995, p. 63s.

de palavras evitados, a conclusão feita por ele concorda com a reta razão. Mas quando da conclusão ele pode, por bom raciocínio, derivar algo que contradiga qualquer verdade evidente, concluiu contra a razão e tal conclusão é absurda.[11]

Dos absurdos nascem os fanatismos religiosos e políticos. No trato comum, são usados nomes extraídos da ignorância coletiva e na fala, então, importa, para que eles sejam lembrados, a coerência de uma concepção para outra. Mas se as palavras ajudam a memória, a comunicação e a vida em comum, elas podem transformar o convívio em um inferno. Pelas palavras e pelos raciocínios ultrapassamos as feras. Elas desconhecem o verdadeiro e o falso e não possuem juízo, não multiplicam uma não verdade por outra, como fazem os homens.

As paixões iniciam todos os movimentos voluntários e da fala. Ao querer mostrar aos outros o saber, as opiniões, as concepções e os desejos, para isso inventada a linguagem, os homens transferem o discurso mental às palavras. E a *ratio* torna-se *oratio*,

porque na maioria dos homens o costume tem um poder tão grande que se a mente sugere uma palavra inicial, o resto delas segue-se pelo hábito e a mente não as acompanha. É o que ocorre entre os mendigos quando rezam seu *pater noster*. Eles unem tais palavras e de tal modo, como aprenderam com suas babás, companhias ou seus professores, e não têm imagens ou concepções na mente para responder às palavras que enunciam.[12]

As palavras, quando se trata de uma lei, precisam ser entendidas por todos os que a devem acolher. Como seguir uma ordem quando ela foi emitida em língua obscura, acessível apenas aos juristas? Não basta o juiz entender as partes: é preciso que ele sempre se faça entender. Para que se

---

11. Ibidem.
12. T. Hobbes [1640], Of Names, Reasoning, and Discourse of the Tongue, *The Elements of Law: "Human Nature" and "De corpore politico"*, ed. J.C.A. Gaskin, Oxford: University Press, 1994, p. 39s.

obedeça é obrigatório que a lei seja promulgada em língua conhecida por ele. Urge que a pessoa saiba as penalidades a que se submeterá e se defenda em língua acessível ao juiz e aos concidadãos. Se os últimos o compreendem, mesmo o juiz parcial terá trabalho para impor uma sentença errônea.

O juiz pode errar quando interpreta a lei. Logo, ele deve estudar a equidade.

Por exemplo, é contra a lei da natureza punir o inocente; e inocente é o absolvido judicialmente, reconhecido inocente pelo juiz. Coloque agora o seguinte caso: um homem é acusado de crime capital e face ao poder e a malícia de algum inimigo, a corrupção frequente e parcialidade dos juízes, foge com medo, é pego e conduzido a um julgamento e como não tinha culpa, é absolvido, mas condenado a perder seus bens; esta é uma condenação manifesta do inocente. Não há lugar do mundo em que isso poderia ser uma interpretação da lei da natureza, ou transformado em lei pelas sentenças dos juízes precedentes que fizeram o mesmo. Porque o primeiro que julgou, o fez injustamente; nenhuma injustiça pode ser modelo de juízo para os juízes subsequentes. Uma lei escrita pode proibir os homens inocentes de voar e eles podem ser punidos por voar; mas que voar por medo de injúria seja tomado por presunção de culpa, depois que alguém já foi absolvido judicialmente do crime, é contrário à natureza da presunção, que não tem lugar depois que o juízo foi dado.[13]

Hobbes distingue o cavilador e o intérprete. Um cavilador traz outros, ao infinito. Mas deve existir um intérprete, o juiz ordinário, que também interpreta as leis não escritas. As sentenças desse juiz não podem obrigar outros juízes "porque um juiz pode errar até na interpretação das leis escritas; mas nenhum erro de um juiz subordinado pode mudar a lei, a qual é a sentença geral do soberano". Quais as condições para que o juiz seja intérprete das leis? Primeiro: entendimento reto da principal lei da natureza, a equidade, que não depende das leituras de outros homens, mas da bondade da razão natural própria. Segundo: desprezo de bens desnecessários e promoções. Terceiro: ser capaz de

13. Ibidem

em um julgamento retirar de si todo medo, ira, ódio, amor e compaixão. E finalmente: paciência para ouvir, atenção diligente na escuta, memória para reter as peças, aplicação ao que ele tiver ouvido. A razão, que chega à equidade, deve afastar ou controlar as paixões mais notórias do trato entre as pessoas. Hobbes acentua a ambição como algo que não deve integrar a alma do juiz. Tanto, ou mais do que as outras paixões, a fome de bens ou cargos tolda o juízo, torna a mente fechada para as evidências e para a fala das testemunhas, do réu, da outra parte.

Em *O Leviatã*, a mente apaixonada curva-se à fantasmagoria que ela própria gera, tendo como objeto os demais seres humanos. É o reino da mentira. O *Behemoth* ou o *Longo Parlamento* traz a seguinte afirmação: "Um Estado pode constranger à obediência, mas não convence ninguém de erro, nem altera as mentes dos que acreditam possuir a melhor razão. A supressão da doutrina não une, mas exaspera, aumenta a malícia e o poder dos que nela acreditam". "Porque as palavras não são isentas de jurisdição?" Hobbes une as falas sediciosas à atividade rebelde, particularmente na análise da autoridade espiritual que tenta controlar a soberania civil. Tais falsos mestres são os agentes do "Reino das Trevas", em contraste com a luz da verdadeira religião e do entendimento. "Em particular, os pregadores sediciosos do Evangelho interpretam a Escritura para provar, acima de tudo, que sua igreja é o reino de Deus. Consequentemente, as pessoas que eles enganam obedecem tais mestres mais do que aos soberanos civis."

Além dos mentirosos pregadores que desejam impor a soberania de seu grupo, seitas ou igrejas, sobre todos os demais cidadãos, Hobbes refere-se em *O Leviatã* às histórias ou ficções das pessoas galantes. Esse é um lugar comum da Filosofia contra os historiadores e os poetas. A condenação da mentira é velha como a filosofia ou ainda mais arcaica.

Se é preciso impedir a fraude, o truque, para conseguir a estrita obediência às leis, urge que o soberano impeça a difusão de mentiras, o refinamento na arte de escrever com duplicidade. O Estado deve banir, com os mentirosos habituais, os que trapaceiam no jogo político de maneira eficaz, pois eles modificam o sentido das palavras e das frases. Proibidas as armas físicas, é preciso cuidar das espirituais, começando com as exercidas na língua.

A polissemia atropela a obediência, enquanto a mentira é truque insidioso que reintroduz a ferocidade recíproca. Nos *Elements of Law* (Elementos da Lei), os termos *sleight* e *strength* (astúcia e força), são usados para definir o estado de natureza no trato dos homens. A dupla de palavras apresenta grande interesse, na análise hobbesiana, da existência antes que a multidão se transforme em Estado. Os humanos, mesmo depois do pacto, enganam-se mutuamente com truques hábeis de linguagem, ao mesmo tempo que desobedecem à lei e tentam usar a força física. Como o pacto não é obedecido por todos os indivíduos, sendo motivo de queixa contra os atos ilegais dos que, na República, são importantes e ricos, o soberano é impelido a agir de acordo com a simulação, a dissimulação e a mentira. Ele é presditigitador e mágico, mestre na arte de enganar, sobretudo pelo raciocínio. Aproximemos a lente do panorama inaugural do Estado. Se em sua gênese, à multidão fosse permitida a licença de enganar por meio de truques, jamais haveria segurança coletiva. E se fosse permitido aos indivíduos os truques sofísticos no espaço público, permaneceria a insegurança. Mas se fosse proibido ao soberano o uso das simulações e dissimulações, zonas inteiras de poder seriam conhecidas pelos inimigos externos e utilizadas pelos cidadãos ambiciosos de vantagem própria, o que anularia as regras do pacto.

Surge o problema por excelência do pensamento filosófico e político: o acesso à razão e a vitória sobre os engodos de outros Estados e dos particulares. Hobbes conhece os textos de Sêneca. A fama conduz aos atos mais insensatos, pois exige a boca e os ouvidos da multidão que se deixa enganar pelos demagogos. Em *O Leviatã* e no *De corpore*, por ser restrita à experiência, a prudente sabedoria não possibilita a generalização cognitiva, não produz a medida universalmente válida do justo e do injusto. Nos *Elements of Law*, a prudência dá lugar à força que inibe as paixões desagregadoras dos particulares, força usada pelo soberano autorizado no pacto. A disciplina se apresenta como o eixo político no *De cive*: *ad societatem homo aptus non natura; sed disciplina*[14]. A prudência, ligada à razão de Estado, aparece aqui e ali no *De cive*. No mesmo livro Hobbes diz que os governantes conservam a astúcia e a força (*sleight or force*). Vimos que nos *Element of law*, *sleight* é palavra usada com o vocábulo *strength*, para definir o estado de natureza.

Quando afirma no *De cive* uma *Reason of City* (*Civitas*, no latim), Hobbes guarda o sentido renascentista dado à razão estatal, tendo como núcleo a prudência. Daí o apelo, notável no referido volume, ao segredo e aos espiões. Entre o segredo (a máxima obscuridade) e os espiões (encarregados de penetrar a obscuridade alheia), a prudência traz segurança para a *Civitas*. Os soberanos que usam *sleight or force* permanecem no estado de natureza e podem usar a força, a fraude, a mentira, a espionagem; não precisam manter a palavra porque não existe nenhum pacto que una os Estados, nenhum soberano que imponha uma lei obrigatória para todos.

Se no âmbito mundial opera a razão de Estado em guerra permanente, no plano interno a transferência do poder mortal não pode deixar ambiguidade na lei. Nas relações de cidadão a cidadão, a mentira ou o engodo devem ser reprimidos. Em *O Leviatã* quase desaparecem as antigas formas de pensamento prudencial, ou seja, da razão de Estado. Se essa última opera com força e fraude, o uso de semelhantes técnicas de dominação entre cidadãos conduziria à ruína da República. Contra o uso da força e da fraude, no interior da República, o soberano deve providenciar para que o povo não seja ignorante "ou pouco informado das bases e razões dos seus direitos essenciais; porque assim

---

14.. *De cive*, I,2.

os homens são seduzidos facilmente, e levados a resistir-lhe, quando a República deve exigir seu uso e exercício". Em qualquer Estado, generaliza Hobbes, sem a obediência, o povo é dissolvido por "homens poderosos que digerem com muita dificuldade tudo o que estabeleça um poder para controlar suas afecções". Os "eruditos também resistem ao poder que descubra seus erros, e diminua a sua autoridade". Enquanto os poderosos estão cheios de ambição de poder e os letrados mergulham na ambição de autoridade, porque suas mentes estão abarrotadas de doutrinas mentirosas e fraudulentas, "as mentes do povo comum, enquanto não forem tingidas pela sua dependência diante dos poderosos, ou rabiscada pelas opiniões dos doutos, são como papel limpo, apropriadas para receber tudo o que a Autoridade Pública nelas imprimir".

Encontramos novamente a fábula de Medeia: o desobediente deseja reformar a República, mas a destrói,

> como as ensandecidas filhas de Peleu, na fábula, as quais desejando renovar a juventude do seu pai decrépito, por conselho de Medeia o cortaram em pedaços e o colocaram para ferver, sempre com suas estranhas ervas, mas não fizeram dele um homem novo. Este desejo de mudanças é como a desobediência do primeiro mandamento divino: porque Deus disse, "Non habebis Deos alienos": Não terás deuses de outras nações, e em outro lugar, em relação aos reis, que eles são deuses.

Quais "deuses" não podem coexistir com o "deus mortal", o Leviatã? Os poderosos, os letrados, as cidades que pretendem possuir independência na República. "Os que pretendem agir segundo a prudência política", diz Hobbes, tendem a afirmar a "liberdade de disputar o poder absoluto". Esses são os poderosos e populares.

> A menos que a República [*Commonwealth*] tenha muito penhor de sua fidelidade, eles são uma doença muito perigosa; porque o povo, que poderia receber seu movimento da autoridade soberana, pela adulação [*flattery*] e pela reputação de um homem ambicioso, é arrancado de sua obediência às leis para seguir um homem cujas

virtudes e desígnios eles não conhecem. E isso é mais comumente perigoso em um governo popular do que na monarquia, porque um exército com maior força e número pode facilmente fazer acreditar que eles são o povo. É assim que Júlio César, que subiu ao poder pelo povo e contra o senado, tendo ele mesmo vencido as facções de seu exército, controlou o senado e o povo. E esse modo de agir de homens ambiciosos é rebelião clara, que pode ser comparada aos efeitos da feitiçaria [*witchcraft*]. Outra doença da República é a grandeza imoderada de uma cidade, quando ela pode fornecer para fora de seu próprio circuito o número e a despesa de um grande exército; como também doentio pode ser o número de corporações, que nos intestinos da república são como vermes nas entranhas de um homem natural. E devemos acrescentar a liberdade de disputa contra o poder absoluto, conduzida pelos campeões da prudência política, os quais alimentados na maior parte na laia do povo, e animados por doutrinas falsas, sempre dão palpites sobre as leis fundamentais e molestam a república, como vermezinhos chamados ascarídeos pelos médicos.

Segundo um analista da razão de Estado, ela

contém a onipotência pública. Ela é a derrogação da lei que toma o sentido da máscara que tombam o desvelamento de uma que para de repente de compor e decide com dureza, outorgando a si mesma o privilégio exorbitante de quebrar as regras. […] Do seu respeito da lei, não se pode inferir uma submissão à lei. O Estado é como o mau perdedor que por vezes muda as regras do jogo. O escândalo que recobre a razão de Estado atraiçoa o nosso desânimo como súditos e o nosso ceticismo diante das leis constitucionais […] Embora seja posta, com frequência, no item tirania, o momento da razão de Estado contribuirá paradoxalmente, e muito, para forjar a identidade liberal e democrática. Esta é também a figura confusa e confundida do arbitrário, inimigo mortal cuja derrota completa forma aparentemente o conteúdo utópico do pensamento constitucional, que, no entanto, revela a superioridade e a grandeza do poder de constrangimento. […] inversamente, não é simples reduzir esse momento de exceção, como testemunha esta tradição constitucional que tanto imaginou para dissolvê-lo sem nunca conseguir reduzi--lo. Por cansaço de guerra ou por suprema astúcia? As mais liberais das constituições e por vezes bem armadas dão-lhe assim um lugar, às vezes por silêncio tático, impotência ou falta de destreza, mas o mais frequentemente por direito, o que é apenas uma parte da visibilidade dada ao restante do domínio da sombra: A Declaração dos Direitos do Homem está cheia de concessões por onde escorregam sem dificuldade ambições despóticas[15].

Yves Charles Zarka, especialista no pensamento hobbesiano, afirma que a tese jurídica do filósofo põe em causa uma tradição antiga do direito inglês, a que consistia em fazer do costume ou do direito comum (*common law*) a principal fonte de uma jurisprudência que governa a sociedade. Mas ao fazer da lei o produto da autoridade e não da verdade, não se arriscaria a torná-la irracional? Deve-se interpretar esse princípio como a expressão de um decisionismo político oposto a um racionalismo jurídico? De modo algum, o próprio Hobbes o diz: "Também a lei não procede desta *juris prudentia* ou sabedoria dos juízes subalternos, mas da razão deste homem artificial que estudamos, isto é, da República e de seus mandamentos"[16]. Assim, longe de abrir o caminho para uma obscura e perigosa concepção da transcendência irracional da vontade do Estado, a teoria da lei é, pelo contrário, um dos lugares privilegiados onde torna-se possível compreender porque em Hobbes a razão de Estado não poderia, definitivamente, ser de uma outra natureza, diferente da que é propriedade dos indivíduos.

Falamos da *treachery* ínsita nos particulares que, na busca de seus interesses, minam o Estado e fazem poeira da fé pública. Essa ardilosidade é prevista e controlada pelo sistema hobbesiano. Mas fica sempre a questão posta por Christian Lazzeri e Dominique Reynié: e quando o Estado (os que o personalizam) usa os truques proibidos no campo privado? Sabemos a resposta: Hobbes pensa a *Commonweath* sempre no estado de guerra, em luta contra os seus concorrentes.

Permitam-me citar um trabalho antigo que publiquei emoutro livro. Segundo Hobbes, o

---

15. Cf. Christian Lazzeri, Introduction, *La Raison d'État, politique et rationalité*, Paris: PUF, 1992, p. 10.
16. *Leviathan,* cap. XXV

primeiro fundamento do direito consiste na defesa do próprio corpo e membros contra a morte, ou as dores que a precedem. Aniquilação e medo são fios que entrelaçam o discurso hobbesiano. Os indivíduos se espreitam eternamente, abrem espaço pelo desaparecimento físico e espiritual dos demais. Os Estados, que nunca abandonarão o plano da natureza "olham-se uns aos outros com orgulho, observam seus rostos e ações e não confiam tanto nos tratados, mas na fraqueza da outra parte". A metáfora óptica encontra-se, neste ponto, unida à teatral: por detrás das máscaras – amigas ou hostis – urge enxergar os arcanos do outro Estado. As redes de espionagem ('os espiões são como os raios de luz para a alma humana, no discernimento dos objetos visíveis'), delicadas e sensíveis, unem pele e olhos, permitem aos inimigos dirigir-se rápida e certeiramente para seus limites extremos, e devorar os assaltantes da rede republicana. Reis aranha têm o direito e a obrigação de digerir inimigos externos e internos. Morte: soberana crudelíssima, adversária eminente, pressuposta no contrato para mútua proteção dos particulares. [...] O Estado é a única arma dos indivíduos particulares contra a morte. O *pactum subjectionis* resulta da maldade natural dos humanos, sua perversa pretensão ao absoluto. O *Leviatã* se encarrega de esmagar as esperanças dos indivíduos autocentrados que desejam a glória e a sobrevivência à custa dos seus iguais. O fundamento das leis é frágil, pois sempre recebe as pressões dos átomos sociais e de seus aglomerados, os partidos, em busca de seu próprio interesse. Uma Constituição, para se manter, precisa ser acolhida pelo medo e pela opinião – certa ou equivocada – de que ela protege todos e cada um da morte. Caso contrário, armam-se os particulares contra o Estado, para defender seu pedaço de terra e seu espaço social[17].

Levar esse debate adiante é tarefa que fascina, sobretudo em um tempo e em uma terra onde, mais do que nunca, a letra da lei mata. Mas isso é algo a ser efetivado em outra ocasião.

---

17. Massa, Poder e Morte, *Lux in Tenebris, Meditações Sobre Filosofia e Cultura*, Campinas: Editora da Unicamp/Cortez, 1987, p. 23s.

TÉCNICA, GUERRA, ÉTICA

Existem valores perenes na luta em prol dos direitos humanos. Como em tudo o que é finito, tais valores possuem o seu lado oposto, os quais não raro os arruínam. Impossível pensar a humanidade sem a técnica e a ciência. Mas é necessário olhar para os desvios acarretados por semelhantes forças. Vejamos um traço grave, antigo, mas que hoje preocupa os que defendem direitos, as intervenções técnicas no corpo humano, implicados nos avanços da engenharia eletrônica. Como é sempre possível esperar, tais investigações ligam-se ao fato guerreiro.

    Recordemos os antigos elos entre pesquisa médica e o treino para a guerra, traço comum entre ciência e morte nas batalhas. O tema assume característica nuclear nas culturas que iniciaram a nossa ética e política. Torna-se preciso, hoje, quando o fato bélico mostra face múltipla (do terrorismo sectário ao terror do Estado), meditar sobre os vínculos entre laboratórios e guerra.

A Grécia legou ao Ocidente a concepção de história, racionalidade, ciência, técnica e guerra. Aspecto essencial na preparação grega para as batalhas é a sua violência. O ateniense é formado para ser amável, simpático, educado para com os seus iguais. Como o cão, ele protege o clube político chamado *polis*. Mas deve ser violento como os lobos face aos inimigos. A palavra *agon* resume o caráter daquela cultura, analisada por Victor Davis Hanson em livro cujo nome diz tudo: *Carnage and Culture* (Massacre e Cultura). A "superioridade" grega encontra-se no combate aos "bárbaros" e na violência racional. Aristóteles e outros filósofos criticam as técnicas da simples melhoria física sem a simultânea valorização ética:

> A honra, não a ferocidade deve ser a primeira parte da educação; pois não é o lobo nem algum outro animal selvagem que fará nobres aventuras, mas um bom homem. Quem leva os meninos a seguir exercícios árduos em demasia e não os treina nas coisas realmente necessárias, os fazem vulgares e baixos.[1]

A violência da cultura grega não era percebida pelos seus próprios educadores e políticos. Para eles, os bárbaros seriam "os outros". A beleza e a bondade teriam morada na terra grega. Aristóteles critica a tortura dos jovens, que só os torna aptos ao uso da força sem inteligência. A ética deve reunir a melhor forma física e os valores. A truculência ateniense se revelou na guerra do Peloponeso descrita por Tucídides. Não por acaso, aquele texto foi traduzido por Thomas Hobbes, um exercício preliminar para se entender a guerra de todos contra todos, na qual o homem é o lobo do homem.

Assim, temos a questão ética que incomoda a educação técnica do corpo para a guerra. A ciência, a técnica, a racionalidade estratégica, a coragem dos lobos, inspira a Grécia e o mundo ocidental ao colonialismo e ao imperialismo.

---

1. Cf. *Carnage and Culture*. New York: Random House, 2001. Ver também *The Western Way of War: Infantry Battle in Classical Greece*. Berkeley: University of California Press, 1989;

Passo a outro problema das culturas ocidentais. A tendência a espacializar o tempo também nasce na Grécia. A racionalidade grega, incluindo-se a estratégia para vencer o tempo, reduz os fenômenos físicos e espirituais ao espaço. Tal espacialização é unida à técnica e à ciência que transformam homens em objetos passíveis de mudança, correção, "educação".

Os "bárbaros" orientais, para os gregos e para os europeus até os dias recentes, estavam presos ao mundo externo, não o dominavam. Em semelhante tradição, os alheios à Europa estariam presos ao mundo externo. O primeiro passo para dominar a natureza é dominá-la em nosso corpo, eis a lição grega. Segundo Hegel, a história universal é a educação (*Zucht*) da vontade. O vocábulo carrega o sentido violento de repressão. "*Zuchthaus* é casa de correção, cadeia. *Zuchtigen* implica em açoitar, castigar. O indivíduo bem-comportado, educado, honesto e casto porta uma *zuchtigkeit*. *Zuchtmeister* pode ser tanto o preceptor quanto o carcereiro. Finalmente, o vocábulo adquire seu pleno sentido de apuro, de refinamento das potencialidades naturais, quando se lembra que *zuchtvieh* é gado de raça"[2].

Passamos, no mundo ocidental, por tentativas de conseguir o "apuro" da ordem humana. Os esportes[3] a educação física uniram-se, não raro, à tentativa de "melhorar a raça". E os "inferiores" (os pobres habitantes das montanhas norte-americanas, os judeus, os ciganos, os homossexuais, os asiáticos, os negros) sofreram uma guerra de extermínio cujo nome é eugenia[4]. Não me detenho em tal aspecto, ele mesmo herdeiro da Grécia e de sua visão pedagógica e bélica.

Importa, do ponto de vista ético, lembrar a tecnologia de controle de corpos e de almas, aplicada em campanhas de extermínio dos "inaptos" (assim decretam os

---

2. Ver a respeito o meu *Conservadorismo Romântico, Origem do Totalitarismo*, São Paulo: Unesp, 1997.

3. Norbert Elias; Eric Dunning, *Quest for Excitement: Sport and Leisure in the Civilizing Process*, Oxford: Basil Blackwell, 1986.

4. Cf. Edwin Black, *A Guerra Contra os Fracos: A Eugenia e a Campanha Norte-Americana Para Criar uma Raça Superior*, trad. Tuca Magalhães, São Paulo: A Girafa, 2003.

"superiores") para a vida no planeta. As pesquisas médicas, de engenharia e genética em nossos dias podem seguir (isto não é necessário, nem está definido na essência do saber científico) o rumo iniciado pela antiga e renitente história do "aperfeiçoamento" dos pretensos superiores e das ameaças contra os supostos inferiores. Existe a tentação de reduzir o ato educacional ao "apuro" e disciplina, à seleção dos "melhores". Mas é possível sugerir caminhos diferentes na ética e na ciência. Esta última, mais as técnicas, não se destinam apenas à tarefa que frutificou na guerra ocidental ou nas lutas pela eugenia. Recordo a análise de um pensador de nossos dias, em livro ainda recente.

Massimo De Carolis discute a engenharia cognitiva e biológica e tenta fugir de um risco comum às análises favoráveis ou contrárias às ciências e técnicas. É redutor, no seu entender, todo exame que elude o fato de que os significados do mundo humano podem ser compreendidos cientificamente. E para tal fim, é necessário que a informação sobre a humanidade seja tão acessível quanto a informação sobre os demais campos da natureza. Existe, constata ele, informação e existe rumor (palavra com sentido ou palavrório, diriam os filósofos clássicos).

Os homens compreendem informações e rumores no interior da natureza e no seu campo específico. Eles distinguem a si mesmos do ambiente natural. E captam sentidos sobre a sua vida. Nesta faina, De Carolis distingue três aspectos essenciais: a performatividade, a virtualidade, a autorreferência. A performatividade é o poder de constituir um sentido por um ato fundador. A virtualidade é a marca dos eventos de sentido nunca estabelecidos definitivamente, mas redefinidos sempre, em novos nexos entre signo e rumor. Autorreferência é a força de representar a si mesmo e distinguir a si mesmo do mundo externo.

Os animais parecem incapazes de constituir e reconstruir o sentido dos signos, eles movem-se num círculo automático de resposta aos estímulos. O automatismo permite responder aos estímulos de modo sempre mais perfeito, excluindo a massa de signos supérfluos. Na base da técnica da qual partem os humanos, não se encontram a performaticidade, a autorreferência, a virtualidade, elementos do ato ético livre[5]. Sublinho a última palavra.

Desde o pensamento grego, o universo e a política foram entendidos como a metáfora da máquina. A modernidade consagrou o automatismo para o ser humano, o *tool making* animal. Produzimos os nossos corpos como instrumentos de nossa mente e a sociedade como instrumento de nossos alvos, inventamos máquinas de guerra e paz. E nos habituamos ao referido horizonte, como se as máquinas tivessem significado em si mesmas.

Hoje somos praticamente presos da técnica que permite transmitir informações – esta inclui a internet, mas soma a mídia, o cinema etc. – que atenua o sentido e a liberdade. No aperfeiçoamento corporal, máquinas são oferecidas como substitutas eficazes da ação volitiva, tendem a dispensar os intentos humanos. O Estado e o mercado dispensam entes voluntariosos que decidem este ou aquele rumo coletivo. A política econômica e a política representam automatismos que operam como se fossem instrumentos infalíveis.

As guerras são vividas como espetáculo televisivo ou fílmico pelos que não as sentem no corpo, ao menos nos seus primeiros instantes. O treino para o automatismo conduz às mesmas atitudes dos antigos gregos diante dos outros povos e culturas, vistos como estranhos, perigosos e inferiores. É "natural" que eles sejam vencidos em batalhas "científicas", com bombas "inteligentes". Mas um traço pouco discutido, nesse âmbito, é o nexo entre a ciência, o ensino e a guerra. Vejamos um exemplo.

Em 1983, Enrico Pozzi analisa a tendência ao controle maquinal das atividades lúdicas e do esporte. Refiro-me ao artigo intitulado "Giochi di guerra e tempi di pace" (Jogos de Guerra em Tempos de Paz). O texto examina a

---

5. Cf. Massimo de Carolis, *La vita nell'epoca della sua riproducibilità tecnica*, Torino: Bollati Boringhieri, 2004.

espacialização do tempo cujos exemplos mais relevantes, no mundo contemporâneo, são os jogos de guerra e o esporte. As duas formas de diversão expõem formas da consciência ética automatizada e prestes a ser movida no interesse do extermínio dos "inferiores".

Os jogos de guerra surgem com o Estado moderno, entendido e praticado como imensa fábrica de controle político. Desde Platão a ideia de que o universo físico e humano são artefatos produzidos com arte e técnica, os quais devem ser dirigidos por sábios competentes, habita as mais importantes teorias políticas. Basta que se pense em Thomas Hobbes. O Estado-máquina é desafio importante: não por acaso Platão o ideou contra a democracia ateniense, lugar onde nasce a nossa imaginação política. Confiantes na eficácia da *polis* dirigida por sábios, contra a instabilidade das massas, o pensamento assumiu o cálculo e a eficácia que instauram o Estado e se oferecem para Max Weber na figura do "Estado fábrica" onde todas as conexões são artificiais e mecânicas. A essência burocrática seria o resultado lógico dos séculos de razão mecânica[6].

André Leroi-Gourhan em *Evolução e Técnica*[7] examina as artes de fabricação, aquisição ou consumo. Ali ele

---

6. "Do ponto de vista da sociologia, o Estado moderno é uma 'empresa' com o mesmo título de uma fábrica. Nisso consiste precisamente seu traço histórico específico. Desse modo, também, está condicionada de maneira homogênea a relação do mando (*Herrschaftsverhältnis*) no interior da empresa" (M. Weber, *Wirtschaft und Gesellschaft*, 5. ed., revidiert Auflage, Tübingen: Mohr, 1972, p. 825). A separação (*Trennung*) entre os meios de administração e o seu operador, tanto na empresa quanto no Estado, define a burocracia que opera maquinal e hierarquicamente. No Estado, o maquinismo segue a lógica do cálculo, sem que a sua marcha possa receber modificações políticas. É desse desencanto que Weber partilha e legou aos seus herdeiros de "esquerda" ou "direita", como Lukács ou Schmitt. Este último, com enorme importância em autores estratégicos do chamado "neo" liberalismo, como F. Hayeck.

7. Cf. *Evolution et Technique*, Paris: Albin Michel, 1973. Existem outras concepções do elemento técnico, como as avançadas por André Leroi--Gourhan, Elias Canetti, e outros analistas da vida humana em sociedade. Discuto esses autores em artigos espalhados nos livros que publiquei. Cf., entre outros, Ciência e Tecnologia no Brasil, Questões de Estado, *O*

expõe o quanto o elemento tecnológico define a vida social e mostra a vida forjada pela técnica como um sistema no qual, dado um traço os demais se definem, com maior ou menor densidade e coerência. O sistema de ciências e técnicas ergue-se contra o acaso. Assim, "o processo humano, surgido dos constrangimentos biológicos, desenvolvendo-se na ordem dos signos, apressado pela indústria e figurado pelas técnicas da comunicação, é processo cumulativo. O passado da espécie condiciona o futuro da etnia"[8].

Os movimentos tecnológicos e científicos são conquistas milenares: a postura ereta, a linguagem, a imaginação, a memória. Gourhan aceita a explicação de que o aumento de nosso cérebro vem da solidariedade funcional entre ele e as mãos. O primeiro ganha com os progressos da adaptação locomotora e não a provoca. "Tudo se passa como se o cérebro viesse progressivamente ocupar os territórios anteriores, na medida que eles se liberavam dos constrangimentos mecânicos da face". Cede o prognatismo, o qual diminui progressivamente "em coesão estreita com a base de sustento do edifício craniano". Dada a regressão dentária, segue-se a expansão cerebral: "Somos inteligentes porque ficamos de pé".

Também por tal motivo nossa mão pode segurar e transformar. Ficamos erguidos por adaptação. Esta é a constante no movimento evolutivo. "O técnico comporta-se frente à matéria, que ele ataca, em função de certos meios de atividade, do mesmo jeito que o ser vivo, no interior de seu meio". Só há produção para o ente vivo, para a técnica, para as sociedades, sob constrangimento. A evolução transforma o constrangimento em tendência adquirida pela espécie. As faculdades do cérebro e das mãos, em milênios, se tornam tendências inconscientes, mas ativas nas sociedades.

Desafio do Islã e Outros Desafios, São Paulo: Perspectiva, 2004, p. 245-266; e Soberania, Segredo, Estado Democrático, *Política Externa*, v. 13, n. 1, jul./ago. 2004, p. 15-28.
   8. Michel Guérin, "Leroi-Gourhan, notre Buffon", *Revue de Metaphysique et de Morale*, n. 2, 1977, p. 174. Sigo passo a passo o comentário de Guérin a Gourhan.

O instrumento é consequência da mão. "O homem não é um resultado, ele é um produto, e mesmo seu produto, um ser que soube e pode acomodar sua contingência, aproveitar a si mesmo e ao meio". A humanidade vive, desde época remota, no "meio técnico" cuja tendência é substituir o natural.

Nenhuma técnica existe isolada e toda sociedade é politécnica. O instrumento ou processo ausente num coletivo humano encontra-se em outro, premido à sua invenção pelos desafios naturais. São fatos diferentes "ter" um instrumento e "fixar" o mesmo instrumento. Só na segunda via o objeto é "digerido" pelo meio, "integrado ao seu capital, porque é harmônico à politécnica preexistente ao grupo"[9]. Entre a vida e a morte, o instrumento técnico possibilita uma tripla sequência comportamental (agressão, aquisição, alimentação), de preensão (lábio-dental, digitopalmar, interdigital e projeção), de percussão (dentária, manual, ungueal)[10]. Para quem se apresta a olhar o ente humano com as lentes da etnologia, portanto, nada surpreende quando se trata de perceber os acréscimos trazidos ao corpo e à mente pelas próteses avançadas de nossos dias. Se nós mesmos somos o resultado técnico de nossa atividade corporal, quando novos instrumentos auxiliam a aumentar nossa força e poder sobre o universo e sobre a sociedade, tal fenômeno inscreve-se numa continuidade milenar, durante a qual produzimos o que entendemos como *homo sapiens*.

Permanece, no entanto, o problema ético sempre espantoso: todas as melhorias que fazemos em nossa estrutura somática e funcional têm mão dupla. Elas podem nos conduzir para o convívio que nos refina em termos éticos, estéticos, religiosos, científicos, ou à destruição dos

---

9. Idem. Cf. também Georges Canguilhem, *La Connaissance de la vie*, Paris: Vrin, 1980, p. 124. Canguilhem cita o livro *Milieu et techniques* de Leroi-Gourhan.
10. M. Guérin, op. cit., p. 186-187.

que julgamos estrangeiros, inferiores, bárbaros. Semelhante ponto foi examinado no livro pungente de Jonathan D. Moreno[11].

Filho de um famoso pesquisador que definiu parâmetros de saber sociológico e médico durante a Segunda Guerra Mundial, Moreno inicia seu relato com um episódio significativo. Quando era jovem, certo dia um grupo de quase adolescentes chega à sua casa em ônibus escolar e segue para o laboratório de seu pai. Anos mais tarde ele pergunta à sua genitora o motivo da visita inusitada. E fica sabendo que as quase crianças serviram para testar o LSD. O fascínio com a droga veio de pesquisadores que trabalhavam em Harvard, que a estudavam desde 1950. O primeiro ponto ético controverso, portanto, reside nos experimentos com seres humanos, jovens e inexperientes. O segundo, é a pesquisa ter sido conduzida em segredo. E o terceiro é grave como os anteriores: a pesquisa era, em parte mais do que considerável, feita em prol das agências encarregadas pela segurança nacional. Como diz Moreno: os sonhos de Timothy Leary, um guru do tipo *hippie* que desejava mudar a sociedade com a droga "could trace their roots to America's early cold war defense establishment" (trocou suas raízes para o sistema de defesa dos Estados Unidos no início da Guerra Fria)[12].

Anos depois, o filho encontra-se em posição de pesquisa em bioética, numa faculdade de medicina, para trabalhar em certo Comitê Presidencial para o estudo de experimentos em radiação, com as sequelas nos seres humanos, patrocinados pelo governo norte-americano desde 1940. Seu trabalho seria acompanhar a história secreta (*classified*) do financiamento oficial em experimentos humanos. Dessa maneira, percebeu as conexões entre o uso do LSD e outros meios de influência sobre o cérebro, a CIA e o Pentágono, pelo menos desde 1960. E, rapidamente,

---

11. *Mind Wars, Brain Research and National Defense*, New York: Dana Press, 2006.
12. Ibidem, p 3.

ele descobriu também que o interesse anterior dos mesmos organismos de espionagem e de guerra, continuam no campo da neurociência.

Pouco a pouco Moreno amealhou dados sobre a defesa nacional e seus financiamentos, e a pesquisa em neurociência. Um outro fato significativo em termos éticos: grande parte dos cientistas, brilhantes, pouco sabia sobre a origem dos financiamentos globais de suas investigações, ou imaginavam que o nexo entre financiamento e o que faziam pouco trazia para ser pensado no campo prudencial. Quando recolheu dados suficientes que lhe permitiam dizer que o vínculo entre segurança nacional e pesquisas em neurociência, neurofarmacologia e áreas conexas era extenso e em crescimento, ele notou também que poucos discutiam "many fascinating ethical and policy issues that might emerge from this relationship" (muitas questões éticas e políticas fascinantes que podem surgir a partir dessa relação).

ÉTICA E DECORO PARLAMENTAR[1]

No Capítulo IV do *Tratado Político*, Spinoza – o autor da mais importante Ética moderna – discute os erros dos governos e dos que legislam em nome do povo soberano. Em primeiro lugar, ele analisa o problema que preocupou os pensadores gregos, os profetas de Israel, os juristas medievais e da Renascença e hoje é um item espinhoso dos regimes democráticos[2]. Seria o poder supremo (*summa potestas*) controlado pela ordem legal e poderia ele errar? A resposta de Spinoza gerou as teses que produziram a Revolução Francesa e a Revolução Americana: "erros" e "leis", afirma o filósofo, são palavras que designam, além

---

1. Este artigo foi apresentado no I Seminário Sobre Ética e Decoro Parlamentar, Conselho de Ética e Decoro Parlamentar, Câmara dos Deputados, Brasília, em 9 dez, 2003.
2. Sigo esse trecho em livre paráfrase para tornar mais ágil a compreensão. Sempre que preciso, colocarei os termos latinos especializados e as frases do próprio autor em itálico ou entre aspas.

dos direitos do Estado (*civitatis iura*), as leis comuns de toda a natureza. "Consideradas as regras da razão, pode-se afirmar que o poder supremo estatal erra e se um Estado não tivesse leis nem regras, seria preciso enxergar nele uma quimera".

O Estado erra quando age ou permite comportamentos que o arruínem. Ele erra quando age contra a razão. Apenas quando obedece os ditames da razão (*ex dictamine rationis*), o Estado é senhor de si mesmo (*sui iuris*).

Quando um Estado age contra a razão, na medida em que o faz, ele destrói a si mesmo. Toda pessoa decide um negócio de seu interesse e age como lhe aprouver, mas tal poder deve ser medido tanto pela força do agente quanto pelas facilidades oferecidas pelo paciente. Se digo que posso fazer desta mesa o que eu desejar, não entendo por isto que posso obrigá-la a comer capim.

De modo igual, quando dizemos que os homens não regem a si mesmos, mas seguem o direito estatal (*homines non sui, sed civitati iuris esse*), não queremos dizer que eles perdem a sua natureza humana e revestem outra. O Estado tem a força e, portanto, o direito de fazer que os homens tenham asas para voar ou, o que é tão impossível quanto, *que eles considerem com respeito o que excita o riso ou o desgosto.*

Em determinadas condições o poder estatal inspira aos cidadãos medo e respeito (*reverentia et metus*). Contudo, se tais condições forem perdidas, desaparecem respeito e medo

a própria cidade deixa de existir. Portanto, a cidade, para permanecer senhora de si mesma, é obrigada a manter as causas do temor e do respeito, sem o que ela não é mais uma cidade. Àquele (ou àqueles) que detém o poder público, é, pois, igualmente impossível se apresentar em estado de ebriedade ou de nudez com prostitutas, bancar o histrião, violar ou menosprezar abertamente as leis por eles estabelecidas, e, agindo assim, conservar sua majestade; isto é tão igualmente impossível como ser e ao mesmo tempo não ser. Levar à morte os súditos, despojá-los, usar de violência contra as virgens e outras coisas semelhantes é transformar o temor em indignação e, consequentemente, o estado civil em estado de guerra[3].

Impossível lição mais contundente sobre a ética dos que legislam e administram o Estado. Spinoza não aceita a tese hobbesiana que enuncia um pacto no qual os indivíduos perdem a liberdade política em favor do soberano. Esse, no pensamento de Hobbes, assume a função de árbitro inquestionável das questões civis e jurídicas. Para que seja atenuada a guerra de todos contra todos, Hobbes não define o soberano como juiz, pois ele deveria seguir leis prévias. O autor pensa o governante desligado (*ab-soluto*) das leis. Assim, ele não erra, porque nada tem diante de si para comandar a sua decisão. Os indivíduos, lobos uns dos outros, escolhem não continuar a matança, seguem a razão, o cálculo da sobrevivência, e obedecem à decisão de um árbitro contra o qual não lhes é mais lícito apelar. O arbítrio do soberano é a essência do Estado.

Spinoza recusa esse arbítrio e indica o Estado apenas como o instrumento para aumentar a potência dos cidadãos. Eles não perdem o estatuto de soberanos em prol de um rei ou de uma Assembleia, como ocorria em Hobbes. Reunidos no Estado, eles não o perdem, na exata medida em que, ao entrar em acordo entre si, não deixam de ser indivíduos livres. Eles não podem abandonar a sua condição natural. Deus, para Spinoza, é a substância infinita que possui atributos infinitos dos quais nós, os homens, expressamos dois apenas: o pensamento e a extensão. Não renunciamos, no Estado, à liberdade do pensamento, visto que somos apenas a individuação daquele atributo divino infinito. Não podemos alienar o divino que está em nós. Não renunciamos ao nosso corpo, visto também que somos a individuação do atributo infinito e divino que o contém. Desse modo, contra Hobbes, não negamos a nossa

---

[3]. *Tratado Político*, Capítulo IV, §4, *Spinoza: Obra Completa I*, São Paulo: Perspectiva, 2014, p. 396-397.

capacidade de pensamento ou força corporal quando a vida pública é instaurada.

Quem administra o Estado e para ele legisla deve levar em conta estas duas forças, a do pensamento e a dos corpos. Se as ignora e desrespeita, luta contra a natureza. Daí o exemplo, à primeira vista estranho, da mesa. Como, se digo que tenho poder absoluto sobre a mesa, eu não posso, entretanto, obrigá-la a comer, uma vez que sua essência é puramente espacial, nenhum governante ou legislador pode editar mandamentos que desrespeitem a natureza dos homens, seres que pensam, desejam, têm paixões. Os homens pensam e possuem uma força lógica comum, a qual não suporta a contradição. Quando os legisladores ordenam não roubar e roubam, ordenam respeitar a pátria e não respeitam, ordenam procedimentos honestos e agem de modo desonesto, eles são percebidos pela inteligência dos cidadãos. Como a cidadania pensa, fala, escreve, os governantes indecorosos tornam-se cedo ou tarde conhecidos como tal e perdem respeito e reverência. O Estado que deseja ordenar a si mesmo segue a razão. E a razão recusa contradições. Uma lei é universal ou não é lei. Ela vale para todos e qualquer um dos indivíduos do coletivo, sejam eles cidadãos ou legisladores, senão perde seu caráter. E um Estado onde as leis não valem universalmente, segundo a razão, não é Estado, mas quimera.

Spinoza é absolutista ao modo democrático. O povo soberano, sendo a base do Estado, não aceita que ao mesmo tempo sua majestade seja obedecida e não o seja. Isso é contraditório. Sempre que os governantes ou legisladores mentem, desobedecem às leis, agem de modo a negar a dignidade do cargo, insultam a inteligência e os sentimentos, os corpos dos cidadãos.

Na vida coletiva, cada indivíduo possui uma força adequada ao seu corpo e ao seu pensamento. Isolados, os homens possuem uma força pequena. Unidos, a sua potência comum é praticamente ilimitada. E todo indivíduo ou Estado tende a perseverar em seu poder, sem levar em conta nada que seja exterior. Deixados ao seu desenvolvimento natural, os corpos dos indivíduos tendem a se expandir e a se prolongar no tempo. A luta pela sobrevivência é a regra. Essa luta, segundo Spinoza, não é abolida no Estado. Ele apenas reúne forças e as administra racionalmente, em proveito de todos e de cada um dos cidadãos. Para viver em segurança e do melhor modo possível, os indivíduos devem se entender e passar a seguir a razão, encarnada nas leis universais.

Logo, se "nenhum pacto pode ter força senão pela razão de ser útil, e que, retirada a utilidade, o próprio pacto permaneça sem força e se extinga. Um homem é insensato por pedir a outro que empenhe sua confiança pela eternidade". Os cidadãos obedecem enquanto isso lhes é útil e apenas quando notam que os demais cidadãos e os dirigentes e legisladores obedecem às regras comuns, às leis.

Todo homem tem um corpo com necessidades e desejos. "A avareza, a glória, a inveja, o ódio etc. ", diz Spinoza, "ocupam a alma, de tal sorte que a razão não tem qualquer lugar". Nos homens comuns, as "promessas e pactos, a conservar a fé jurada, ninguém pode aquietar-se porém com segurança, a menos que à promessa se ajunte outra coisa". Tal garantia é a lei a ser mantida pelas autoridades e pelos legisladores, para exemplo e norma dos cidadãos. É por conta disso, enuncia Spinoza, que os dirigentes não podem dar ordens contrárias aos interesses coletivos, eles devem agir de modo correto "e tudo dirigir conforme as injunções da razão […]. Além do que, num estado democrático, teme-se menos o absurdo, pois é quase impossível que a maioria dos homens, unidos num todo, se esse todo é considerável, concorde com absurdidades"[4]. Se o alvo do Estado é fazer que os indivíduos deixem os desejos pessoais e sigam a razão comum, vivam em paz, as autoridades não têm o direito de entravar essa via.

---

4. Toda essa passagem está em *Tratado Teológico-Político*, Capítulo XVI, *Spinoza: Obra Completa III*, p 283-284, 286.

A regra obrigatória para os governantes que dão ordens – e legisladores – não deve ser a sua própria salvação, mas a do povo inteiro. Na democracia, "ninguém transfere seu direito natural a outro, de tal maneira que não tenha mais que ser consultado em seguida; ele o transfere à maioria da sociedade da qual ele mesmo faz parte. E nessas condições, todos permanecem iguais, como o eram antes no estado de natureza"[5].

Spinoza adverte contra o abuso pelos governantes, da força física e do poder de constrangimento: "guardemo-nos de medir a potência de uma autoridade pelo medo que ela inspira, pois nesse caso nenhuma seria mais considerável do que a exibida por um tirano". Ao mesmo tempo, "que a conservação do Estado dependa antes de tudo da fidelidade dos súditos, de sua virtude e constância na execução dos ordenamentos"[6].

Sim, mas os cidadãos integram ao mesmo tempo o Estado como sujeitos racionais de direito e vivem enquanto massa

---

com efeito, não a razão, mas apenas as afecções da alma a governam. Incapaz de qualquer moderação, se deixa facilmente corromper pelo luxo e a avidez. Cada qual pensa ser o único a tudo saber e quer tudo regular segundo sua compleição. Uma coisa lhe parece equitativa ou iníqua, legítima ou ilegítima conforme julgue que ela se voltará para seu proveito ou em seu detrimento. Pela glória ele despreza seus semelhantes e não sofre por ser dirigido por eles; pelo ciúme da honra que não possui ou de uma fortuna melhor do que a sua, deseja e sente prazer no mal do outro. Não é preciso seguir essa enumeração; ninguém ignora a que crimes o desgosto de sua condição chega, o desejo de mudança e a cólera imoderada; o desprezo pela miséria empurra os homens.[7]

---

5. Ibidem, p. 287. Analiso o problema da igualdade, sobretudo em Spinoza, em artigo publicado no Brasil na *Revista Brasileira de Direito Constitucional*, São Paulo, n. 2, jul./dez., 2003, intitulado "A Igualdade: Considerações Críticas", p. 29s. O mesmo artigo foi publicado na Itália, em *site* especializado nos temas spinozistas, o *Foglio Spinoziano* (< http://www.fogliospinoziano.it/>), disponível em: <http://www.fogliospinoziano.it/articolispinoza/Roberto%20Romano.pdf>.
6. *Tratado Teológico-Político*, Capítulo XVII, p. 298.
7. Ibidem.

Com esse panorama da massa no qual lutam em guerra perene os indivíduos, diz Spinoza:

> Prevenir todos esses males, constituir na cidade um poder tal que não haja lugar para a fraude; melhor ainda, estabelecer em todos os lugares instituições que façam com que todos, quaisquer que sejam suas condições, ponham o direito comum acima de suas vantagens privadas, eis a obra trabalhosa a ser cumprida.[8]

Todos os indivíduos imersos na massa mantêm os seus interesses e precisam ser conduzidos ao interesse comum. Se enxergam autoridades e legisladores que agem de modo a perseguir os seus alvos particulares e usam o Estado para tal, perdem a confiança na própria união estatal. "Os homens, se não são de todo bárbaros, não se deixam ser enganados abertamente, passando da condição de súditos à de escravos inúteis a si mesmos."[9] Entre a massa e a cidadania ordenada racionalmente em Estado, há um salto proporcionado exatamente pela política. Ao contrário dos que defendem a repressão da massa, Spinoza enxerga na atividade política o meio de instituir o Estado democrático. A política, nele, é arte de transformar o *vulgus* em *populo* e o alvo

> não é a de fazer passar os homens da condição de seres razoáveis à de animais brutos ou de autômatos; ao contrário, é instituído para que suas almas e corpos cumpram com segurança todas as suas funções, para que eles mesmos usem de uma razão livre, para que não lutem por ódio, cólera ou por artimanhas, para que se suportem sem hostilidades. Logo, a finalidade do Estado é a liberdade[10].

A exposição de Spinoza é pouco idílica. Se os homens não percebem nos dirigentes e legisladores a disposição de seguir e dar exemplos de cuidado supremo com as causas públicas, e se os governantes agem nos cargos como simples particulares que buscam seu interesse pessoal, o resultado é

---

8. Ibidem.
9. Ibidem, p. 300.
10. Ibidem, Capítulo XX, p. 347.

a perda, no início gradual, e depois absoluta, da confiança no coletivo estatal. E isso joga toda a massa na sua condição de massa, de *vulgus*, ou seja, no estado de guerra de todos contra todos. A ética e o decoro das autoridades e dos legisladores são a mola mestra do Estado. Um atentado contra eles, no caso por parte dos administradores e dos que legislam, é mais grave do que o crime comum, uma vez que arranca dos cidadãos a fé na República, na liberdade, na democracia. E os joga no morticínio sem esperanças de sobrevivência.

Deixo o maior pensador democrático do século XVII e chego ao nosso tempo. Importante monumento político sobre a sociedade contemporânea e a violência societária é o livro de Elias Canetti, *Massa e Poder*. Expositor frio dos fenômenos que levaram aos desastres nazistas e fascistas e a todas as formas totalitárias e genocidas do século XX, Canetti mostra até que ponto a voragem das massas pode ser conduzida nos genocídios dos campos de concentração, onde milhões foram abatidos.

O capítulo de *Massa e Poder* mais grave para a questão da ética e do decoro parlamentares é o intitulado "A Essência do Sistema Parlamentar". Nele, Canetti mostra que a política no Parlamento continua a guerra geral por outros meios. Os senhores sabem que essa tese vem de Clausewitz e define até hoje o pensamento estratégico das potências imperiais. A continuação da política na guerra como a continuação da guerra na política são lados complementares, teorizados por Hobbes, Maquiavel, Platão e Tucídides. Mas Clausewitz deu aos dois enunciados a sua abrangência máxima.

Em *Massa e Poder*, o Parlamento é um campo de guerra prolongado. Os partidos constituem a extensão da estrutura psicológica dos exércitos combatentes. A essência parlamentar está nesse elemento bélico. A diferença encontra-se no fato de que a guerra no Parlamento é feita para evitar a guerra civil. Enquanto nessa todos podem ser mortos, no Parlamento são escolhidos indivíduos que lutam em nome dos interesses de seus eleitores, mas não podem ser mortos. Aí está o pleno sentido da imunidade parlamentar. Em vez das balas e das baionetas, os votos no plenário. Essa garantia repercute na vida civil, que vive sempre na guerra, dando-lhe condições de prolongar a vida.

Numa votação parlamentar não há nada a ser feito senão verificar a força de ambos os grupos num mesmo lugar. Não basta que se conheça isto desde o princípio. Um partido pode contar com 360 delegados e o outro com 240; a *votação* continua sendo decisiva em todos os instantes em que existe uma verdadeira *medição*. Ela é o resquício do choque sangrento que se expressa de múltiplas maneiras com ameaças, insultos e agressão física, que pode levar a golpes ou a lutas. Mas a contagem dos votos representa o final da batalha. Supõe-se que os 360 tenham triunfado sobre os 240. A massa dos mortos fica fora do jogo. Dentro do Parlamento não deve haver mais mortos. Esta intenção é expressa da maneira mais clara na imunidade parlamentar, que tem um aspecto duplo: fora, em relação ao governo e aos seus órgãos; dentro, entre os seus pares (este segundo ponto geralmente não recebe a devida atenção).

Ninguém jamais acreditou realmente que a opinião da maioria numa votação seja, devido ao seu maior peso, também a mais sensata. Vontade confronta-se com vontade, como numa guerra; cada uma destas vontades tem a convicção do maior direito próprio e da própria razão […]. O sentido de um partido consiste justamente em manter vivas essa vontade e essa convicção. O adversário que fica em minoria não se submete porque de repente tenha deixado de acreditar em seu direito, mas apenas porque se dá por vencido. É fácil para ele dar-se por vencido, pois nada lhe sucede. Ele não é castigado por sua atitude hostil anterior. Caso se tratasse de colocar sua vida em jogo, ele reagiria de forma complemente diferente. Ele conta, porém, com batalhas futuras. E o número dessas batalhas não tem limite fixado e ele não morre em batalha alguma.

Essa imunidade contra a morte é a essência de todas as demais imunidades parlamentares e a fonte de todas as garantias dadas aos cidadãos que seguem a lei redigida pelo Parlamento, sancionada e imposta pelo Executivo, julgada pelo Judiciário. O sistema representativo só funciona se ela existir. "Ele desmorona", diz Canetti,

assim que algum posto seja ocupado por alguém que se permita contar com a morte de qualquer um dos membros da corporação parlamentar. [...] Nada é mais perigoso do que ver mortos entre vivos. Uma guerra é uma guerra porque inclui mortos em seu resultado. Um Parlamento só é um Parlamento enquanto excluir os mortos.

Com a imunidade parlamentar vive e morre o Parlamento de qualquer país.

Na eleição geral, a imunidade estratégica ainda não é a dos eleitores, mas a das cédulas de votação.

É permitido influenciar os eleitores de quase todas as maneiras, até o momento em que eles se comprometem definitivamente com o nome de sua preferência, que o escrevem ou que o assinalam. O candidato oposto é ironizado e entregue ao ódio generalizado de todas as maneiras possíveis. O eleitor pode parecer que não se decide em muitas batalhas eleitorais; se ele tiver orientação política, seus destinos variáveis têm para ele o maior dos encantos.

A sacralidade do voto nas cédulas e a votação sem mortes, a imunidade parlamentar, afastam a matança que se mantém na vida civil. Todos os votos, o dos cidadãos e dos parlamentares, são anotados em números.

Quem joga com estes números, quem os adultera, quem os falsifica, volta a dar lugar à morte e nem sequer se apercebe disto. Os entusiasmados amantes da guerra, que gostam de fazer pouco das cédulas de votação, confessam desta forma suas próprias sangrentas intenções. As cédulas de votação, da mesma forma como os tratados, não passam de simples pedaços de papel para eles. Como estes papéis não estão manchados de sangue, não têm valor para eles; para eles valem apenas as decisões pelo sangue. O deputado é um eleitor concentrado; os momentos muito isolados em que o eleitor existe como tal acumulam--se muito mais para o deputado. Ele existe justamente para votar com frequência. Mas também é muito menor o número de pessoas entre as quais o delegado vota. Sua intensidade e o seu exercício devem substituir em excitação o que os eleitores extraem de seus grandes números.[11]

Tanto o pensador político do século XVII quanto o prêmio Nobel no século XX mostram a importância da ética

---

11. E. Canneti, *Massa e Poder*, Brasília: Editora da UNB/Melhoramentos, 1986, p. 207s.

e do decoro parlamentar para a vida em segurança mínima dos homens reunidos em sociedade. Segundo ambos, a guerra de todos contra todos não é abolida com o advento do Estado. Ela continua na vida civil, com toda a violência. O meio para atenuá-la é justamente a tarefa dos legisladores e dos governantes, os quais têm imunidade como se fossem portadores de bandeiras brancas no debate que suspende, no âmbito dos parlamentos, a matança, a cobiça, a rapacidade, os truques que os indivíduos e grupos usam uns contra os outros. Se existe fraude na bandeira, se existem pessoas que se julgam acima dos regimentos e das leis, porque investidas da função parlamentar, se existe atentado à ética e ao decoro, desaparece o Estado, instaura-se a morte e a guerra como fruto daqueles atentados. Os senhores conhecem como ninguém a violência tradicional da sociedade brasileira, que se prolonga e agrava em nossos dias. Em nossa vida civil, a morte ronda as relações de vizinhança, de parentesco, comerciais, políticas, ideológica. A capangagem, a prática do escravismo, o uso de mão de obra barata e jovem no tráfico de drogas, a barbaridade do trânsito urbano e nas estradas, as fraudes, o assassinato de mulheres pelos maridos, em nome da pretensa honra, o estupro de crianças em pleno lar, os abortos clandestinos que jogam o nada sobre embriões e corpos de jovens mulheres aos milhares, as lutas ao redor da terra, o desprezo pelos pobres postos em mãos médicas canhestras ou de má fé, o descontrole das polícias, cuja opção preferencial é pelos negros e demais negativamente privilegiados, os plágios universitários, a espionagem industrial, e temos uma lista infindável de crimes e práticas letais saídas da caixa de Pandora chamada sociedade civil brasileira.

Nesse universo de tristeza infinita, a confiança na palavra dos governantes e dos legisladores é o único meio de fazer com que os cidadãos abandonem as suas armas ou deixem de serem cúmplices ou vítimas dos que estão fora da lei. Quem frauda um painel de votação ou mente da tribuna, quem se apodera de bens públicos no orçamento nacional, quem desvia recursos para sua conta privada, comete crime de lesa fé pública e de golpe contra o Estado. Quem promete algo nos palanques e pratica o seu oposto nos palácios dá um passo tremendo rumo à redução do povo soberano ao estatuto de vulgo sem dignidade. Ensina que a palavra dada não tem substância. E sem palavra confiável não existe Parlamento, porque o próprio nome, Parlamento, é o lugar que sucedeu a prática racional grega do *Logos*, do discurso racional que tranquiliza e protege os cidadãos. É isso que diz Canetti ao criticar os que adulteram votos. Eles, na verdade, desejam regimes sem votos, regimes em que o único voto permitido é a morte na guerra de cada um contra todos.

Citei o ensinamento dos maiores mestres do Estado para introduzir o nosso problema, justamente em uma Casa abalada nas últimas décadas por gravíssimos atentados à ética e ao decoro. Em termos pessoais, como professor de Ética na universidade pública, não me furtei à crítica e à análise pública daqueles problemas. Fui inclusive processado por um de seus pares porque não me calei diante de atentados às exigências éticas. Absolvido pela Justiça, continuo acreditando que o Parlamento é a via para atenuarmos a guerra de todos contra todos, gravíssima no Brasil. Se o Estado perde sua força e a fé pública, ganham terreno as potências da morte genérica, vencem os bandidos. É sintomático que as quadrilhas organizadas dominem parte do território de nossas grandes cidades, definam espaços de quase soberania (inclusive, arregimentando colaboradores nos três poderes oficiais) na mesma proporção em que a cidadania perde a confiança no regime democrático e na política. Se fracassar no Brasil a vida dos parlamentos, a voragem da morte levará nossa esperança de vida, em primeiro lugar, e de vida livre e digna.

OS LAÇOS DO ORGULHO:
REFLEXÕES SOBRE A POLÍTICA E O MAL

Nos últimos estudos de Erich Auerbach, encontramos uma densa análise sobre a paixão mais natural do ser humano, reprovada tanto na cultura grega quanto na judaica e que ainda conduzirá a humanidade rumo aos piores suplícios, mesmo tendo em vista os totalitarismos do século xx. O nosso tempo começou sua carreira sob a marca do orgulho. Auerbach escolheu para dissertar o trecho do Purgatório dantesco:

> O Saùl, come in su la propria spada
> quivi parevi morto Gelboé,
> che poi non sentì pioggia nè rugiada![1]

---

1. "Ah, Saul! Como ali eras visto com a tua própria espada, morto em Gilboa, que depois não voltou a sentir tombar nem chuva nem rocio!". As próximas considerações devem-se todas ao texto de Auerbach, do qual extraio a súmula de suas análises. Cf. E. Auerbach, L'orgoglio di Saul, *Studi su Dante*. Milano: Feltrinelli, 1995. p. 269s.

A soberba de Saul, "entalhada em baixo relevo no solo do Purgatório", diz Auerbach, merece pleno cuidado. Na leitura medieval do episódio bíblico, algo mais profundo do que a melancolia surge naquele personagem. O rei usa a própria espada para arrancar o sopro vital que lhe foi concedido[2]. Apenas o Senhor pode permitir que o alento entre ou saia dos seres naturais. E Saul era um fruto natural. Após todas as suas desobediências, a última foi a máxima rebelião, sem retorno, contra o Altíssimo.

Como entender, em primeiro plano, a referida passagem no poema sublime de Alighieri? No pensamento doutrinário anterior ao vate, durante a Idade Média, a soberba liga-se ao pecado original, à desobediência. Adão, por orgulho, preferiu o seu arbítrio e recusou a ordem recebida. Nessa linha, Saul ergueu-se contra o mandamento divino quando sacrificou na ausência de Samuel, ao manter a vida de Agague, no instante em que guardou a melhor parte do despojo. Nesse passo, o texto é eloquente, sobretudo se lido em nossos dias: "Tem porventura o Senhor tanto prazer em holocaustos e sacrifícios, quanto em que se obedeça à sua palavra?", perguntou Samuel ao rei[3].

A *superbia* encontra-se na origem e na fratura final da existência régia de Saul. Auerbach não indica, mas todos os episódios dessa tragédia já se anunciam na rebeldia do povo contra Deus. Em *Samuel*, temos a chave da maior desobediência, da qual a vivida pelo soberano é corolário: "Vê, já estás velho", disseram os anciãos a Samuel, "e teus filhos não andam pelos teus caminhos; constituí-nos, pois, agora, um rei sobre nós, para que nos governe, como o têm todas as nações". E disse o Senhor a Samuel: "Atende à voz do povo em tudo quanto te dizem, pois não te rejeitaram a ti, mas a mim, para eu não reinar sobre eles".[4] Estabelecida

---

2. *1 Samuel* 31, 4.
3. *1 Samuel* 15,22. Na "Vulgata": "Quare non timuisti mittere manum tuam ut occideres christum Domini?" (2 *Regum*, 1, 14, em *Biblia Sacra: Vulgatae Editionis*, S. Apostolicae Typographi Ac Editores,Torino: Marietti, 1959, p. 233.)
4. *1 Samuel* 8, 4-7.

a recusa popular, os passos dos governantes humanos são previsíveis. Tal povo, tal rei. A política entra no contexto de maneira direta, sem nenhum caráter alusivo ou alegórico. O ensinamento requer que a soberania divina seja acolhida sem resistências, caso oposto, o Estado caminha para a destruição.

Auerbach explica o sentido tipológico da exegese medieval sobre a passagem em foco, sentido inaceitável para os leitores judeus, mas importante para a cristandade. Aquela exegese ajudou poderosamente o antissemitismo católico e cristão. A soberba de Saul representaria o sinal precursor da recusa, por seu povo, do Cristo. Assim como Saul, mesmo pecador, foi aceito por Davi como "ungido" ("como não receaste levantar a mão contra o ungido de Iahweh para tirar-lhe a vida?"[5]), também Jesus foi morto porque os judeus recusaram, nele, o Cristo. Ambos, Saul e Jesus, seriam ungidos do Senhor. Auerbach comenta os versos dantescos: "Saul é interpretado como figura de Cristo, a sua morte anuncia a Paixão, e a montanha de Gilboa significa os corações arrogantes dos hebreus, que recusam a mensagem de Cristo, e por isto o orvalho ou a chuva da graça divina não cairão mais sobre eles, que não mais produzirão as primícias do campo". O suposto regicídio (suicídio real, na verdade) de Saul amplia-se desmesuradamente para o deicídio, o que atingiu proporções tremendas na História moderna e contemporânea. As duas suposições se transformaram em certezas e serviram como base teológica para a doutrina de lesa majestade, humana e divina, que alicerçou o Estado moderno. Ambas supõem a separação entre soberano e dirigidos[6].

O poder, na era da razão de Estado, concentra-se na pessoa do príncipe. O segredo é o modo de guardar, simbólica ou realmente, a pessoa que assume o centro do mando. Todos os que dela se aproximam para observá-la ou mover

---

5. *2 Samuel*, 1, 14.
6. E. Auerbach, op. cit., p. 270-271.

seus passos tornam-se inimigos efetivos ou em potência, e são perigosos para o Estado. Esse é um modo terrível de se entender o famoso "L'État c'est moi" (o Estado sou eu), com a noção de lesa majestade. Tintas religiosas nessa experiência trazem a marca do Cristo, quando surge após a ressurreição: *Noli me tangere* (Não me toques)[7]. A pessoa do rei, como Jesus antes de subir aos céus, é intocável, sobretudo quando se tratam de revoltas e rebeliões, possíveis assassinatos do governante[8]. Na política cristã moderna, o mesmo veto dirigido aos monarcômacos é aplicado contra os judeus e se potencia ao infinito. Os rebeldes cristãos desejaram matar os soberanos temporais. Os judeus teriam o desejo de assassinar o soberano divino. As penas contra os primeiros eram severas. Uma delas foi aplicada em Ravaillac pelo assassinato de Henrique IV, em 1610. O rebelde foi esquartejado com ajuda de facas e de espadas, os lambões de seu corpo foram, a seguir, postos em chamas. A mão que segurou o instrumento mortal foi queimada separadamente. Se uma pena assim foi dirigida a um fiel que matou o rei, é possível imaginar o que se reservou, no subsolo da consciência cristã, para os supostos deicidas[9].

Sempre é possível dizer, com Jules Isaac, que se trata de uma

---

7. *João* 20, 17.
8. Cf. J.-P. Chrétien-Goni, Institutio Arcanae: Théorie de l'instituion du secret et fondement de la politique, em C. Lazzeri; D. Reynié, *Le Pouvoir de la raison d´État*, Paris: PUF, 1992, p. 135s.
9. Para uma análise do ponto de vista cristão, cf. A. Rochebrochard, *Juifs et Chrétiens au temps de la rupture: Essai historique*, disponível em: <http://misraim3.free.fr/gnosticisme/juifs_et_chretiens.pdf >. O autor procura indicar que a ideia de um verdadeiro deicídio seria impossível para os cristãos primitivos, pois suporia de fato pensar que Deus estivesse submetido à força humana. Ele estuda a expressão *théo-ktonoi*, termo criado pelos padres da Igreja para designar os que mataram Deus, e indica que para os padres da Igreja os atores do suposto deicídio são vários, incluindo os romanos, e não apenas os judeus. De qualquer modo, trata-se de um trabalho feito por Rochebrochard com base em autores judeus e cristãos, em um espírito que parece distante das sombras antissemitas que, infelizmente, ainda hoje são fortes no cristianismo.

Acusação capital à qual está ligado o tema do castigo capital, a terrificante maldição pesando sobre os ombros de Israel, explicando (e por antecipação justificando) seu miserável destino, suas mais cruéis provações, as piores violências cometidas contra ele, as ondas de sangue que escapam de suas chagas incessantemente reabertas e vivas.

De sorte que, por um engenhoso mecanismo – alternativo – de sentenças doutorais e de furores populares, se encontra rejeitado por conta de Deus o que, visto da esfera da terra, é, certamente, o fato da incurável vilania humana, dessa perversidade, diversamente, mas sabiamente explorada de século a século, de geração em geração, que culmina em Auschwitz, nas câmaras de gás e nos fornos crematórios da Alemanha nazista.

Um desses alemães, desses assassinos servis, um dos matadores chefe (batizado cristão) disse:
Eu não podia ter escrúpulos, pois eram todos judeus.
Voz de Hitler? Voz de Streicher?
Não.
Vox saeculorum.[10]

Eric Auerbach, em texto já citado, nada diz sobre tais implicações. Mas ele tinha pleno saber sobre semelhantes nexos. E quando alguém do seu nível humano cala sobre alguns pontos, é porque o fato posto no silêncio traz enorme dor que ultrapassa o suportável. Auerbach foi judeu e premido pelos tormentos de sua cultura. Com Leo Spitzer, outro judeu da mais elevada formação espiritual, ele sempre esteve "atento aos textos-chave e aos movimentos profundos, ao essencial"[11]. Minha pequena suspeita reside no silêncio do intérprete. L'orgoglio di Saul" termina com uma análise do juízo cristão sobre a recusa de Jesus pela comunidade judaica. Aquele juízo armou tropas e massas contra o povo judeu e lhe abriu as portas do inferno nazista. O não dito no texto de Auerbach, penso, foi uma advertência sobre as origens ideais pouco explicitadas nas políticas do antissemitismo, raízes malditas no

---

10. *Jesus e Israel*, São Paulo: Perspectiva, 1986, p. 230.
11. Alberto Vàrvaro, Prefazione, em E. Auerbach, *San Francesco, Dante, Vico ed altri saggi di filologia romanza*, Roma: Reiunti, 1987, p. 8.

solo de uma religião universal – a cristã – que deve reverência máxima ao judaísmo.

O estudo de Auerbach desce fundo, pois envolve o sombrio antissemitismo e toca em um ponto comum entre as formas judaicas de pensamento e as cristãs, traço que julgo estratégico para a ética dos próximos tempos. Não que ele tenha sido irrelevante no pretérito. Pelo contrário. Refiro-me ao já mencionado tema do orgulho. Como vimos, pela interpretação do grande crítico literário e pelas passagens do livro de Samuel sobre Saul, a soberba integra a essência do poder, quando esse imagina separar-se da soberania divina. Os resultados são trágicos para o líder que desobedece e para o povo.

A tradição cristã enxerga no orgulho a origem da ruptura entre Deus e o homem. Na doutrina católica, desde os Evangelhos, o orgulho marcou uma das piores tentações de Cristo, em passagem unida diretamente ao poder político. Importa recordar o apelo de Satã a Jesus: "Levou-o ainda o diabo a um monte muito alto, mostrou-lhe todos os reinos do mundo e a glória deles, e lhe disse: 'Tudo isto te darei se, prostrado, me adorares'. Então Jesus lhe ordenou: 'Retira-te, Satanás, porque está escrito: Ao Senhor teu Deus adorarás, e só a ele darás culto.'"[12]

Na Primeira Epístola de João, três coisas afastam Deus e homem, a partir dos impulsos desse: a concupiscência da carne, a concupiscência dos olhos, a "soberba da vida"[13]. O último elemento liga-se ao poder político, como enunciam os comentaristas abalizados do catolicismo[14]. A fórmula grega (*alazoneia*) utilizada para expressar *superbia*[15]

12. *Mateus* 4, 8- 0.
13. *1 João* 2, 16. Na "Vulgata": "Quoniam omne quod est in mundo concupiscentia carnis est, et concupiscentia oculorum, et superbia vitae" (*2 Regum*, 1, 14, em *Biblia Sacra: Vulgatae Editionis*, p. 1214.)
14. No mundo político ocorre "um desejo incontrolado de honras, estima, hierarquia, pompa e espetáculos, ligados aos vícios do orgulho, ambição, vanidade, e autoexaltação" (Bernard Orchard [ed.], *A Catholic Commentary on Holy Scripture*, London: Thomas Nelson and Sons Lat, 1951, p. 1187.)
15. Cf. *Novum Testamentum Graece et Latine*, Vaticano: Libreria Editrice Vaticana, 1981, p. 1262.

tem ao mesmo tempo uma constelação de significados trágicos e ridículos. Na língua política grega, o termo implica a impostura perigosa, sobretudo nos discursos demagógicos que mais imitam o verdadeiro. Os gloriosos são personagens tragicômicos que usam palavras e signos para enganar os incautos[16]. A sátira, sobretudo a de Luciano, relevantíssima na cultura cristã primitiva[17], nutre-se quase que totalmente da crítica à *alazoneia*[18].

No *Eclesiástico*, livro considerado canônico pela Igreja Católica, o tema do orgulho segue imediatamente após o do bom governo:

Tal o governante do povo, tais os seus ministros; qual o que governa a cidade, tais todos os seus habitantes. Um rei sem instrução arruinará seu povo, uma cidade será construída graças à inteligência dos chefes. Nas mãos do Senhor está o governo do mundo; ele suscita, no tempo oportuno, o homem que convém.

E logo a seguir:

O orgulho é odioso tanto ao Senhor como aos homens, e ambos têm horror da injustiça. O poder passa de uma nação a outra pela injustiça, pela violência e pela riqueza [...] O Senhor derruba o trono dos poderosos e assenta os mansos em seus lugares. O Senhor arranca a raiz dos orgulhosos e planta os humildes em seu lugar. O Senhor destrói o território das nações e aniquila-as até o subsolo.[19]

A chave da leitura católica encontra-se no versículo 14 desse trecho: "Initium superbiae hominis apostatare a Deo" (O princípio do orgulho é o homem afastar-se do Senhor). A soberba inspira o afastamento em relação a Deus, mas também suscita a tentativa sacrílega de atingir o divino com

---

16. Cf. J. Hesk, *Deception and Democracy in Classical Athens*. Cambridge: Cambridge University Press, 2000, p. 232.
17. Cf. Mattioli, *Luciano e L'Umanesimo*. Napoli: Nella Sede dell'Istituto, 1980.
18. Cf. R. B. Braham, *Unruly Eloquence: Lucian and the Comedy of Traditions*. Cambridge: Harvard University Press, 1989.
19. *Eclesiástico* 10, 2-4; 7-8 e 14-16.

as próprias mãos, como na Torre de Babel. Diz o comentário católico: "o escritor sacro foi movido pela convicção profunda de que o governo absoluto de Deus sobre o mundo lhe ensina que a tentativa humana desagradou o Senhor e a narrativa sugere que o pecado foi a desmesura do orgulho humano e da autossuficiência"[20]. O maior sinal do orgulho, unido à tentativa de exercer contra Deus o poder absoluto sobre o universo, encontra-se na figura de Satã. No trecho que mencionei acima, sobre a tentação de Jesus, resume-se o núcleo do cristianismo em relação ao nexo entre política e saber religioso. Naquela passagem, Jesus chama o tentador com o seu nome de origem – Satan – enquanto a tradução grega traz a palavra *diábolos*, cujo significado é "um inimigo", ou acusador legal. O diabo é o grande acusador do homem diante do Altíssimo[21].

Agostinho analisa o orgulho diabólico e o insere na flutuação humana entre guerra e paz, exatamente o campo da luta pelo governo dos homens[22]. Todo ser deseja a paz. Mas também é sedento de glória. E surge o desejo impossível de impor a todos os demais entes a paz que exalta apenas um deles. Agostinho toma de empréstimo a Virgílio a figura de Caco, o malvado[23]. Totalmente solitário, sem mulher, filhos, amigos, sem mesmo seu pai Vulcano, ele só deseja a paz do seu próprio corpo e nada concede aos outros e de todos arranca o que possuem. Sua natureza se rebela contra ele. Mas até mesmo as mais ferozes bestas, afiança o pensador cristão, das quais se deriva sua parte natural, buscam um tipo de paz. Os poderosos que armam guerra para o domínio de outros povos buscam transformá-los em seu povo, e, assim, atingir uma espécie de paz. A sua marca, assinala Agostinho, é a soberba: "Porque a soberba é a imitação

---

20. B. Orchard (ed.), op. cit., p. 192.
21. *Jó*, 1, 6-2,7.
22. *A Cidade de Deus*, 29, cap. 12.
23. Virgílio, *Eneida,* 8, 190s. Dante retoma a figura de Caco, o ladrão fraudulento, que procura outro ladrão, o qual ousou blasfemar o nome de Deus. "Ovè, ovè l'acerbo?". Todo o campo semântico do trecho liga-se à soberba monstruosa. Cf. Dante, *Inferno,* Canto 25, 13-27.

perversa de Deus. Ela odeia o companheirismo da igualdade sob Deus e deseja impor seu próprio domínio sobre seus iguais, em lugar do governo divino. Logo, o soberbo odeia a paz justa de Deus e ama a sua própria paz injusta."[24]

Temos aí todas as marcas diabólicas do poder, inclusive nas suas extensões imperiais que se afirmam como propositoras da paz quando, na verdade, impõem apenas certa paz adequada aos seus parâmetros, não aos divinos.

"Sed numquid, domine, qui solus sine thypho dominaris, quia solus verus dominus es, qui non habes dominum."[25] Todo o capítulo de *Confissões* que se inicia com essas frases trata do mando político. Existem ofícios, sobretudo o governo, nos quais os homens são obrigados a desempenhar o papel de amados e temidos pelos dirigidos. Eles recebem a todo instante a tentação demoníaca com a lisonja. "Ótimo, ótimo" é o que diz o diabo quando agem os líderes políticos. O inimigo dos homens quer fazê-los "semelhantes a ele, não por uma união de amor, mas a fim de partilhar seu suplício; pois ele quis instalar o seu trono no norte, para fazer de nós, nas trevas e no frio, escravos do perverso e tortuoso imitador da vossa potência". Duas observações sobre esses pontos. Em primeiro lugar, o termo usado por Agostinho – *thypho* – para definir o orgulho: a palavra vem do grego para o latim e significa "inchaço", seguindo-se, metaforicamente, a soberba. Mas há outro significado na constelação conceitual do termo. Ele se aplica, desde o saber médico helênico, a diversos tipos de febre marcados pela estupidez em que se encontra o doente, seguindo-se o embrutecimento que leva à desrazão, ilusão, jactância, vaidade. O enunciado envia também para "enceguecer, como na fumaça" ou ficar cego pela arrogância. As radiações da palavra já se encontram na língua clássica com sentido

---

24. Cito Agostinho na tradução inglesa de R.W. Dyson, *Augustine: The City of God Against the Pagans*, Cambridge: Cambridge University Press, 1998, p. 933-936.

25. "Mas Senhor, vós que sois o único que sabeis comandar sem orgulho, porque sois o verdadeiro Senhor e porque não tendes um Senhor."

cômico *Thyphedanos*, em Aristófanes, que quer dizer, o estúpido que tem o intelecto nas nuvens[26].

Segunda observação: o neoplatonismo usou e distorceu a ideia platônica da imitação do divino pelos homens, a assimilação ao deus. Trata-se da *omoiosis* na qual o divino penetra nos humanos. Ao longo do pensamento teológico-político medieval, o soberano é apontado como gemina persona, humano por natureza e divino pela graça. O príncipe ostentaria uma tênue semelhança com o Pai invisível, soberano celeste. O rei legítimo realiza uma *christomimesis* que pode garantir, na obediência às suas ordens, a submissão ao Senhor[27]. Na literatura cristã primitiva, o uso da mimese entre criaturas racionais e Deus surge na epístola de Tiago. Nenhum homem consegue domar a língua, pois ela é mal incontida e cheia de veneno letífero. "Com ela bendizemos ao Senhor, nosso Pai; e com ela maldizemos os homens feitos à semelhança [*omoiosin*] de Deus."[28]

As características especulares dessa noção definem, durante dois mil anos de vida cristã no Ocidente, o governo do mundo e sua referência mimética diante do divino. Há um diálogo entre certo jesuíta e um chinês que mostra esse ponto. Pergunta o padre ao oriental se ele imagina, como blasfemador, ser igual a Deus e acreditar-se à altura de finalizar coisas realizadas por Ele. O chinês diz que sim, deixando entender que podia também criar o céu e a terra. O

---

26. *As Vespas*, 1364. Cf. P. Chantraine, *Dictionnaire étymologique de la langue grecque: Histoire des mots*, Paris: Klincrsieck, v. 2, 1984, p. 1147.
27. E. H. Kantorowicks, *The King's two Bodies*. Princeton/New Jersey: Princeton University Press, 1970, p. 87, 93-94.
28. *Epístola de São Tiago*, 3, 9 (versão da *Bíblia de Jerusalém*). Cf. Joseph M. Willmouth, *An Exegetical Word Study and Commentary: King James Version*, disponível em: <http://www.bibleteacher.org/James01.HTM>. Para a ideia neoplatônica e política do termo, cf. Ada Neschke-Hentschke, *Platonisme Politique et Théorie du Droit Naturel*, Louvain/Paris: Éditions de l'Institut Supérieur de Philosophie, 1995, p. 97. O tema serviu, não raro, para jogar sobre o pensamento de Platão sombras místicas alheias a ele. Maria Sylvia Carvalho Franco, em trabalho inédito sobre o Renascimento, discute com rigor essas mutações que fazem de Platão um místico, ao modo de Ficino, desconhecendo a materialidade mesma dos diálogos.

jesuíta é obrigado a anuir, dizendo ser exato que, se falamos de uma coisa, nossa inteligência a percebe como imagem, cujo significado na lembrança é o de uma criação. Assim, é possível, sem vê-los, falar do Sol e da Lua como de uma criação. O nexo entre modelo e reflexo é mimético, e foi estabelecido no pensamento neoplatônico, sobretudo em Plotino. "O espelho está aí", afirma:

> uma imagem se produz [...] o mesmo ocorre na alma. Se esta parte de nós mesmos, na qual surgem os reflexos da razão e da inteligência, não é agitada, aqueles reflexos são visíveis ali. Mas se o espelho está fragmentado, devido a uma quebra ocorrida na harmonia do corpo, a razão e a inteligência agem sem refletir-se nele e ocorre então um pensamento sem imagens.

Plotino teve muita relevância para Goethe. O diálogo acima entre o jesuíta e o chinês esteve na mente daquele poeta, o que testemunha o projeto de uma cena do *Fausto* em que ocorre o debate com Mefisto disfarçado de estudante. Rembrandt antecedeu Goethe na ideação do Fausto especular. Uma gravura de 1652 mostra o doutor na mesa de trabalho, ao redigir o pacto com o diabo. Atrás dele há um crânio sobre uma fileira de livros. Na sua frente, a janela ostenta uma roda brilhante que traz a inscrição INRI (Jesus Nazarenus Rex Judeorum) e no seu interior vêm as inscrições ADAM + TE + DAGERAM e AMRTET + ALGA + ALGASTINA. Trata-se de uma aparição divina cuja luz é insustentável e adverte o pactuário. Esse ergue-se, desconcertado, com a pena na mão. Fixa a imagem, não diretamente, mas em um espelho côncavo esférico, sustentado por uma sombra[29]. Todos esses pontos mostram a relevância, ao longo da cultura cristã, ou da que se edificou contra ela, da mimese teológica. É possível refletir a luz divina de modo correto? Se pensarmos que o espelho sempre inverte o modelo, mesmo as imitações mais fidedignas são infiéis

---

29. Para essa passagem, cf. J. Baltrusaitis, *Le Miroir: Essai sur une légende scientifique*, Paris: Le Seuil, 1978, p. 88

ao original. Se o próprio espelho é distorcido, ou quebrado, a imagem sagrada desaparece e surgem as trevas do ego conquistado pelo demônio.

Quando Agostinho afirma que o diabo imita o divino de maneira tortuosa, e que ele nos incentiva a fazer o mesmo, estabelece que a busca de arrancar do poder as suas luminosas bases celestiais apenas reforça as trevas do mundo. Tudo se transforma no contrário, a partir desse momento. Todas as perversões tornam-se previsíveis. Essa representação agostiniana encontra-se no mais profundo da alma católica quando se trata de pensar o exercício do mando. Gabriel Naudé, pensador moderno, diz que nos golpes de Estado

"vemos cair a tempestade que não se esperava rugir nas nuvens, *ante ferit quam flamma micet*; as matinas são ditas antes que elas soem; a execução precede a sentença [...] um sujeito recebe o golpe que imaginava dar, outro morre quando pensava estar seguro, outro sofre o que não imaginava; tudo se transforma em noite, no obscuro entre as brumas e as trevas". É cativante ouvir em Naudé os verdadeiros acentos satânicos nesta descrição. Não é uma característica diabólica que tudo se faça invertido? As missas negras não se realizam sob os auspícios de uma cruz de cabeça para baixo? Não é possível dar melhor a entender esta consciência da incomensurabilidade dos espaços políticos[30].

A imitação correta supõe a legítima hierarquia vertical em que todos os entes estão em seu lugar. Amigo dos paradoxos, Agostinho aponta os hipócritas inchados de orgulho que fazem profissão de combater a soberba... de modo soberbo, os chamados "campeões da humildade", excelentes imitadores de Satã[31].

O teatro de Shakespeare apresenta semelhantes entes satânicos. Se Coriolano apresenta-se como orgulhoso

---

30. G. Naudé citado em Etienne Thuau, *Raison d'État et pensée politique à l'époque de Richelieu*. Cf. J.-P. Chrétien-Goni, op. cit., p. 135-136.
31. Cf. Agostinho, *St. Augustine's Confessions*, trad. William Watts, Cambridge: Harvard University Press, 1979, v. 10, cap. 36-38, p. 182-193.

confesso, Ricardo III é hipócrita, autor dos golpes de Estado mais terríveis que a mente humana poderá conceber. Na peça, os soberbos são embaídos pela astúcia do grande enganador. É o caso de Lord Hastings que se acreditava invulnerável e defendia a legalidade. Golpe de Estado sim, imaginava ele, mas nos limites do direito. "Três horas antes, ainda, ele defendia a legitimidade, pois recusara associar-se a sua violação evidente. Ele quisera salvar os restos de pudor, de honra. Ele tinha sido corajoso por um instante. Ele tinha sido…". A cena do poder é noturna e nela "por um curto momento apenas, um raio de sol transpassa no meio dia as nuvens espessas". Ricardo III, o golpista, exige que toda a sua entronização seja feita "segundo a vontade popular". Assim, "ele surge no balcão e diz seu rosário. Ele é rei pela vontade de Deus". Na escada cósmica e política, Ricardo III, no início da tragédia, sente-se como um demiurgo poderoso, a exemplo do Príncipe maquiavélico. "Mas Shakespeare é mais impiedoso do que o autor do Príncipe. Ricardo III, quando sobre a escada […] deixa de ser o carrasco e se transforma em vítima. Ele foi tomado pela engrenagem". Nos golpes de Estado jamais se diz que eles são feitos para o interesse dos golpistas. A exemplo do rei monstruosamente diabólico, eles usam a legalidade como desculpa (os antigos governantes a desobedeceriam) e as aparências são piedosas. Satã inverte todos os sinais[32] porque iniciou sua carreira na tentativa louca de subverter a escala ontológica que vai do ser divino ao mais humilde ente natural.

Um dos maiores pilares do pensamento católico é Tomás de Aquino. Nele, a noção do universo como imensa hierarquia verticalizada, que desce do Senhor, atravessa os arcanjos e anjos, chega aos sacerdotes e passa aos leigos poderosos para atingir os ínfimos da natura, define a doutrina cósmica e cívica, espinha dorsal do catolicismo religioso e político. Essa doutrina tem origem neoplatônica,

---

32. Toda essa passagem é extraída de J. Kott, *Shakespeare: Notre contemporain*, Paris: Payot, 1978, p. 29-49.

em Dionísio o pseudoareopagita. Deus encontra-se além de todos os nossos sentidos e apenas pelos intermediários entre Ele e nós recebemos as suas bênçãos. A hierarquia encontra-se na mais funda determinação do ser. É o que diz o teólogo e filósofo Paul Tillich, ao citar em Dionísio o "sistema sagrado [em que] os graus referem-se ao saber e à eficácia". E arremata o pensador protestante: "Isto caracteriza todo o pensamento católico em grande extensão; ele não é apenas ontológico, mas também epistemológico; existem graus não apenas no ser, mas também no conhecimento". Há, nesse sentido, uma via para cima e uma via para baixo da escala, e cada ente encontra-se em um lugar certo e determinado desde sempre. Deus está além de todos os nomes que a Teologia lhe atribui, além do espírito, além do Bem, numa "indizível obscuridade". Dada essa transcendência absoluta, a hierarquia celeste é a emanação de sua luz. Quanto mais próxima d'Ele, mais a entidade é luminosa, quanto mais distante, mais escura. Os homens não podem perceber a luz divina, porque ela é tão intensa que os cega. Assim, os intermediários angélicos são o caminho para o fulgor Eterno. A Igreja Católica exibe na sua forma de governo e de pensamento social esse imaginário metafísico[33]. É impossível quebrar a escala hierárquica dos anjos

---

33. Estudo há bom tempo essa doutrina hierárquica. Considero os seus detalhes desde a minha tese de doutoramento sobre a Igreja e a política: Cf. R. Romano, *Brasil: Igreja Contra Estado,* São Paulo: Kayrós, 1979. Ainda julgo insuficientes os elementos teóricos para publicar um livro sobre o tema. Mas penso que ele é essencial para se entender os pressupostos da política católica, tanto no interior quanto no relacionamento da Igreja com a sociedade civil e política. Desde Lorenzo Valla, o estudo desse autor foi modificado, a partir do seu próprio nome. A partir das análises filológicas de Valla, a lenda que envolveu a suposta presença de Dionísio no areópago, quando Paulo de Tarso pregou aos incrédulos gregos o Cristo. Todo o tema é difícil e fascinante, mas não posso desenvolver, aqui, os seus meandros. Os leitores que desejem informações sobre o assunto leiam os textos do próprio Dionísio. Uso para os fins deste trabalho a edição dirigida por Maurice de Gandillac, *Oeuvres complètes du Pseudo-Denys l'Aréopagite,* Paris: Aubier, 1943, e também a edição magistral da Hierarquia Celeste: cf. René Roques, Günter Hei, Maurice Gandillac, *Denys l´Aréopagite: L'Hierarchie céleste*, Paris: Cerf, 1958. Para uma

aos homens. Trata-se de responder à pergunta central de todo pensamento político sobre a teodiceia: "Por que, se Deus fez todas as coisas, ele não as fez todas iguais?". Agostinho apresentou a sua fórmula: "non essent omnia, si essent aequalia"[34]. Cada coisa ocupa um lugar na escada dos seres, da mais humilde à excelsa[35]. A queda do arcanjo luminoso apenas destrói na aparência, jamais na essência, a ordem universal. Lúcifer engana-se e procura enganar os homens sobre o poder divino.

Na *Summa Contra os Gentios*, Tomás de Aquino comenta detalhadamente a idealização de Satã e acentua o mesmo aspecto hierárquico ensinado por Agostinho. O pecado maior é o desejo de igualar-se a Deus. E isso supõe

> o desejo de ser a regra dos outros e não regular sua vontade pela de outro superior, é querer o primeiro lugar e não querer submeter-se de algum modo: pecado do orgulho. Assim, diz-se com justeza que o primeiro pecado do demônio foi o do orgulho. Mas um erro no princípio é fonte de erros variados e múltiplos; essa primeira desordem da vontade no demônio é a origem de pecados múltiplos em sua vontade; ódio em relação a Deus, que resiste ao seu orgulho e pune com justiça sua falta, inveja em relação ao homem, e muitos outros semelhantes[36].

Da hierarquia celeste, segue-se a terrestre e política. Repercutem no texto de Aquino os escritos de Dionísio, o pseudoareopagita, sempre pelo filtro de Agostinho:

> um soldado está sujeito ao seu rei e ao seu chefe de exército; em sua vontade ele pode buscar o bem de seu chefe, e não o de seu rei, ou

---

síntese compreensiva do problema, cf. Paul Tillich, *A History of Christian Thought: From its Judaic and Hellenistic Origins to Existentialism*, New York: Touchstone Book, 1967.

34. "se todas as coisas fossem iguais, nada seriam".

35. Ainda hoje, um livro sugestivo é o escrito por A. O. Levejoy, *The Great Chain of Being*. Cambridge: Harvard University Press, 1936 e 1964. Para o assunto tratado nesse ponto de minha exposição, cf. o capítulo III, "The Chain of Being and Some Internal Conflicts in Medieval Thought", p. 67s.

36. *Summe contre les gentils*, trad. R. Bernier et al., Paris: Cerf, 1993, v. 3, CIX, p. 651-653.

o contrário. Mas se o chefe recusa a ordem do rei, a vontade do soldado será boa se recusar a vontade do chefe em favor da real; ela será ao contrário má, se obedece a do chefe contra a do rei, pois a ordem de um princípio inferior depende da ordem do princípio superior.

As substâncias separadas, adianta Aquino, "não são apenas ordenadas em relação a Deus, mas umas em relação às outras, da primeira até a última"[37]. O universo inteiro segue, dos anjos aos governantes, a ordem hierárquica essencial.

A bondade da criação não seria perfeita sem uma hierarquia dos bens, segundo a qual alguns seres são melhores que os demais; sem isto todos os graus do bem não seriam realizados e nenhuma criatura seria semelhante a Deus por sua preeminência sobre as outras. Assim, a bondade última dos seres desapareceria com a ordem feita de distinção e disparidade; bem mais, a supressão da desigualdade dos seres arrastaria a supressão de sua multiplicidade: um é o efeito melhor do que o outro pelas próprias diferenças que distinguem os seres uns dos outros, como o vivente e o inanimado e o racional do não racional.

Essa escala cósmica e ontológica (sobremodo axiológica) continua na soberania política:

a perfeição para todo governo é prover os seus súditos no que diz respeito à sua natureza, tal é a noção mesma de justiça nos governos. Do mesmo modo, pois, que para um chefe da cidade opor-se – se não for apenas de maneira momentânea em função de certa necessidade – a que os súditos cumpram sua tarefa, seria contrário ao sentido de um governo humano, do mesmo modo a sua natureza seria oposta ao sentido do governo divino.[38]

Aquino, com base na doutrina da hierarquia celeste, escreveu minuciosas observações sobre o livro de Jó[39]. As mais relevadoras, no vínculo entre poder e orgulho, encontram-se em

---

37. Ibidem, p. 653.
38. Ibidem, Livro 3, LXXI, p. 550-551.
39. Cf. *Job: Un homme pour notre temps de Saint Thomas d´Aquin*, Exposition Littéraie sur le livre de Job, Paris: Téqui, 1980.

notas sobre os derradeiros versículos do poema. Diz Tomás: "após o Senhor descrever as particularidades do diabo sob a imagem do elefante, o maior dos animais terrestres, ele o descreve na figura do Leviatã, ou da baleia que é o maior animal marinho". O poder do Leviatã não pode ser evitado ao modo humano, pela lisonja ou ameaças. Assim, "o diabo não teme o homem". A potência de Satã é imensa. E Aquino enfrenta, ao seu modo, o problema arcaico da teodiceia: Deus não é cruel por ter suscitado o poder demoníaco. "Por tê-lo suscitado não sou cruel". A onipotência divina não poupará o poderoso Leviatã: "todas as coisas sob o céu são minhas".

Aquino segue para as linhas finais: "Nenhuma potência sobre a terra é-lhe comparável. Ele foi feito para não temer ninguém. Ele vê grande em tudo; ele mesmo é o rei de todos os filhos do orgulho". A versão latina, utilizada pelo doutor da Igreja, é a da *Vulgata*, a mesma que suscitou o imaginário hobbesiano sobre o poder terrestre: "non est super terram potestas quae comparetur ei, qui factus est ut nullum timeret. Omne sublime videt: ipse est rex super universos filios superbiae"[40].

Ao comentar esse passo, o filósofo cristão ressalta a incomparável e indizível força do Altíssimo, infinitamente superior à do Leviatã. Quando o diabo for vencido,

> os anjos do Senhor temerão admirando o poder divino; mas nessa admiração muitos efeitos da virtude divina são-nos conhecidos e [o autor do livro de Jó] introduz aqui "e o terror os purificará"; com efeito, como diz Dionísio no capítulo 6 dos Nomes divinos [na verdade, trata-se do tratado sobre as *Hierarquias Celestes*], os

---

40. A *Septuaginta* usa o termo *Basileus* para indicar o Leviatã, o rei dos orgulhosos. Cf. *Septuaginta*, Stuttgart: Deutsche Bibelgesellschaft, 1979, p. 842. A tradução de Lutero une o fato régio e a animalidade do poder: "er ist König über alle stolzen Tiere" ("ele é o rei de todas as feras arrogantes"). Cf. M. Luther, *Lutherbibel erklärt*, Stuttgart: Deutsche Bibelgellschaft, 1987, p. 816. Na *Bíblia* do rei Tiago I da Inglaterra, o enunciado diz: "He beholdeth all high things; he is a king over all the children of pride". Cf. C. I. Scofield (ed.), *The New Scofield Reference Bible*: Holy Bible, Authorized King James Version, New York: Oxford University Press, 1967, p. 599.

anjos são ditos purificados não de uma impureza, mas da ignorância; como toda criatura corporal, se comparada aos santos anjos, é pouca coisa, não se indica por aí que os anjos celestes estão muito espantados com o cetáceo corporal, a menos que talvez se enxergue homens nesses santos anjos; os anjos de que tratamos assistem a decadência de Satã, o Leviatã espiritual que foi transido pela justiça divina quando caiu do céu pelo pecado, então os anjos admiraram a majestade divina e se purificaram ao separar-se de sua companhia.

Finaliza Aquino:

o intento do demônio é agarrar tudo o que é sublime. E como essas coisas são próprias do orgulho [...] o diabo não só em si mesmo é orgulhoso, mas ultrapassa todo o mundo em sua soberba e mostra-se como fonte de orgulho para os outros, [...] ele mesmo é rei de todos os filhos do orgulho, ou seja, dos escravos do orgulho e que o tomam por guia.[41]

Que lições Jó (e cada ser humano após ele) tira da parábola do *Leviatã*? Responde Aquino: "o que mais deveria ser temido por Jó é que o diabo pedisse para lhe tentar, levando-o ao orgulho e ao seu reino; ser-lhe-ia necessário evitar as disposições e as palavras que respiram orgulho"[42].

Apesar dos muitos choques entre o ensino católico, representado por Tomás de Aquino e as doutrinas protestantes – na interpretação da origem do mal e do poder mundano – existe pouca discrepância nas duas percepções sobre a rebelião de Lúcifer. Tudo o que enunciei sobre o comentário tomista foi assumido nas várias igrejas e seitas reformadas. Mesmo autores que ajudaram poderosamente a separar o Estado de seus fundamentos religiosos, como Francis Bacon, usam o símile angélico para expor os nexos entre conhecimento e poder político. "O desejo de poder

---

41. *Job: Un homme pour notre temps de Saint Thomas d´Aquin*, p. 568-569.

42. Ibidem, p. 571. Para um correto comentário sobre o livro de Jó e o problema do governo absoluto de Deus sobre o mundo, Cf. Moshe Greenberg, "Jó", em Robert Alter; Frank Kermode, *Guia Literário da Bíblia*, São Paulo: Editora da Unesp, 1997, p. 305s, sobretudo p. 321-322.

em excesso causou a queda dos anjos; o desejo de saber em excesso causou a queda do homem"[43]. Essa fórmula adquire um significado grave se aproximada do aforismo baconiano célebre: *knowledge and power meet in one*. Sim, desde que limites sejam respeitados.

As achegas anteriores permitem-nos visualizar o maior poema cristão sobre o poder e o conhecimento, após o *Inferno* dantesco. Refiro-me a *O Paraíso Perdido*. Milton constrói a sua trama e mantém a espinha dorsal da hierarquia, herança do neoplatonismo, certamente de Proclus, mas com muita segurança também de Dionísio, o pseudo-areopagita. Sem ela, fica sem nenhum sentido cada passo do imenso drama cósmico desenvolvido de modo épico. Sobre Milton, tudo foi dito e tudo ainda resta a dizer. Saliento apenas o aspecto da soberba que marca, no caminho dos versos, a Queda satânica e o campo da política humana[44]. Como sublime artesão do verso, Milton exercita um imaginário que vai além dos textos e dos motivos encontrados na vasta história do cristianismo ou da cultura judaica e grega que o moldaram. Assim, não se recobrem totalmente os personagens angélicos e suas atribuições, em Dionísio Areopagita e no poeta inglês[45]. Na hierarquia celeste, os anjos ocupam os lugares mais próximos do Altíssimo, ideia ampliada por Milton com todos os recursos culturais a seu dispor.

A soberba une-se de imediato à política angélica em *O Paraíso Perdido*. Lúcifer, o glorioso, desejou "ombrear com

---

43. Cf. F. Bacon, Francis Bacon, Of Goodness & Goodness of Nature, *The Moral and Historical Works of Lord Bacon*. London: George Bell & Sons, 1874, p. 33: "The desire of power in excess, caused the angels to fall; the desire of knowledge in excess, caused man to fall: but in charity there is no excess; neither can angel, nor man, come in dan ger by it. The inclination to goodness, is imprinted deeply in the nature of man; insomuch, that if it issue not towards men, it will take unto other living creatures".

44. Uso como texto de base a edição: J. Milton, *Paradise Lost*, Scott Elledge (ed.), New York/London: W.W. Norton & Company, 1975. Será também utilizada por mim a tradução dessa obra por A.J. Lima Leitão da obra *O Paraíso Perdido*.

45. Para uma exposição autorizada sobre o tema, cf. Robert West, *Milton and the Angels*, Athens: University of Georgia Press, 1955.

Deus, se Deus se lhe opusesse" e "do Onipotente contra o Império e trono / Fez audaz e ímpia guerra". Sua marca, desde então, encontra-se na "Soberba, empedernida, ódio constante". Na queda, ele traz o sinal do medo, algo próximo em demasia ao exercício político:

De sua coma fúlgido privado; / Ou quando posto por detrás da lua, / E envolto no pavor de escuro eclipse, / Desastroso crepúsculo derrama / Pela metade do orbe, e os reis consterna / Em seu poder temendo algum desfalque. / Obscurecido, mesmo assim fulgura / Mais que os outros arcanjos, seus consócios; / Mas dos raios profundas cicatrizes / Aram-lhe o rosto macerado, aonde / Mil cuidados contínuos se aposentam / Sob o ouropel de intrépida coragem / De ultriz tenção, de refletido orgulho[46].

Nas suas falas aos dirigidos, anjos de escalão menor na via ascendente dos seres, o monarca do inferno é soberbo orador, em todos os sentidos. Domina a retórica com maestria e nela exibe sua plena arrogância. Diante do silêncio temeroso do exército maligno, que teme assaltar o trono divino: "Com orgulho monárquico se expressa: // 'Dos céus prole sublime, empíreos tronos, /Sois intrépidos, sim! mas não estranho / Que hoje o silêncio e hesitação vos prendam. / É dilatado e aspérrimo o caminho / Que à luz do Empíreo vai das trevas do Orco'"[47]. As indicações do orgulho luciferino são múltiplas, ao longo do poema. Todas conduzem ao mesmo ponto: "Guerrear nos Céus, dos Céus o Rei supremo, / De lá me arrojam a ambição, o orgulho, / Mas... ai de mim! por quê?... Justo e benigno, / De tal retribuição credor não era, / Ele que o ser me deu, que nessa altura / Me colocou imerso em brilho, em glória"[48].

No sistema doutrinário de John Milton, a *recta ratio* encarna-se na pessoa do Cristo, sinônimo de harmonia e de paz, enquanto Satã é a razão que delira e arma laços para os demais seres. Como diz um comentador, "Cristo é o Logos

---

46. J. Milton, op. cit., Canto I, v. 589-604, p. 23.
47. Ibidem, Canto II, v. 430s, p. 39.
48. Ibidem, Canto IV, v. 41, p. 79.

da cristandade neoplatônica e o agente executivo de Deus, ao mesmo tempo abolindo a rebelião e criando o universo e o homem de acordo com a sua 'grande Ideia'"[49]. Assim, o sistema do mundo e do poder exigem a soberania da razão e da vontade racional sobre as paixões, sobretudo contra a *libido dominandi*. A grande raiz de todos os males sociais ou éticos encontra-se no orgulho. O mesmo comentador chega a enunciar que "o orgulho e a presunção constituem o tema inteiro de Milton". Para tudo resumir, "o orgulho que aspira para além dos limites e das necessidades humanas, o desejo de poder pelo conhecimento é o motivo que se encontra em toda a tentação de Eva por Satã". Desse modo, Milton teria diagnosticado, na pessoa de Lúcifer, os males todos de nossa modernidade, com o naturalismo, o liberalismo sem peias, o orgulho irreligioso. Ele também mostrou "a vontade de potência, pública e privada, a presunção intelectual, o desejo egoísta, buscando seus fins pelo uso da força e da fraude, e destruindo a ordem divina e natural no mundo e na alma"[50].

Um trecho do poema suscita debates acalorados entre os comentadores. Trata-se dos versos em que Cristo se dirige à primeira pessoa da Trindade dizendo: "Omnipotente Pai, razão te assiste/Para te rires de teus vãos contrários/E seguro tratares com desprezo/Seus tumultos e ardis, inúteis, fátuos."[51] O riso divino não é novidade alguma na época. Recordemos Pascal: na célebre *11ª Carta a um Provincial* encontra-se toda uma teologia do riso contra a presunção tola e orgulhosa dos homens. Segundo Pascal, a própria divindade criou o riso para colocar Adão no seu devido lugar:

---

49. D. Bush, Paradise Lost: Religious and Ethical Principles, em Arthur Edward Barker (ed.) *Milton: Modern Essays in Criticism*. London/New York: Oxford University Press, 1977, p. 167.

50. Ibidem, p. 171-174.

51. *Paraíso Perdido*, Canto IV, v. 738-743, p. 122. ("Mighty Father, thou thy foes / Justly hast in derision, and secure / Laugh'st at their vain designs and tumults vain, / Matter to me of glory, whom their hate / Illustrates, when they see all regal power / Giv'n me to quell their pride, and in event / Know whether I be dextrous to subdue / They rebels, or be found the worst in heav'n.")

nas primeiras palavras ditas por Deus ao homem após a Queda, encontra-se uma caçoada e uma ironia picante [...] pois seguindo-se a desobediência de Adão [...] parece pelas Escrituras que Deus, em castigo, tornou-o sujeito à morte e após tê-lo reduzido à miserável condição devida ao pecado, riu-se dele [...] com palavras de brincadeira, "Eis que o homem tornou-se um de nós". Ironia cruel e sensível pela qual Deus o espetou vivamente".

Assim, o riso foi merecido pelo homem, a quem Pascal nomeia, em italiano, *ridicolosissimo eroe*![52]

O riso divino levanta a questão: todo *O Paraíso Perdido* armaria uma enorme comédia, na qual anjos e homens seriam apenas e tão somente heróis superlativamente ridículos? Essa possibilidade não é alheia à cultura ocidental anterior a Milton. Nas *Leis*, Platão pede que imaginemos seres vivos, como nós, espécies de marionetes fabricadas pelos deuses: "fomos produzidos para o seu divertimento, ou para um fim sério? Não o sabemos." Curtius lembra que Lutero usou, para designar a justificação, o termo *Spiel Gottes* quando se trata dos homens. Se tragédia ou comédia, não está ao alcance do homem decidir o sentido último da existência[53]. Robert Burton, a grande fonte moderna sobre a melancolia, ao falar dos demônios, lembra o dito platônico: *ludus deorum sumus*[54].

É possível enxergar em *O Paraíso Perdido* as duas faces, a cômica e a trágica. O melhor seria percebê-lo como terrível tragicomédia[55] na qual o sentido existencial se perde

---

52. R. Romano, A Superior Maestria do Riso, *Lux in Tenebris*. Campinas: Editora da Unicamp, 1987, p.18-20.

53. Cf. Ernst Robert Curtius, *La Littérature européenne et le moyen-âge latin*, trad. J. Brejoux, Paris: PUF, 1956. Dessa obra, cf. sobretudo o cap. VII, 5, "Les Métaphores relatives au théâtre", p. 170s.

54. Cf. *The Anatomy of Melancholy*. New York: New York Review of Books, 2001, p. 326.

55. Desenvolvo algumas ideias sobre o tema no prefácio que escrevi para o livro que reúne peças teatrais de Elias Canetti. "A crítica do narciso coletivo é uma arte aprimorada desde a Grécia (a referência de Canetti a Aristófanes e à linhagem dos grandes satíricos mostra-se decisiva), fincando raízes também na cultura bíblica. *Vanitas vanitatum... et omnia vanitas.* Talvez nenhum refrão seja mais repetido – e, no entanto, mais eficaz para descrever

ou se ganha, conforme a situação do sujeito[56]. C.S. Lewis, em ensaio clássico sobre o Satã de Milton afirma o primeiro traço – o ridículo – como chave hermenêutica. Razão em demasia conduz à loucura. É assim que Lúcifer – o ente em cuja consciência mais se depositou a luz da razão – ensandeceu por completo. Sua razão é louca. Esse é o significado da epígrafe de seu texto, posta por Lewis: "le genti dolorosi/ C'hanno perduto il ben de l'intelletto" (Dante).

Essa lembrança do verso dantesco, devida a C.S. Lewis, tem enormes razões históricas atrás de si, sobretudo no campo da Medicina imediatamente anterior ao poema de Milton. Ao estudar a prática terapêutica do século XVI, Jean Ceard discute os nexos entre melancolia e influência diabólica. O melancólico é triste como Lúcifer, mas "se o diabo pode teoricamente nos aplicar mil doenças, ele, no entanto, tem predileção pelas que ofendem o cérebro e os nervos". Se perseguirmos essa via, o demônio de Milton experimenta o

---

a tolice humana, insuportável quando o intelecto reflete a si mesmo, entenebrecendo o mundo e seus fundamentos. A glória, a vanglória, o saber arrogante que se confunde com a ignorância, as análises de tudo isso foram potenciadas ao máximo no encontro, durante o helenismo, entre a cultura grega e a judaica. Renascença e Reforma, ambas mergulhando nas águas mais profundas da Grécia e do povo israelita, levantaram monumentos literários nos quais, até hoje, brilha a mais fina ironia já lançada sobre os habitantes irritadiços de Babel. [...] O mundo moderno é sandice e loucura [...]. Em semelhante mundo, como num espelho mágico, tudo aparece de cabeça para baixo, invertido e pervertido." Prefácio, em E. Canetti, *O Teatro Terrível*, São Paulo: Perspectiva, 2000, p. 17-19.

56. Desde remotas épocas a forma literária em *O Paraíso Perdido* confunde os analistas. Juízos categóricos conduzem a recusas e a teses problemáticas, como a de Hegel: "Milton parece, tendo-se em conta a sua época, um modelo digno de admiração, seja pela cultura reunida por meio do estudo da Antiguidade, seja pela correta elegância da expressão. Ele, no entanto, é absolutamente inferior a Dante na profundidade de conteúdo, na energia, na originalidade da invenção e fatura e, particularmente, pela objetividade épica. De fato, de um lado o conflito e a catástrofe de *O Paraíso Perdido* pendem para um caráter dramático, de outro [...] a tendência lírica e didascálico-moral constitui um traço peculiar de se afastar muito do assunto, no que diz respeito à forma original." (G.W.F. Hegel, *Estetica*, t. 2, Milano: Eunaudi, 1976, p. 1241). Os "defeitos" encontrados por Hegel são pequenos, se o diagnóstico do filósofo é comparado a outras exegeses.

seu próprio mal, pois é melancólico e perdeu o siso. Ceard lista os acometidos pela enfermidade na *Bíblia*, em especial nos escritos cristãos. Ali encontramos um lunático epiléptico[57], um maníaco licantropo[58], outro doente de "convulsão da espinha"[59]. O diabo prefere "as doenças de nervos e do cérebro, o que deve nos alertar para certo número de representações pouco conscientes e incompletamente formuladas".

Ao analisar os médicos do século XVI, Ceard inicia com Jean Fernel, para quem a loucura, fruto do jogo dos humores, consiste na "depravação do funcionamento da faculdade principal da alma que reside na substância cerebral como em seu domicílio" e cujo nome latino é *desipientia* e os gregos são *paraphrosyne* e paranoia, ou seja, *mentis alienatio*[60]. A melancolia ao mesmo tempo provoca e destrói o intelecto, "ela é o seu aliado mais eficaz e seu inimigo mais terrível"[61]. Segundo Jean Taxil, outro médico da época, "os corpos que o diabo possui interiormente são melancólicos, pois é o humor a verdadeira sede, no qual o diabo se apraz, e do qual ele produz tão estranhos efeitos"[62].

Ao aprofundar seu estudo, Jean Ceard chega ao ponto que nos interessa mais diretamente. A se acreditar nos médicos discutidos, "o gênio e a loucura têm um parentesco secreto, e a inteligência constitui uma perigosa aventura. Ela, quando se esforça por ir além do conhecimento, corre o risco da revolta e do orgulho que ocasionou a queda do anjo Satã. O tema do Fausto pertence à Renascença"[63].

Embora acreditem nos demônios, pelo menos para fins externos e por receio do juízo popular e clerical, muitos

57. *Mateus* 17, 14s.
58. *Lucas* 8, 27s.
59. *Lucas* 13, 10s.
60. Apud Jean Ceard, Folie et demonologie au XVIe siècle (Colloque International, Bruxelles, 1973), *Folie et déraison à la Renaissance*, Bruxelles: Editions de l'Université, 1976, p. 128s.
61. Jean Ceard, op. cit..
62. Apud J. Ceard, op. cit., p. 137.
63. Jean Ceard, op. cit., p. 138.

médicos procuraram, no período, causas naturais que explicariam a loucura e a melancolia. O remédio também poderia ser apenas de ordem natural. Saul era melancólico, é verdade, mas seu arrimo veio da música executada por David. E Vallesius afirma, com muitos outros, que a sonoridade musical é um tratamento considerável[64]. E o mesmo Vallesius cita Avicena em uma atitude bem mais secular, que enxerga o demônio como um adendo não importante nos casos de melancolia. Diz Avicena:

alguns médicos pensaram que a melancolia ocorre por causa do demônio, mas, quando tratamos coisas físicas, não nos preocupamos em saber se isso ocorre por sua causa ou não, uma vez posto que, se ocorre por ele, então ocorre de tal modo que muda a compleição e a torna melancólica, que, portanto, a causa próxima do mal é a melancolia, e seja a causa desta o demônio, ou não, isto pouco importa[65].

O palco da tristeza e da melancolia une-se às personalidades caricatas que se imaginam no centro do universo, perseguidas pelo mais poderoso agente do Mal. O egocentrismo passa do trágico ao cômico. Existem mesmo na Renascença os tratamentos burlescos da melancolia, mas a tristeza não é escondida por eles[66]. A melancolia, doença de poderosos e de intelectuais, traz a marca da loucura orgulhosa. Robert Burton procura exorcizá-la pelo riso, remédio antigo – como o de Luciano de Samosata. A carta prefácio que ele publicou com *The Anatomy of Melancholy* ("Democritus to the Reader") é um tratado sobre moral, política, religião falsa, saber e soberba. Os homens desconhecem limites e, na busca de satisfação absoluta, se parecem com bestas feras "salvo pelo fato de que as feras são melhores que eles, pois se contentam com a natureza". Príncipes, diz ele:

---

64. Apud Jean Ceard, op. cit., p. 141.
65. Ibidem
66. Cf. Hyacinthe Brabant, Les Traitements burlesques de la folie aux XVIe et XVIIe siècle, *Folie et Déraison à la Renaissance*, p. 75s.

desejam uma vida privada, homens privados têm cócegas por honrarias, um magistrado deseja a vida quieta, um homem quieto gostaria de possuir seu ofício [...] e qual a causa disto tudo, senão o seu desconhecimento próprio? Alguns se deleitam em destruir, outros em edificar, outros em roubar um país para enriquecer a si mesmos e a um outro. Em todas essas coisas, eles são como crianças, nas quais inexiste juízo ou conselho[67].

Lúcifer, na interpretação de C.S. Lewis, seria um ente mimado que se revolta como criança ou adolescente por não se julgar livre do pai e não receber o reconhecimento de seu alto valor. Hobbes, no *De cive*, define o homem perverso como uma criança robusta (*malus est puer robustus*). Satã, menino autocentrado, pensa e fala apenas de si. Para ele, a alteridade não existe. Ele quer e não quer, por exemplo, a hierarquia dos seres. Ao destruir a si mesmo enquanto eminência celeste, serrou o galho que o sustinha. Ele seria, diz Lewis, "como o perfume de uma flor tentando destruir a flor". O pobre diabo é menos um mentiroso do que uma bela mentira. A primeira mentira que nutre a sua revolta é o desejo de ser como Deus, *causa sui*. Ao mesmo tempo ele se orgulha de sua origem divina e se revolta contra ela, como, repitamos, adolescentes que muitos pais chamam "aborrecentes". Para ilustrar a figura, Lewis cita Napoleão Bonaparte, quando o dono do mundo não tinha mais brinquedos mortais nas mãos, exilado que estava. "Imagino", disse o ex-Imperador, "o que Wellingnton está fazendo agora? Ele nunca ficaria satisfeito com a situação de uma pessoa privada". Satã

---

67. O texto de Robert Burton foi reeditado em várias ocasiões e muito repetido nas análises sobre a loucura dos poderosos e dos intelectuais. Excelente apreciação do tema, que rendeu inclusive uma lúcida interpretação de Rousseau, pode ser verificada em Jean Starobínski, *Histoire du traitement de la mélancolie des origines à 1900*, Basel: Geigy, 1960. Com esse livro, Starobínski iniciou o que ele mesmo chama "a descida aos infernos" da cultura moderna. Nesse caminho, outra obra sua, *Jean-Jacques Rousseau, La Transparence et l'obstacle*, Paris: Gallimard, 1957, é um ponto decisivo. Trata-se ali de expor os sentimentos de um filósofo ensandecido, mas cujos enunciados são dos mais agudos, captando os maiores problemas da sociedade e da política modernas.

e Napoleão jamais conseguem perceber o mando na perspectiva da cidadania "simples"[68]. O demônio divide com os políticos a irresponsabilidade ética. Ele não pode mesmo vingar-se no Altíssimo. Solução: vinga-se de Deus nas figuras de Adão e de Eva, gente que nunca lhe fez mal. Age como o covarde dos romances, que não ousa enfrentar um duelo e decide ir para casa bater nos empregados.

A decadência satânica – de anjo a monstro – passa, segundo Lewis, pela sequência cômica: "de herói a general, de general a político, de político a agente do serviço secreto que bisbilhota janelas de banheiros ou de dormitórios, depois desce ao nível do sapo e finalmente é serpente". Um ser intoxicado com o veneno de seu ego, eis Satã. Podemos rir dele, mas Lewis se apressa a dizer que Milton produz o diabo com os materiais encontrados nos humanos. Tudo nele, sobremodo o político, traz as marcas de nossa humanidade pervertida e monstruosa. Infinitamente entediado por encontrar apenas a si mesmo, ele mente e discursa em uma contínua propaganda e no culto a sua personalidade. Lewis não diz explicitamente, mas seu texto foi redigido na época do totalitarismo, quando as figuras ridículas de Hitler e de Mussolini, aliadas à de Stalin, ainda estavam frescas na memória. A insistência do crítico na propaganda e no culto à personalidade indica essa situação miserável[69].

Apesar de sua força persuasiva, a tese de Lewis encontra limites, sobretudo porque o cômico satânico resulta em tragédias como as Guerras Mundiais e o Holocausto. Assim, sua hipótese de leitura foi corrigida por Helen Gardner em um ensaio denso e provocativo sobre Satã e a danação. A autora mostra que Milton segue o modelo elizabetano da tragédia e que seu herói perverso pode encontrar modelos

---

68. Quantos assim existem na política! São eles que exigem para si foros privilegiados e determinam quem, na pólis moderna, é cidadão de primeira e de segunda classe.

69. Para toda esta passagem, cf. o ensaio completo de C.S. Lewis, "Satan", em A. E. Barker, *Milton: Modern Essays in Criticism*, London/New York: Oxford University Press, 1977, p. 196-204.

mais do que plausíveis em Shakespeare ou Marlowe. Macbeth, pelo poder, Dr. Fausto, pelo saber, ambos são moldes verossímeis para a construção de Lúcifer. Enquanto o diabo era cômico na Idade Média, na Era renascentista ele se encarna nos personagens que buscam ultrapassar todos os limites do mando e do conhecimento.

Como o anjo caído, os reis danados do teatro shakespeariano, como recordei na figura de Ricardo III, embora tenham livre arbítrio, desejam a danação, porque ela lhes garante a posse ilusória da soberania perene, imortal. No palco trágico, a danação, essencial no poema de Milton, se oferece com todas as suas possibilidades. Uma das marcas mais graves, que também fora enunciada por Lewis, é a solidão do poder. Satã pratica o solilóquio com frequência, o mesmo fazem os heróis perdidos de Shakespeare. As tentações sobre Eva pela serpe recordam muito as falas da senhora Macbeth, as insinuações de Iago e tantos outros caracteres mais. A busca do poder pelo poder, a solidão do mando, as astúcias e dissimulações da *raison d´État*, tudo isso traz a marca do Malefício. Se o poema de Milton fosse apenas cômico, o seu assunto seria uma "serpente infernal". Mas o poeta nos apresenta um arcanjo caído. "Não haveria dificuldade se Satã fosse apenas um Iago; o difícil surge porque ele é Macbeth"[70]. Ou melhor, ele não seria a síntese horrível de Iago e de Macbeth?

O orgulho serviu para Hobbes e Spinoza como tema diretor da análise política. Ambos, no entanto, transferem as sendas éticas do empíreo para o mundo finito e abolem a noção filosófica e religiosa da hierarquia cósmica e social. Hobbes secularizou o Leviatã, que não mais indica o protótipo do Mal, mas figura a multidão que fornece a carne do Estado[71]. Com a mudança, o orgulho mantém um estatuto

---

70. Helen Gardner, Milton's "Satan" and the Theme of Damnation in Elizabethan Tragedy, em Arthur Edward Barker (ed.). *Milton: Modern Essays in Criticism*. London/ New York: Oxford University Press, 1977, p. 205-217.

71. Considero essencial nas exposições de Hobbes o aspecto secularizador. Mas reconheço que existem outras leituras em plano contrário, as quais apresentam excelentes argumentos. Cf. Gabriel L. Negretto, *Hobbes'Leviathan: The Irresistible Power of a Mortal God,* disponível em: <http://www.giuri.

pernicioso. Ele não é pecado contra o Altíssimo e sim obstáculo para a constituição da *res publica*. Hobbes foi leitor da *Bíblia*, mas também seguiu as linhas do pensamento grego. Sua tradução de *Guerra do Peloponeso*, de Tucídides[72], o prova. Um dos trechos que mais o marcou, naquela obra, é o cerco à ilha de Melos no qual toda a arrogância ateniense veio à tona. No capítulo 5, parágrafo 85 e seguintes vemos as causas do fim inglório do império. Os habitantes de Melos não querem ser reduzidos à servidão e oferecem amizade aos de Atenas. Esses recusam e exigem total entrega. Melos se recusa. Seus homens são exterminados, suas mulheres e crianças conduzidas como escravos. A dureza dos generais anuncia, da Grécia aos nossos dias, a face mais violenta da *raison d´État* ensandecida pelo orgulho[73].

Assim, quando prepara a justificação do Estado absoluto, Hobbes tem plena consciência dos prejuízos trazidos pela arrogância dos indivíduos. Ele frequentou muito a *República* e tem pleno domínio das razões avançadas por Platão não apenas nesse texto, mas em todas as suas obras. Há um ponto essencial nos considerandos do filósofo grego quando se trata de garantir a *polis*: o controle da filáucia. O

unige.it/intro/dipist/digita/filo/testi/analisi_2001/8negretto.pdf>. O autor analisa com bastante extensão o tema do orgulho na perspectiva do Leviatã. Em sentido oposto ao seu, cf. Michel Villey: "Acredito que os resultados jurídicos do sistema hobbesiano contradizem de modo direto os primeiros princípios do Decálogo. Hobbes forjou com suas mãos um novo ídolo, um novo Baal, uma torre sacrílega de Babel, o Leviatã, o Estado, o 'monstro frio' [...] ele é um dos responsáveis pela descristianização da Europa [...] considero Hobbes um precursor das novas religiões que subjugam a Europa contemporânea: religião do homem, de sua liberdade, de sua razão, e do Estado moderno" (M. Villey, Positivisme juridique moderne et christianisme, em Luigi Lombardi Vallauri; Gerhard Dilcher [a cura di], *Cristianesimo, secolarizzazione e Diritto Moderno*, Milano: Giuffrè, 1981, p. 213-215). Na leitura do autor, Hobbes concedeu em demasia a César, em detrimento do Altíssimo.

72. *The Peloponnesian War*, Chicago: University Chicago Press, 1989.
73. Na tradução de Hobbes, op. cit., p. 364-372. Friedrich Meinecke inicia o seu "tremendo" livro sobre a Razão de Estado com a citação de Tucídides, exatamente no episódio de Melos. Cf. *L'Idée de la raison d´état dans l´histoire des temps modernes*, trad. Maurice Chevalier, Genève: Droz, 1973, p. 31.

que produz a tirania? O amor de si mesmo. A filáucia, em Platão e na filosofia ocidental é o contrário da amizade efetiva. O livro nuclear nesse plano encontra-se nas *Leis*[74]. É sintomático que, naquele diálogo, no trecho sobre o amor de si, o sujeito acometido de idiotismo seja comparado ao "amante, cego no relativo ao ser amado, sendo péssimo juiz das coisas justas, boas, nobres". A paixão impede o conhecimento e a prática do bem. A pior paixão, nós a temos quando amamos a nós mesmos acima de tudo. A frase platônica referida à filáucia impressiona:

> Há um grande mal, o maior de todos, que o maior número de homens tem, e que lhes é congenital. Com ele, cada um é cheio de autoindulgência e ninguém dele pode escapar. Este mal chama-se amor próprio. Acrescentemos que essa ternura do homem para consigo mesmo pertence à sua natureza e que ele causa nossos erros, pelo afeto que temos para conosco [...] O grande homem não acaricia nem a si mesmo, nem as coisas que são de sua propriedade, mas o que é justo.[75]

O governo tirânico é exercício de autoerotismo e temor generalizado:

> Uma das singularidades do tirano é procurar suprimir não só os seus inimigos, mas também destruir os que, por terem sido seus iguais ou cúmplices, a ele se dirigem com franqueza, o que é sinal de uma amizade verdadeira[76].

O pior mal da *polis* é o amor que os indivíduos têm para consigo mesmos. Ele desatrela a guerra pelo mando tirânico, em que todos são inimigos de todos. Se recordarmos que o mesmo filósofo compara o tirano ao lobo, temos uma ideia

---

74. Livro v, 731 d.
75. Ibidem, 731e. O item das *Leis* é extraído de *Oeuvres de Platon*, trad. L. Robin, Paris: Gallimard, p. 784 (Col. La Pléiade).
76. Platão, *República*, VIII, 567b. Um livro importante para o assunto é o de Jean-Claude Fraisse, *Philia: La Notion d'amitié dans la philosophie antique*, Paris: Vrin, 1984. Ver R. Romano, Uma Questão de Costumes, em Julio Lerner (ed.), *Cidadania: Verso e Reverso*, São Paulo: Secretaria da Justiça e da Defesa da Cidadania, 1998, p. 192-193.

do fundo imagético utilizado por Hobbes, a fim de descrever os piores empecilhos na busca de atenuar a luta na matilha humana e produzir a paz. A filáucia é fonte de arrogância e essa exige ordens e precedências, impõe hierarquias entre os seres humanos. Para instaurar o Estado, pensa Hobbes – em um ataque direto à tradição medieval e ao pensamento aristotélico-tomista, com as citadas tintas de Dionísio, o Pseudoareopagita –, todas as supostas hierarquias devem ser abolidas de imediato. No item "Sobre o Homem", de *O Leviatã*, o autor refere-se à nona lei da natureza contra o orgulho.

> A questão de saber quem vale mais nada tem a ver com o estado simples da natureza, [em que] todos […] são iguais. A desigualdade de hoje foi introduzida pelas leis civis. Sei bem que Aristóteles, no primeiro livro da *Política*, põe como fundamento de sua doutrina que os homens são, por natureza, uns mais dignos de mandar […] os outros de servir.

Hobbes toca no ponto dolorido de toda a hierarquia. É importante lembrar que o neoplatonismo resultou de uma síntese de alguns temas platônicos e de outros aristotélicos. Nessa segunda vertente, determina-se uma escala hierárquica de todos os entes em relação ao seu fim último. Assim, os homens são desiguais por natureza. Esse ponto encontra-se subsumido na escala do Pseudo-Dionísio, o que definiu o pensamento cristão medieval, como vimos em Tomás de Aquino, com sua ideia de uma escala hierárquica, dos arcanjos ao humilde camponês e a recusa da igualdade. Tal corrente aristocrática gerou as ordens medievais, com todo o seu orgulho, o que impedia, no tempo de Hobbes, a instauração do Estado monárquico nacional. Na França, Richelieu domou os orgulhosos barões e os colocou para adular o rei em Versalhes. Na Alemanha, conforme indica Norberto Elias, os aristocratas resistiram mais tempo, até o século XX, como empecilhos do Estado. Na Inglaterra, a mensagem hobbesiana foi percebida como perigo pelos donos dos feudos e dos cargos. De Aristóteles, passando pelo Pseudo-Dionísio, a ordem a ser destruída se baseava no orgulho e na honra dos nobres. A destruição dessa corrente doutrinária e costumeira que imperou durante milênios na vida social foi lenta e difícil. A Revolução Francesa definiu um marco contra a fantasmagoria aristocrática e clerical[77].

A edição latina de *O Leviatã* deixa explícita a recusa da hierarquia entre os homens. Diz o autor: "Não existe hierarquia [ordo] entre os homens no estado de natureza"[78]. Desejar uma suposta hierarquia natural ou metafísica é garantir o orgulho que impede o Estado. Assim, Hobbes enuncia a "nova lei da natureza: cada um reconheça o outro como seu igual por natureza. A infração desse preceito é o orgulho"[79]. Dessa lei, o autor avança para a outra que lhe é coessencial: na paz, ninguém pode exigir reservadamente nenhum direito que não se exija reservadamente aos outros. Agir como se os direitos vitais e cívicos fossem privados é arrogância. Essa última não conhece limites. "Os que observam essa lei são os que chamamos homens modestos, os que a desobedecem, arrogantes. Os gregos chamam a violação dessa lei pleonexia, ou seja, o desejo de ter mais do que a parte adequada"[80].

Além das advertências bíblicas contra o orgulho e das lições platônicas, Hobbes nutriu-se das letras renascentistas, com o ensino de elegância cortesã, tentativas para domar os barões que impediam o nascimento do Estado moderno. Um dos seus mais abalizados comentadores, Quentin Skinner, diz que:

os moralistas da era Tudor também se concentram num outro grupo de virtudes, que encaram como, talvez, as mais importantes de todas. São elas a modéstia, a moderação e a humildade, características dos

77. O autor que mais permite pensar sinteticamente a passagem do aristocratismo para a modernidade, nesse ponto, ainda é Hegel, sobretudo no seu livro *A Fenomenologia do Espírito*. Cf. G.W.F Hegel, *La Phénomenologie de l'Esprit*, Paris: Aubier, 1941, v. 2.
78. *Léviathan*, trad. François Tricaud de l'anglais, annoté et comparé avec le texte latin, Paris: Sirey, 1971, p. 153, 93n.
79. "That every man acknowledge other for his Equall by Nature. The breach of this Precept is Pride" (*Leviathan*, C.B. Macpherson [ed.], Harmondsworth: Penguin, 1977, p. 210).
80. Ibidem, p. 211-212.

que sabem agir com afabilidade e evitar todas as manifestações de altivez, arrogância e orgulho [...] Todos encaram o pecado do orgulho como o mais mortífero dos sete pecados mortais, ao passo que as qualidades da humildade, da moderação e até da *sprezzatura* são especialmente valorizadas.[81]

Sem modéstia, sem Estado. Sem Estado, sempre há guerra entre indivíduos, há tirania permanente, sempre orgulho. Assim, a vida em comum, a política, segue a arte dos limites das ambições e das maneiras, arbitrada pelo soberano[82].

Em Spinoza, ocorre outra visão do orgulho, embora o alvo também seja o de permitir a vida política.

Por aí se vê facilmente o homem dar mais importância a si mesmo e à coisa amada mais do que é justo e, ao contrário, à coisa que odeia, menos do que é justo; essa imaginação, quando ela diz respeito ao próprio homem, que faz caso de si mais do que é justo, chama-se orgulho e é uma espécie de delírio, pois o homem sonha com olhos abertos que pode tudo o que abrange com sua imaginação, e o considera como real e se entusiasma, enquanto não pode imaginar o que lhe exclui a existência e limita sua própria potência de agir. Logo, o orgulho é uma alegria nascida daquilo que o homem dá mais importância do que seja justo. Depois, a alegria que nasce daquilo que o homem atribui, mais do que é justo a outro, chama-se superestima; a desestima, enfim, nasce do que se atribui a outro, menos do que é justo.[83]

Um dos maiores empecilhos para a vida comum na política é o desejo que todos os indivíduos possuem de reduzir os outros ao próprio modo de viver, de pensar e de imaginar os outros como projeções do ego: "num homem não dirigido pela razão, esse apetite é uma paixão chamada ambição, e não difere muito do orgulho."[84]

---

81. *Razão e Retórica na Filosofia de Hobbes*, São Paulo: Unesp, 1997, p. 115
82. Ibidem, p. 426.
83. "Superbia vocatur, et species Delirii est, quia homo oculis apertis somniat... Est igitur Superbia Laetitia ex eo oritur, quod homo de se plus justo sentit". Ver *Ética Demonstrada à Maneira dos Geômetras*, Parte III, Proposição XXVI, Escólio 1, *Spinoza: Obra Completa IV*, São Paulo: Perspectiva, 2014, p 220.
84. *Ética...*, Parte V, Proposição IV, Escólio, p. 351.

Apesar de todas as diferenças teóricas entre Hobbes e Spinoza[85], notemos que ambos conceituam o orgulho como uma ruptura dos limites, em especial da modéstia. Na *Ética*, a definição de modéstia é todo um tratado da política democrática em prol da liberdade e da alegria de viver em conjunto:

> A modéstia, quer dizer, o desejo de agradar aos homens quando a razão o determina, relaciona-se com a moralidade (como dissemos no escólio 1 da proposição XXXVII). Mas se ela extrai sua origem de uma afecção, a modéstia é uma falsa indulgência, quer dizer, um desejo com o qual os homens, frequentemente, incitam as discórdias e as sedições. Com efeito, quem deseja assistir aos demais com seus conselhos ou na ação, a fim de fruir em comum o supremo bem, trabalhará primeiramente para ganhar seu amor, e não para se fazer admirar, para que alguma disciplina receba seu nome ou dar motivos de inveja. Nas conversações em comum, não se referirá aos vícios dos homens e buscará falar com cuidado de suas impotências, de modo que os homens, não por medo ou aversão, mas tocados por um sentimento de alegria, se esforcem por viver, o quanto possam, segundo as prescrições da razão.[86]

Ao contrário do orgulho, a alegria e o conhecimento, bases de uma sociedade democrática, são comunicáveis e ajudam o convívio humano. Em vez da busca autoerótica destrutiva, o caminho do saber e do respeito mútuo leva à tranquilidade partilhada. Segundo Spinoza, o desejo de conhecer as coisas é contagioso:

> O bem que o homem apetece para si mesmo e ama, ele amará de modo mais constante se vir que os outros o amam [...]; e ele se esforçará, pois [...], para que os outros o amem; e visto que esse bem [...] é comum a todos, e que todos podem alegrar-se do mesmo modo, ele se esforçará, portanto [...], para que todos se alegrem.[87]

---

85. Para as relações entre os dois pensadores, cf. Stuart Hampshire, *Spinoza*, Harmondsworth: Penguin, 1951, sobretudo o capítulo "Política e Religião".
86. *Ética...*, Parte IV, Apêndice, Capítulo XXV, p. 341-342.
87. Ibidem, Parte IV, Proposição XXXVII, Outra Demonstração, p. 304.

A beatitude suprema, como diz Geneviève Brykman[88], é comunicável a todos.

O orgulhoso exclusivista adora lisonjeadores, ama os parasitas sociais e odeia os generosos. Esse é o ensino da Proposição LVII, Parte IV, da *Ética*. Aqui, em Spinoza, notamos a sabedoria política mais antiga, já enunciada em Platão, sobre a filáucia e a lisonja. Retomemos o texto platônico: "Uma das singularidades do tirano é procurar suprimir não só os seus inimigos, mas também destruir os que, por terem sido seus iguais ou cúmplices, a ele se dirigem com franqueza, o que é sinal de uma amizade verdadeira". O bajulador, sofista ou demagogo, assume aparências de fala amiga, mas o discurso veraz exige disciplina, sobretudo na amizade. Quem lisonjeia deixa os amigos nas horas negras, toda pessoa franca enfrenta o próprio amigo, para seu bem, e nunca o abandona. A lisonja acostuma, segundo Platão, o corpo e alma aos prazeres. Spinoza? Vejamos: "o orgulhoso [...]amará a presença de parasitas e de aduladores (deixei de defini-los pois são muito conhecidos) e fugirá dos generosos que o sentem como é"[89].

Sem falar uma palavra de Satã, personagem que ele bem conhecia por sua cultura religiosa, judaica e cristã, Spinoza descreve todas as marcas do Maligno, secularizando-as *in totum* na *Ética*. O indivíduo orgulhoso é empecilho para o Estado democrático porque propaga o culto de si mesmo, culto baseado em paixões e ideias falsas, e quebra todos os limites da razão. Façamos uma rápida comparação, naturalmente considerando o secularismo radical de Spinoza. Satã, por inveja, desejou o governo celeste, só recebeu como resultado uma tristeza infinita. Ele é fechado à alteridade, o filauta* por excelência. Satã é crudelíssimo e covarde. "Seria longo enumerar aqui todos os males da soberba, pois os orgulhosos estão submetidos a todas as

---

88. *La Judéité de Spinoza*. Paris: Vrin, 1972, p. 75-76.
89. *Ética*..., Parte IV, Proposição LVII, Demonstração, p. 321.
   * Que se, para Aristóteles, pode ser uma virtude – o amor por si próprio na medida certa –, geralmente é tomado na acepção oposta, empregada aqui: o amor desmedido por si próprio (N. da E.).

afecções, mas a nenhumas outras mais do que às afecções do amor e da misericórdia."[90] O mais importante, entretanto, na análise spinoziana do orgulhoso é a tese posta no Escólio da mesma Proposição: o ódio e a inveja do orgulhoso (pois ele é necessariamente pleno de inveja) não podem ser facilmente vencidos pelo amor ou pelo favor. O ser orgulhoso só se alegra "com a presença dos que se mostram impotentes de alma e por estultícia o fazem insano"[91].

Deleite, um sentido assim marca o soberbo que desconhece limites para a obediência dos outros ao seu egoísmo. Também o Satã de Milton: seu deleite é jogar laços para os homens, enganando-os com a luz celeste, seu apanágio antes da Queda. Baldine Saint Girons acentua a polissemia do uso, *no Paraíso Perdido*, da palavra *delight*. A tentação maligna vem ao homem como deleite e horror, é um delírio (de lacio, laço) luminoso que envolve o sujeito humano[92]. Satã perde o siso por orgulho e presunção. O mesmo ocorre com o ente humano que se deixa embair nas cantilenas da lisonja e do inchaço subjetivo. Ambos, o arcanjo de Milton e o soberbo descrito na *Ética*, almejam, por falta de aplausos sinceros, que apenas o amor pode garantir, tiranizar os demais entes sem nenhum obstáculo, o que é loucura.

Tanto Hobbes quanto Spinoza insistem nos limites do ser humano e indicam o quanto a soberba nutre-se da ruptura com toda medida. Ambos levam adiante e modificam as doutrinas milenares sobre a moderação no uso do corpo e da alma. A prudência filosófica mostra o perigo da exclusividade de um dom humano sobre os demais, especialmente quando se trata de moral ou política. No *De*

---

90. *Ética…*, Parte IV, Proposição LVII, Escólio, p. 321.
91. Ibidem. "Et eorum tantummodo praesentia delectari, qui animo ejus impotenti morem gerunt, et ex stulto insanum faciunt".
92. Cf. Lambros Couloubaritsis, L'Un comme mesure de toutes choses, em Jean-Claude Beaune (ed.), *La Mesure instruments et philosophie*, Paris: Le Cham Vallon, 1994, p. 200. Cf. R. Romano, "A Razão Terrorista", primeiro publicado na *Mosaico*, n. 1, Belo Horizonte: Fundação João Pinheiro, 2001, e posteriormente em *O Desafio do Islã e Outros Desafios*, São Paulo: Perspectiva, 2004, p. 60-79.

anima, Aristóteles diz que os sentidos ficam inativos ou se destroem, quando são ultrapassados limites e medidas. A vista não enxerga se a luz é insuficiente e, no inverso, ela pode enceguecer por um excesso de luz. No domínio da *Ética*, a virtude é algo a ser medido. Virtude em demasia ou racionalidade em excesso passam ao seu contrário[93]. Lúcifer expande luz demasiada para os demais anjos e para os humanos. Sua luz é sombra apenas da luz divina.

Em Platão, a perda das medidas é corrigida por meio de modelos de virtude que precisam ser imitados pelos indivíduos. Estabelecer medidas torna-se a tarefa mais árdua dos que têm por missão guardar o Estado. O bicho homem, segundo o coro teatral de *Antígona*, é a maravilha do mundo. Ele pode se conter em limites ou fugir para o ilimitado e, neste caso, com a mesma palavra que serviu para desenhar o ente humano enquanto benéfico (*Deinos*), o poeta indica que foi ultrapassada a barreira do terror e isto se chama *hybris*. Um analista daqueles versos de Sófocles enuncia coisas que hoje cabem perfeitamente ao terrorismo:

> é pela *hybris*, este movimento impetuoso, que o homem se arranca da situação que lhe foi dada, com força e veemência que o fazem sair do curso comum da vida. Mas neste gesto ele só chega a sair da vida comum perdendo todos os pontos de comparação que poderiam lhe permitir ordenar a própria vida, como se ele entrasse num espaço novo sem mapa nem bússola e, para dizer tudo, capaz do melhor e do pior. Capaz do melhor porque é carregado pelo impulso do espírito. Capaz do pior quando se deixa fascinar pelo exercício de sua própria violência[94].

Lúcifer deseja atingir o Altíssimo e seu reino, e apenas consegue impor uma liturgia pervertida em seu Estado. O orgulho impede a paz trazida pelo Leviatã em Hobbes e a alegria democrática em Spinoza. O mundo conheceu muitos

---

93. Ver supra, p. 270, 55n.
94. F. Chirpaz, L'Hubris selon Eschyle et Sophocle, em Jean-Claude Beaune (ed.), *La Mesure instruments et philosophie*. Paris: Le Cham Vallon, 1994, p. 200.

governantes que servem perfeitamente no modelo ideado por Milton e pela Filosofia ética. A marcha da soberba é célere nos tempos modernos. Não tenho espaço nem tempo aqui para discutir o culto do indivíduo e do satanismo político no pensamento romântico. Uma perfeita descrição desse ideário encontra-se na *Comédia Humana*. Cito Ernst R. Curtius no bonito livro sobre Balzac, exatamente o capítulo sobre o poder: "Vautrin é monstruosamente belo". Leia-se a carta de adeus de Lucien a Vautrin; nela, Balzac resume tudo o que o apaixona naquela figura rebelde de um esteta moral, homem luciferino:

Existem os filhos de Caim (escreve Lucien) e os de Abel [...] No grande drama humano, Caim representa a oposição. Tua descendência é a de Adão por tal linha, uma linha pela qual o diabo continuou a alimentar o fogo cuja primeira centelha foi jogada sobre Eva. Entre os personagens demoníacos desta família encontramos de vez em quando naturezas tremendas e poderosamente organizadas, que resumem em si toda a energia humana e assemelham-se a certos rapinadores do deserto, cuja vida tem necessidade de espaços desmesurados... Quando Deus quer, estes seres enigmáticos são Moisés, Átila, Carlos Magno, Maomé, Napoleão, mas quando Ele deixa enferrujar no fundo dos oceanos, por uma geração, estes instrumentos gigantescos, eles se tornam um Pugacëv, um Fouché, um Louvel ou o padre Carlos Herrera. Eles dispõem de um poder enorme sobre as almas fracas, as atraem e destroem. É um espetáculo grandioso no seu gênero. É a planta venenosa e colorida que fascina a criança no bosque. É a poesia do mal...

Comenta Curtius, com acuidade perfeita:

Vautrin se remete ao *Paraíso Perdido* de Milton, que é apenas "uma apologia da revolta". Quando foi traído, caiu nas mãos da polícia, os passantes experimentam um misto de horror e de admiração face à atitude do "poeta infernal". "O seu olhar era o do arcanjo caído, que exige guerra eterna". O que Lúcifer é entre os anjos, Caim o é entre os homens. "Uns descendem de Caim, outros de Abel; o meu sangue é misto: sou Caim para os inimigos, Abel para os amigos"[95].

---

95. *Balzac*, Milano: Il Saggiatore di Alberto Mondadori, 1969, p. 132. Apesar de seu conhecido conservadorismo, e talvez devido a ele, o autor

Uma correta síntese do satanismo na literatura romântica, apesar dos anos que passaram desde sua publicação, encontra-se no livro pioneiro de Mario Praz, *La carne, la morte e il diavolo nella letteratura romântica*, de 1930, especialmente no capítulo 2, "As Metamorfoses de Satã"[96]. Praz acentua o traço mais saliente de Lúcifer, a sua melancolia. Esse é o grande motivo das formas românticas. A razão em demasia conduz à loucura. "O esforço para se conservar é o primeiro e único fundamento da virtude"[97]. Esse enunciado spinoziano foi muito mal compreendido na filosofia moderna. Infelizmente, autores como Adorno e Horkheimer ajudaram muito nesta incompreensão[98]. Se lida ao modo daqueles representantes da chamada Escola de Frankfurt, a frase significaria o máximo do individualismo burguês, um lugar comum da civilização ocidental. Mas ela precisa ser posta no contexto da escrita (algo que, para Adorno, é certo, não conta muito os seus passeios rápidos em mais de dois mil anos de cultura, que vão de Ulisses ao executivo das empresas capitalistas, como se o mesmo impulso dirigisse os personagens) e nesse o seu lugar não está, certamente, no mesmo sentido do egoísmo e do orgulho invejoso. A precaução de Spinoza para com os limites, a passagem à loucura pelo excesso dos princípios que, limitados, são perfeitamente saudáveis, deixam bem clara a sua exegese.

O prisioneiro no campo de concentração, o perseguido político, sabe muito bem que o único fundamento é conservar a si mesmo. Mas isso não os retira da comunidade e dos valores intersubjetivos, muito pelo contrário. Quem chegou a ser "incômodo" para os poderes tirânicos tem plena consciência dos seus iguais. Só que lutar por si mesmo e por

---

capta a carga demoníaca na crítica do poder moderno em Balzac, outro conservador mais do que lúcido.

96. Publicada em 1930. Uso a tradução inglesa: *The Romantic Agony*, 2. ed., trans. Angus Davidson, Oxford: Oxford University Press, 1979.

97. Spinoza, *Ética...*, Parte IV, Proposição XXII, Corolário, p. 302.

98. Cf. Theodor W. Adorno; M. Horkheimer, Le Concept d'"Aufklärung", *La Dialectique de la raison: Fragments philosophiques* (trad. E. Kaufhol), Paris: Gallimard, 1974, p. 45.

eles, em situações extremas, é uma só e mesma coisa. Por esse motivo a prudência deve guiar os seus passos, visto que a temeridade e as bravatas apenas adiantam o fim de seus dias e, com ele, o de muitos companheiros.

Elias Canetti, no monumento à política e à moral chamado *Massa e Poder,* mostra os limites que o mando pode encontrar, mas indica que a tendência à autoconservação dos tiranos é, infelizmente, a regra diabólica. O poderoso, como Lúcifer, está sempre em busca de aumentar o seu reino, mas não em proveito dos outros, apenas pensando em si mesmo. Ele percebe apenas um aspecto do *conatus sese conservandi*: o egoísta. Assim, o indivíduo que entra no círculo do poder se caracteriza sobremodo pela "sobrevivência".

Um personagem serve a Canetti como fio condutor da mencionada sobrevivência. Trata-se de Flavio Josefo. Ao comandar a resistência aos romanos da fortaleza de Jotapata, ele escapa enquanto todos os defensores do lugar ou se matam ou são mortos pelos inimigos, alguns são aprisionados. Josefo se esconde em uma cova, situada ao lado de uma cisterna. Ali, encontra quarenta homens que pretendem resistir a qualquer custo. Mas o lugar é denunciado. Os romanos prometem vida a Josefo, que tem uma visão profética ou supostamente profética: foi-lhe revelado que os judeus seriam vencidos. Os amigos de Josefo, agora, são os romanos e os seus inimigos os que estão com ele na cova, os judeus que desejam suicidar, para não cair nas mãos dos romanos. Ele tenta dissuadi-los com o veto religioso ao suicídio, mas percebe que só conseguirá escapar se todos os que estão na cova morrerem. E propõe um sorteio, no qual não fica bem claro se houve ou não truques de sua parte. Quem retira a sorte mata o próximo, e assim sucessivamente. Josefo não mostra escrúpulos no caso desse assassinato plural, um suicídio coletivo. Todos morrem, para que ele possa salvar-se.

E termina Canetti:

O engano é total. É o engano de todos os condutores. Eles fingem estar encabeçando a marcha de seus subordinados para a morte. Na verdade os enviam na frente para eles próprios poderem salvar a própria vida. O ardil é sempre o mesmo. O condutor que sobreviver, ele se fortalece nisto. Quando tem inimigos aos quais possa sobreviver, muito bem; quando não os tem, continua tendo seus próprios companheiros. De qualquer forma, ele utiliza ambos, alternadamente ou de uma só vez. Os inimigos são utilizados abertamente, afinal, é para isto que eles são inimigos. Os companheiros só podem ser utilizados às escondidas[99].

A passagem para o absoluto, o caminho rumo ao infinito, define o poderoso, que sempre deseja mais poder, e mais poder, como Satã.

Não existe limite no acúmulo de mando e se alguém obstaculiza esse desejo, morre. Tudo o que ultrapassa os limites atinge a loucura. Assim, diria eu, Satã não deseja apenas o poder, mas a glória, o esplendor sublime sem nenhuma escuridão em si mesmo, e toda obscuridade nos outros. Canetti também apresenta, como em um quadro sinótico, a proximidade entre o glorioso e o tirano.

A massa do maníaco de glória é formada por sombras; ou seja, por criaturas que não têm outra razão de viver senão a de pronunciar um nome muito determinado [...] O rico coleciona montes e rebanhos. No lugar destas coisas está o dinheiro. Os homens não lhe interessam; para ele é suficiente o fato de poder comprá-los. O detentor do poder coleciona homens. Os montes e rebanhos nada significam para ele, a não ser que necessite deles para a aquisição de homens. Mas ele quer homens que vivam, para arrastá-los ou para levá-los consigo à morte. Os que nasceram antes e os que nascerão depois têm para ele importância secundária. O famoso coleciona coros. Destes, quer escutar apenas o seu nome. Eles podem estar mortos ou vivos, ou podem nem ter nascido ainda; tudo isto lhe é indiferente. Basta que sejam numerosos e que tenham sido exercitados em repetir seu nome.[100]

Satã deseja assaltar os céus, invadir o terreno que foi seu na partilha celeste e que hoje pertence ao inimigo. Sua plena soberba se transmuta em ódio pelo Cristo e por seu Pai. Essa

---

99. *Massa e Poder*. Brasília: Editora da UnB, 1986, p. 267.
100. Ibidem, p. 442-444.

é uma estratégia enlouquecida, aconselhada pelo orgulho. A sedução de Deus é outra estratégia não menos louca. E agora o presidente Schreber torna-se, na pena de Canetti, o grande modelo dos poderosos mundiais. Eles querem sobreviver, mas o tempo fornece limites para as suas vidas. E vem a tentação luciferina por excelência, a da eternidade. Conquistado Deus, o eterno permite a existência plena, liberada até mesmo da sobrevivência. Os poderosos desejam ser Deus, um novo Deus, e buscam deglutir a antiga divindade. Nota-se um aprofundamento dessa experiência demoníaca em relação às anteriores, dantesca ou miltoniana.

Dentre os desejos de Schreber está o de invulnerabilidade frente à massa dos mortais, além da volúpia de sobreviver à custa dos subordinados, a mais forte inclinação dos poderosos. Deus é o máximo poder. Schreber termina sua delirante narrativa com um "fato". Enquanto juiz e poderoso, escreve:

tudo o que ocorre refere-se a mim. Eu me converti para Deus no homem absoluto ou no único homem, em torno do qual tudo gira, ao qual deve ser relacionado tudo o que ocorre e o qual, a partir do seu próprio ponto de vista, também deve referir todas as coisas a si mesmo.

O paranoico sempre se percebe cercado, pois "seu inimigo principal jamais se contentará em atacá-lo sozinho. Sempre procurará atiçar contra ele uma malta odiosa, soltando-a no momento exato. Os membros da malta a princípio se mantêm ocultos, podem estar por toda parte". Para o poderoso, todos conspiram contra ele. Seus inimigos são uma totalidade homogênea. Indivíduos, para os poderosos da história, se diluem em massas compactas. O poderoso desmascara os supostos indivíduos, reduzindo-os ao Inimigo. Só ele, inocente, pode sentenciar milhões à morte.

Segundo Canetti, a paranoia de Schreber liga-se diretamente ao poder. Ela é a normalidade dos homens em uma sociedade de massas. No delírio, o juiz alemão insere a própria massa dos homens em seu corpo e em sua alma, digerindo-a. Os homens não existem para ele enquanto indivíduos autônomos, mas se diluem em multidões de pequenos entes ameaçadores.

Qualquer tentativa de análise conceitual do poder será mais pobre do que a clareza da visão de Schreber. Todos os elementos das circunstâncias reais estão nela: a intensa e contínua atração sobre os indivíduos que irão se reunir numa massa, sua intenção duvidosa, sua domesticação, sua miniaturização, o fato de se amalgamarem no poderoso que representa o poder político em sua pessoa […] o sentimento do catastrófico que está vinculado a tudo isso, uma ameaça à ordem universal.

Com Schreber ficamos informados de que Deus, detentor do poder, tem partidos e seu reino reúne províncias. Para aumentar o seu mando, Deus elimina os homens incômodos. A impressão que temos ao ler o livro do juiz alemão, diz Canetti, é que "Deus está em guarda, como uma aranha, no centro da teia política". Quando se percebe que na terra um Salvador representa Deus – Schreber sintetiza em sua pessoa o Soter religioso e o político – captamos a extensão da paranoia instalada no indivíduo que ocupa o cargo de julgador dos homens e de mando sobre eles.

Schreber disputa com o artífice das leis, na tentativa de se fazer Deus. "Um doente mental", enuncia Canetti, "que passou seus dias vegetando numa clínica, pode, pelos conhecimentos que proporciona, ser muito mais significativo do que Hitler ou Napoleão, e iluminar a humanidade a respeito de sua maldição e de seus senhores". Nas *Memórias*, Schreber indica que as tentativas de dominação que sofreu por parte de seres minúsculos se caracterizavam, sobretudo, pelas perguntas e ordens. Comenta Elias Canetti: "Como instrumentos do poder, ambas são bem conhecidas; como juiz, Schreber mesmo as tinha manipulado exaustivamente".

"Tudo o que ocorre refere-se a mim. Eu me converti para Deus no homem absoluto ou no único homem, em torno do qual tudo gira, ao qual deve ser relacionado tudo o que ocorre e o qual, a partir do seu próprio ponto de vista, também deve referir todas as coisas a si mesmo." O comentário de Canetti sobre a atitude do juiz que domina, soberano, o mundo social, e para quem os homens nada significam a não ser que sejam integrados em uma multidão, é perfeito: "Vêm-nos à lembrança algumas representações da iconografia cristã: anjos e santos, todos apertados lado a lado feito nuvens, às vezes como nuvens de verdade, nas quais apenas olhando-se com muita atenção percebem-se as cabeças individuais". A forma angélica, definitivamente, une-se aos desejos de mando humano, o que passa pela domesticação impossível do divino. No caso de Schreber, "seu delírio, sob o disfarce de uma concepção antiquada do mundo, que pressupõe a existência dos espíritos é, na realidade, o modelo exato do poder político, que se nutre da massa e que é composto por ela". O juiz louco sempre pensou que Deus desejava destruir seu intelecto. Ele perdeu o siso por desejar a preservação absoluta de seu gênio, como no lamento dantesco sobre os que perderam a inteligência. Como nos doentes de melancolia renascentistas, o inimigo ataca os nervos de Schreber, só que agora o adversário não é o diabo, mas o próprio Deus. Trata-se, então, de se transformar em mulher para o prazer divino, o que é uma forma de lisonja. O jogo entre Deus e Schereber é uma trágica mimese, pois o espelho da sua inteligência se quebrou. Schereber tudo faz para desarmar Deus e isto é luciferino.

Finaliza Canetti: no caso de Schreber "não se pode negar que seu sistema político chegou a obter grandes honras algumas décadas mais tarde. Numa versão mais brutal e menos 'culta', ele se transformou no credo de um grande povo". O líder daquele povo "chegou à conquista do continente europeu e, por pouco, ao domínio do mundo".

Nos dias de hoje, diz Canetti, o poder é mais fugaz do que nunca. Todos sobreviverão ou ninguém sobreviverá. Se o mando é rápido e desaparece, mais veloz do que nunca, a escada blasfema do poder, que mira conquistar o Eterno, torna-se cada vez mais alta e vertiginosa.

Quem subiu demasiadamente rápido ao ponto mais elevado, ou quem de alguma forma conseguiu apropriar-se do poder supremo, pela própria natureza de sua posição, vive dominado pelo medo de mandar e deve tentar libertar-se dele. A ameaça contínua, da qual se vale e que constitui a essência propriamente dita do sistema, volta-se finalmente contra ele. Esteja ou não realmente ameaçado por inimigos, ele sempre se sentirá ameaçado. A ameaça mais perigosa vem de sua própria gente, a quem sempre dá ordens, que está mais próxima dele, que o conhece bem [...] A morte como ameaça é a moeda do poder.

ROBERTO ROMANO é professor de Filosofia na Universidade Estadual de Campinas e ensaísta com presença marcante no debate de idéias, no Brasil. Voltado sobretudo para os temas e problemas – contemporâneos ou clássicos – da ética, da política e da estética, seu pensamento crítico vem se traduzindo em larga colaboração na imprensa e em palestras e conferências, bem como em numerosos estudos e ensaios publicados em revistas especializadas ou em livros. É autor de *Brasil, Igreja contra Estado*; *Conservadorismo Romântico*; *Corpo e Cristal. Marx Romântico*; *Lux in Tenebris*; *Silêncio e Ruído*, *O Caldeirão de Medéia*, *O Desafio do Islã e Outros Desafios* e *Os Nomes do Ódio*.

Este livro foi impresso na cidade de São Paulo,
nas oficinas da Orgrafic Gráfica e Editora, em outubro de 2014,
para a Editora Perspectiva